रक्षा विज्ञान

रक्षा विज्ञान

विंग कमांडर (डॉ.) मनमोहन बाला

प्रकाशक
प्रभात प्रकाशन प्रा. लि.
4/19 आसफ अली रोड, नई दिल्ली–110002
फोन : 011–23289777 • हेल्पलाइन नं. : 7827007777
इ–मेल : prabhatbooks@gmail.com ❖ वेब ठिकाना : www.prabhatbooks.com

संस्करण
2025

पेपरबैक मूल्य
पाँच सौ रुपए

मुद्रक
आर–टेक ऑफसेट प्रिंटर्स, दिल्ली

———————— ★ ————————

RAKSHA VIGYAN
by Wing Commander (Dr.) Manmohan Bala

Published by **PRABHAT PRAKASHAN PVT. LTD.**
4/19 Asaf Ali Road, New Delhi-110002

ISBN 978-93-5186-642-8

₹ 500.00 (PB)

प्रिय पुत्री
स्व. मनीषा
की
पावन स्मृति में
समर्पित।

यत्र योगेश्वरः कृष्णो यत्र पार्थो धनुर्धरः।
तत्र श्रीर्विजयो भूतिर्ध्रुवा नीतिर्मतिर्मम॥

(श्रीमद्भगवद्गीता : अध्याय 18 : श्लोक 78)

हो सकता है युद्ध में आपकी रुचि न हो,
किंतु युद्ध की आप में सदा से ही रुचि रही है।

—ट्रॉट्स्की

प्राक्कथन

भारतीय वायुसेना में विंग कमांडर के पद से सेवानिवृत्त और रक्षा अनुसंधान एवं विकास संगठन जैसी शीर्षस्थ रक्षा अनुसंधान संस्था में कार्य कर चुके डॉ. मनमोहन बाला इलेक्ट्रॉनिकी विभाग द्वारा प्रकाशित त्रैमासिक पत्रिका 'इलेक्ट्रॉनिकी भारती' के सुपरिचित लेखक हैं। पत्रिका के विभिन्न अंकों में उनके कई लेख छप चुके हैं। डॉ. बाला ने यह पुस्तक इलेक्ट्रॉनिकी विषयों पर हिंदी में पुस्तक लेखन के लिए इलेक्ट्रॉनिकी विभाग द्वारा चलाई जा रही वित्तीय सहायता योजना के अंतर्गत लिखी है।

इस पुस्तक में लेखक ने विभिन्न युद्धों में प्रयोग की गई प्रौद्योगिकियों तथा तकनीकों का परिचय दिया है। इसे पढ़ने से यह स्पष्ट हो जाता है कि आधुनिक युग के युद्ध में इलेक्ट्रॉनिकी और सूचना प्रौद्योगिकी का समावेश तेजी से बढ़ता जा रहा है और भविष्य का युद्ध कौशल पूर्णतः इलेक्ट्रॉनिकी और सूचना प्रौद्योगिकी पर आधारित होगा।

डॉ. मनमोहन बाला ने इस पुस्तक के माध्यम से हिंदी के पाठकों के ज्ञानवर्धन का उत्तम प्रयास किया है। इस विधा पर हिंदी में ही क्यों, अंग्रेजी में भी शायद कुछ गिनी-चुनी पुस्तकें ही उपलब्ध होंगी। अतः सैन्य विज्ञान के विद्यार्थियों, अध्यापकों, शोधकर्ताओं के साथ-साथ साधारण पाठकों के लिए भी यह एक बोधपूर्ण एवं उपयोगी कृति साबित होगी।

मुझे विश्वास है कि यह अन्य लेखकों के लिए प्रेरणा का स्रोत बनेगी तथा इस प्रकार के गूढ़ तकनीकी विषयों पर और ज्यादा पुस्तकें हिंदी के वैज्ञानिक साहित्य को अधिक संपन्न करेंगी।

—श्यामल घोष
सचिव, भारत सरकार
इलेक्ट्रॉनिकी विभाग

प्रस्तावना

विज्ञान ने आदिकाल से मानव जीवन में क्रांतिकारी परिवर्तन कर उसे पाषाण युग से अंतरिक्ष, उपग्रह संचार, कंप्यूटर तथा यंत्रमानव (रोबोट) के संसार तक पहुँचा दिया है। रक्षा विज्ञान तथा तकनालॉजी ने, जिसे समस्त विज्ञानों का अग्रदूत कहा जा सकता है, न केवल रण-क्षेत्रों एवं युद्ध के सिद्धांतों में नाटकीय परिर्वतन किए हैं, बल्कि मनुष्य के आधुनिक जीवन-स्तर को सुधारने में भी महत्त्वपूर्ण योगदान दिया है। सन् 1990 में सोवियत संघ के विघटन तथा शीतयुद्ध की समाप्ति के पश्चात् अनेक प्रमुख एवं प्रभावशाली देशों ने भारतीय सुरक्षा परिप्रेक्ष्य में युद्ध के थियेटर पर अपना प्रभाव डालने की चेष्टा की है। सूचना तकनालॉजी ने विकास की गति में आनेवाली अनेक बाधाओं को पार करने में सहायता की है।

लेखक विंग कमांडर (डॉ.) मनमोहन बाला ने अपनी पुस्तक 'रक्षा विज्ञान : आयुध तथा तकनालॉजी' में रक्षा विज्ञान एवं तकनालॉजी के क्षेत्र में शताब्दियों में हुए परिवर्तन को बहुत सरल एवं रोचक ढंग से प्रस्तुत कर विज्ञान की, विशेष रूप से रक्षा विज्ञान की, सराहनीय सेवा की है। उनकी पुस्तक में रक्षा अनुसंधान तथा विकास, रक्षा उद्योग, इलेक्ट्रॉनिकी युद्ध, सूचना युद्ध, अंतरिक्ष युद्ध, न्यूक्लीय युद्ध, रासायनिक एवं जैविक युद्ध आदि का विशद् विवरण है। इसके अतिरिक्त युद्ध एवं तकनालॉजी की पारस्परिक निर्भरता एवं भविष्य में लड़े जानेवाले युद्ध एवं उनकी तकनालॉजी पर भी रोचक प्रकाश डाला गया है। संपूर्ण पुस्तक पर लेखक के सैनिक जीवन एवं रक्षा अनुसंधान एवं विकास संगठन में प्राप्त किए गए अनुभवों की अमिट छाप दिखाई पड़ती है जिससे पुस्तक की रोचकता एवं पठनीयता बढ़ गई है।

अपनी पुस्तक द्वारा लेखक ने यह संदेश देने की चेष्टा भी की है कि यदि देश की समस्त रक्षा संस्थाएँ एकजुट होकर कार्य करें तो न केवल वे वित्तीय तौर से आत्मनिर्भर हो सकेंगे अपितु देश के अनेक विकास कार्यों में आर्थिक एवं तकनीकी

सहायता प्रदान करने में समर्थ बन सकेंगे।

इस विषय पर हिंदी में लिखी गई इस उत्कृष्ट पुस्तक द्वारा राजभाषा के उत्थान के लिए किए प्रयासों को बल मिलेगा क्योंकि निश्चय ही यह पुस्तक हिंदी के लिए एक आधारशिला सिद्ध होगी। मुझे विश्वास है कि इस पुस्तक से प्रोत्साहित होकर अनेक हिंदी लेखक भविष्य में रक्षा विज्ञान एवं विज्ञान के अन्य विषयों पर हिंदी में पुस्तकें लिखकर राजभाषा को संपन्न बनाएँगे। यह पुस्तक हिंदी के पाठकों को संतुष्ट करेगी, क्योंकि हिंदी में इस प्रकार की पुस्तक अब तक उपलब्ध नहीं थी।

ऐसी आशा की जाती है कि पुस्तक को सैन्य-विज्ञान के विद्यार्थी, शोधकर्ता तथा अध्यापक अति उपयोगी पाएँगे। पुस्तकालयों के लिए यह एक संग्रहणीय पुस्तक है। जनसाधारण के लिए यह एक लोकप्रिय विज्ञान (पापुलर साइंस) के रूप में ज्ञानवर्धक होगी। आशा है कि विंग कमांडर (डॉ.) मनमोहन बाला ऐसी अन्य पुस्तकें हिंदी में लिखकर राजभाषा की सेवा करते रहेंगे।

रा. स्वामीनाथन
मुख्य नियंत्रक, रक्षा अनुसंधान तथा विकास (आर)
रक्षा मंत्रालय
भारत सरकार

अपनी बात

रक्षा विज्ञान अभी तक विशेषज्ञों तक ही सीमित रहा है। सामान्य नागरिक 'युद्ध' को केवल एक मूक दर्शक की तरह देखता रहा है। उसके लिए रक्षा विज्ञान मात्र कौतूहल का विषय रहा है। किंतु सन् 1991 में पीटर आर्नेट द्वारा सैटेलाइट टी.वी. के माध्यम से सी.एन.एन. चैनल पर खाड़ी युद्ध को समस्त विश्व में 'लाइव' दिखाए जाने के बाद जन-साधारण की जिज्ञासा तथा रुचि इस ओर बढ़ी है। अब वह समय के साथ परिवर्तित होती हुई रक्षा तकनालॉजी के विषय में जानना चाहता है और कॉफी हाउस में मित्रों के साथ बैठकर स्वदेश निर्मित 'अग्नि' प्रक्षेपास्त्र तथा 'अर्जुन' मुख्य युद्धक टैंक पर चर्चा करना चाहता है। विभिन्न प्रकार के युद्धों के विषय में जानने के अतिरिक्त वह यह भी जानना चाहता है कि भारत का रक्षा उद्योग कितना सक्षम है और उसके पड़ोसी देशों, मुख्यतया चीन व पाकिस्तान की तुलना में भारत का रक्षा बजट कैसा है? इस विषय से संबंधित परिचर्चाओं-बहसों को सुनना-पढ़ना तथा स्वयं अपने विचारों ओर तर्कों को प्रस्तुत करना चाहता है।

भारत का सामान्य नागरिक मुख्यतया हिंदीभाषी है। सैन्य विज्ञान (Military Science) विषय अब भारत के अनेक विश्वविद्यालयों में हिंदी में पढ़ाया जाने लगा है। किंतु इस विषय पर हिंदी में अच्छी तथा प्रामाणिक पुस्तकें उपलब्ध नहीं हैं। मुझे विश्वास है कि मेरी यह पुस्तक इस कमी को पूरा करने में सहायक होगी।

विज्ञान एवं तकनालॉजी विषय में अनेक ऐसे अंग्रेजी शब्दों का प्रयोग होता है, जो काफी प्रचलित हो चुके हैं। इसलिए ऐसे शब्दों का रूपांतर करना अनावश्यक समझा गया है। जिन अंग्रेजी तकनीकी शब्दों का हिंदी रूपांतर दिया गया है उनके प्रचलित अंग्रेजी शब्द भी साथ ही दिए गए हैं जिससे पढ़ने में सुविधा रहे।

भारत सरकार के इलेक्ट्रॉनिकी विभाग (Department of Electronics) ने इस पुस्तक को लिखने के लिए प्रोत्साहन दिया। इसी विभाग के डॉ. गोविंद ने अनेक उपयोगी सुझाव दिए। इस पुस्तक को तैयार करने में मुझे अनेक संगठनों, पुस्तकालयों, प्रयोगशालाओं, पुस्तकों, जर्नलों, समाचार-पत्रों, पुस्तिकाओं तथा

व्यक्तियों से सहायता मिली है। रक्षा अनुसंधान तथा विकास संगठन से मुझे, रक्षा मंत्री के वैज्ञानिक सलाहकार के सौजन्य से बहुत लेखन सामग्री तथा चित्र प्राप्त हुए जिनसे यह पुस्तक प्रामाणिक बन सकी है। रक्षा अध्ययन तथा विश्लेषण संस्थान (Institute of Defence Studies and Analysis) के पुस्तकालय में युद्ध संबंधी अनेक पुस्तकों तथा जर्नलों से आँकड़ों को उद्धत करने के लिए इसके निदेशक एयर कमोडोर जसजीत सिंह ने मेरे प्रस्ताव को स्वीकार किया। इन सभी का मैं आभारी हूँ।

मेरे अब तक लगभग डेढ़ सौ लेखादि राष्ट्रीय स्तर की पत्र-पत्रिकाओं में प्रकाशित हो चुके हैं। किंतु पुस्तक लिखने का यह मेरा प्रथम प्रयास है। इसलिए तमाम कोशिशों के पश्चात् भी इस पुस्तक में कुछ त्रुटियाँ होने की संभावनाएँ हैं। जिस तेजी से तकनालॉजी में परिवर्तन हो रहा है उसके कारण हो सकता है कि पुस्तक लिखने से प्रकाशित होने तक नवीन तकनालॉजी के कुछ उपकरण तथा आयुध प्रयोग में आ चुके हों अथवा आँकड़ों में फेरबदल हो चुका हो, जिनका वर्णन इस पुस्तक में न मिल पाए। जागरूक पाठकों से अनुरोध है कि ऐसी गलतियों तथा ऐसे उपकरणों, तकनालॉजियों एवं आँकड़ों के विषय में मुझे अवगत कराने का उद्यम करें ताकि आगामी संस्करणों में उन्हें भी पुस्तक में सुधारा व सम्मिलित किया जा सके। इस पुस्तक के लिखने की प्रेरणा मुख्य रूप से मुझे अपनी पुत्री मनीषा से मिली। दु:ख है कि पुस्तक देखने के लिए वह अब इस संसार में नहीं है। अपने मित्र डॉ. देवेश चंद्र तथा श्री रजवंत बी. सिंह से मुझे पग-पग पर हर प्रकार की सहायता मिली। चंद्राशा बाला ने पुस्तक की अनेक भूलों को सुधारा तथा अक्षरा बाला ने अनेक चित्रों द्वारा इस पुस्तक को सजाया-सँवारा।

मेरी यह पुस्तक यदि सामान्य पाठकों में रक्षा विज्ञान, आयुधों, तकनालॉजियों तथा रक्षा उद्योग के प्रति कुछ जागरूकता उत्पन्न कर सके तथा हिंदी को अपना उचित स्थान दिलाने में कुछ योगदान कर सके तो मैं अपने श्रम को सार्थक मानूँगा।

—मनमोहन बाला

विषय सूची

चित्र/तालिका-सूची

चित्र :

रंगीन चित्र :

तालिका :

अध्याय-1

युद्ध, विज्ञान एवं तकनालॉजी की पारस्परिक निर्भरता

उन्नीसवीं शताब्दी के प्रारंभ में जर्मन रक्षा वैज्ञानिक क्लॉसवित्ज़ ने लिखा था :

'कूटनीति की भाँति युद्ध भी राजनीतिक लक्ष्यों को प्राप्त करने की एक विधि है। जब कूटनीति असफल हो जाती है तब युद्ध की स्थिति उत्पन्न होती है।'

एक अन्य रक्षा वैज्ञानिक जीग्लर ने युद्ध की तुलना किसी राष्ट्रीय मार्ग से की है। दोनों का उपयोग अपने लक्ष्य को प्राप्त करने के लिए किया जाता है। जिस प्रकार राष्ट्रीय मार्ग पर चलते हुए यात्री अपने प्राण किसी दुर्घटना में गँवा सकते हैं, उसी प्रकार युद्धों में लड़ते हुए योद्धा भी प्राण गँवा सकते हैं। अर्थात्, दोनों स्थानों पर प्राण जाने के खतरे हैं। हम राष्ट्रीय मार्गों को समाप्त कर इनपर यात्रा कर रहे यात्रियों के प्राण बचा सकते हैं, किंतु क्या इस कारण से हम राष्ट्रीय मार्गों को समाप्त कर सकते हैं? फिर भला हम अपने लक्ष्य तक कैसे पहुँचेंगे? और फिर राष्ट्रीय मार्गों पर मरनेवालों की संख्या यात्रा करनेवालों की संख्या की शायद 0.00001 प्रतिशत या इससे भी कम होगी। लगभग यही तर्क युद्ध के लिए भी लागू होता है।

क्लॉसवित्ज़ के कहे हुए उपरिलिखित शब्द बीसवीं शताब्दी के उत्तरार्ध में शायद असामयिक लग रहे हों, किंतु केवल सौ वर्ष पूर्व तक ये शब्द अंतरराष्ट्रीय राजनीति में उचित तथा विवेकपूर्ण माने जाते रहे। बिस्मार्क ने प्रशिया के नेतृत्व में जर्मनी के राज्यों का एकीकरण करने के लिए सन् 1864 से 1870 तक तीन बार युद्ध का सहारा लिया। हजारों वर्ष पूर्व भारत में मगध के सम्राट् चंद्रगुप्त के महामात्य कौटिल्य ने भी यही मंत्रणा दी कि यदि कूटनीति से बात बनती न दिखे तो युद्ध का सहारा लेना उचित है। इतिहास में तो ऐसे उदाहरण भरे पड़े हैं।

बीसवीं शताब्दी में लड़ा गया प्रथम विश्व युद्ध (1914-1918) इतिहास का

सर्वप्रथम बड़ा मशीनी युद्ध था। इस युद्ध में पोलैंड के घुड़सवार सैनिकों (अनुच्च तकनालॉजी) के विरुद्ध जर्मनी के नाजी टैंकों (उच्च तकनालॉजी) को विजयश्री प्राप्त करने में अधिक समय नहीं लगा। युद्ध की समाप्ति के पश्चात् सोवियत संघ के संस्थापक लेनिन ने कहा था—

'वर्तमान युग में विजय प्राप्ति के लिए उत्साह काफी नहीं है, इसके लिए तकनीकी श्रेष्ठता अधिक महत्त्वपूर्ण है।'

लेनिन द्वारा कहे गए इन शब्दों में निहित कथन द्वारा यह स्पष्ट होता है कि यद्यपि किसी भी सामरिक शक्ति के लिए नेतृत्व, प्रशिक्षण, अभिप्रेरणा तथा सिद्धांतों आदि की सार्थकता सामान्यत: उसके शस्त्रास्त्रों से अधिक होती है, किंतु शायद ही कोई ऐसी सैनिक शक्ति होगी जिसने उच्च-तकनीकी आयुधों की अनुपस्थिति में अथवा अनुच्च तकनीकों के आयुधों की सहायता से किसी युद्ध में विजयश्री प्राप्त की हो। बीसवीं शताब्दी के मध्य के दशकों में, विशेषकर वियतनाम युद्ध के पश्चात् एक ऐसा समय अवश्य आया जब युद्ध में उच्च तकनालॉजी के अनुप्रयोग पर एक प्रश्नचिह्न-सा लगने लगा था। यही नहीं, उच्च तकनालॉजी पर कटाक्ष करना भी एक फैशन-सा बनने लगा था। कुछ युद्ध-विश्लेषकों के अनुसार इस युद्ध में वियतनामी व्यूह-रचना तथा गुरिल्ला प्रणाली के सामने उच्च तकनालॉजी असफल सिद्ध होती प्रतीत हुई थी। मम्फोर्ड तथा मार्क्यूज जैसे विश्लेषक तो युद्ध में उच्च तकनालॉजी पर विश्वास रखने को हानिकारक भी प्रचारित करने लगे थे। किंतु इसके विपरीत शूमेकर जैसे विश्लेषकों का दृढ़ विश्वास था कि युद्ध-स्थल के पर्यावरण एवं भू-स्थिति के अनुसार थोड़े से अनुशोधन किए जाने के पश्चात् उपयुक्त तकनालॉजी का अनुप्रयोग निश्चय ही अत्यंत लाभकारी सिद्ध होगा। सन् 1991 का बयालीस दिवसीय खाड़ी-युद्ध उच्च तकनालॉजी की श्रेष्ठता एवं शूमेकर जैसे विश्लेषकों के अटूट विश्वास का सबसे अभिनव उदाहरण है। इस खाड़ी-युद्ध में अमेरिका के नेतृत्व में बहुराष्ट्रीय सेनाओं के उच्च तकनालॉजी द्वारा विनिर्मित बमों, तोपों, रॉकेटों, प्रक्षेपास्त्रों तथा विमानों के सम्मुख ईराकी सेना, अपनी अनुच्च तकनालॉजी के आयुधों तथा उपस्करों के कारण, अधिक समय तक न टिक सकी। केवल इतना ही नहीं, ईरान के साथ लड़े गए आठ वर्षीय युद्ध की अनुभवी ईराकी थलसेना को भी अपनी बहुचर्चित एवं बहुप्रचारित 'समस्त युद्धों की जननी' के जौहर दिखाने का अवसर ही न प्राप्त हो सका। प्रथम दस दिवसों की अल्पावधि में ही बहुराष्ट्रीय वायुसेना ने ईराकी आकाश पर अपना प्रभुत्व स्थापित कर लिया। इस युद्ध में अत्याधुनिक तथा उच्च तकनालॉजी पर आधारित स्टेट ऑफ द आर्ट आयुधों की चकाचौंध ने ईराक को ही नहीं अपितु समस्त विश्व को विस्मित एवं अचंभित कर दिया।

इतिहास साक्षी है कि विज्ञान तथा तकनालॉजी का युद्ध में सदैव एक विशिष्ट स्थान रहा है। वैसे यह एक विडंबना ही है कि सभ्यता के विकास में युद्ध सदा उत्प्रेरक रहा है। आदिकाल से युद्ध ने अनेक ऐसे आविष्कारों एवं तकनालॉजियों को जन्म देने में सहायक भूमिका निभाई है जो सभ्यता के विकास में महत्त्वपूर्ण रहे हैं।

युद्ध और सभ्यता का विकास

विज्ञान को एक नियमबद्ध तकनीक कहा जाता है। पुरातनकालीन समाज में विज्ञान, परंपरा एवं पद्धति की प्रतिमूर्ति हुआ करता था। प्राकृतिक विज्ञान के आदर्श पर विज्ञान को एक निश्चित स्वरूप प्राप्त हुआ। बेबीलोनिया (आधुनिक ईराक), मिस्र एवं भारत प्राचीन विज्ञान के केंद्र हुआ करते थे। तदुपरांत ग्रीस इन सभी देशों का उत्तराधिकारी बना।

आदिमानव को अपने जीवन निर्वाह के लिए शिकार पर निर्भर रहना पड़ता था। उसके सभी आयुध हाथ से फेंककर मारे जानेवाले होते थे। इनके कार्य करने का ढंग जटिल वायुगणितशास्त्र (Aerodynamics) पर आधारित था। इनमें से प्रमुख आयुध थे नुकीले पत्थर, बाण, भाले, ढेलबाँस (sling), बूमरैंग आदि। ऐसा अनुमान लगाया जाता है कि धनुष का आविष्कार प्राचीन पाषाण युग (old stone age) के उत्तरार्द्ध में हुआ होगा जिससे बाण मारने की क्षमता बहुत बढ़ गई थी।

धनुष को मनुष्य की शारीरिक ऊर्जा द्वारा युद्ध में उपयोग किए जानेवाले आयुधों का प्रथम प्रतिनिधि कहा जा सकता है (चित्र 1.1)। धनुष पर प्रत्यंचा

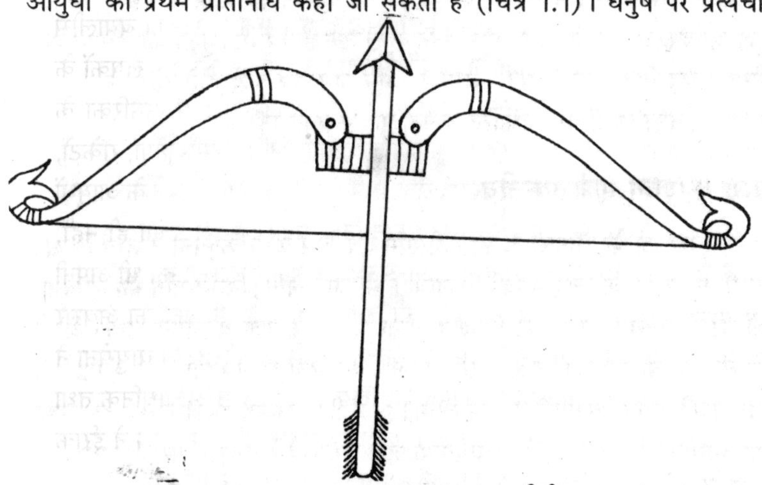

चित्र 1.1 : धनुष : मानव का प्रथम मशीनी आयुध

चढ़ाने में मानव अपनी समस्त संभावित ऊर्जा को एकत्रित करता और फिर लक्ष्य साधकर अचानक ही प्रत्यंचा को ढीला कर इस संपूर्ण एकत्रित विभव संभावित ऊर्जा (potential energy) को गतिक संबंधी ऊर्जा (kinetic energy) के रूप में बाण में स्थानांतरित कर देता। इस प्रकार धनुष को हम मानव का प्रथम मशीनी आयुध भी कह सकते हैं। आयुध के इस मशीनीकरण द्वारा मनुष्य की आखेट करने की क्षमता निश्चय ही बहुत बढ़ गई थी।

अब तक व्यक्तिगत क्षमता की सीमा से मनुष्य अवगत होने लगा था। क्षमता बढ़ाने हेतु संगठित होने की आवश्यकता उसे प्रतीत होने लगी थी। यह संगठन मूलत: बचाव के लिए था। किंतु जैसे-जैसे मानव संगठित होकर सभ्यता की ओर अग्रसर होता गया, उसकी हिंसा की प्रवृत्ति भी संगठित होती गई। इसी संगठित हिंसा ने अंतत: युद्ध को जन्म दिया। इस प्रकार हम पाते हैं कि युद्ध सभ्यता की ही एक कुटिल देन है। आदिकाल में इन युद्धों की अवधि केवल कुछेक घंटों की होती थी। सभ्यता के विकास के साथ ही युद्ध की कालावधि भी बढ़ती गई, क्योंकि मानव की संतुष्ट न रह पानेवाली प्रवृत्ति युद्ध के विस्तार को बढ़ाती चली गई। विज्ञान तथा तकनालॉजी ने भीषणतर अस्त्र-शस्त्र तथा आयुधों का विकास कर युद्ध को देर तक टिककर लड़ पाने की क्षमता प्रदान की।

युद्ध क्यों होते हैं? इस प्रश्न के विभिन्न उत्तर मिलेंगे। कोई कहेगा कि मनुष्य का स्वभाव ही ऐसा होता है; कोई इसका मुख्य कारण हथियार बताएगा; कोई कहेगा कि इसका मुख्य कारण धन अथवा जमीन है तो कोई कुछ अन्य कारण बताएगा। इस प्रकार हम पाते हैं कि युद्ध अनेक कारणों द्वारा उत्पन्न एक घटना है। युद्ध आदिकाल से होते रहे हैं और अनंत काल तक होते रहेंगे। युद्धों को समाप्त कर पाना शायद दिवा-स्वप्न देखने जैसा है; और जब तक युद्ध होते रहेंगे, नवीनतम उच्च तकनालॉजियों पर आधारित उन्नत आयुध बनते रहेंगे।

युद्ध कौशल एवं तकनीक

सभ्यता के विकास के साथ ही ग्राम एवं नगर की संकल्पना ने जन्म लिया। नगरों की सुरक्षा के लिए उनकी किलाबंदी की जाने लगी। किसी गाँव का मुखिया, जो पहले मुख्यत: कृषि का निदेशक होता था, अब राजा कहलाने लगा। अपने संगठन अथवा राज्य की रक्षा करने के लिए वह सेना रखने लगा। इसके साथ ही विज्ञान की नवीन तकनीकों ने जन्म लिया। इन नवीन, उभरती हुई वैज्ञानिक तकनीकों का उपयोग नगर की रक्षा के लिए किया जाने लगा। ऐसे अवसरों पर भी जब अन्य क्षेत्रों में तकनीकों में सुधार होना लगभग रुक जाता, आयुधों में सुधार होना जारी

रहता। मशीन के सिद्धांतों पर आधारित आयुधों की माँग बढ़ने लगी। नए-नए आयुधों की अभिकल्पना करने के लिए अभियंता (engineer) नामक एक नई वृत्ति (profession) का जन्म हुआ। यह प्रधानतः एक सैनिक वृत्ति थी। युद्ध के अनेक अन्य पहलुओं ने भी विज्ञान की तकनीकों को विकसित किया। उदाहरणार्थ, सेना को कूच करने के लिए सड़कों एवं पुलों को बनाने की तकनीकों में सुधार किए गए; नगरों की किलाबंदी की तकनीकों में सुधार आए; सेना की आपूर्त्ति के लिए नई तकनीकें विकसित हुईं। इस प्रकार से यह निर्विवाद रूप से कहा जा सकता है कि ऐसे समय में भी जब संस्कृति एवं समाज के अन्य पक्षों का ह्रास हो रहा था, युद्ध ने विज्ञान को न केवल जीवित रखा अपितु उसकी तकनीकों तथा तकनालॉजियों में सुधार करने में अत्यधिक सहायता प्रदान की। ऐसा कहा जा सकता है कि युद्ध ने विज्ञान के अस्तित्व को सदैव संरक्षण प्रदान किया और शनैः-शनैः विज्ञान युद्ध के लिए एक आवश्यकता बनता गया।

इस प्रकार वैज्ञानिक तकनालॉजियाँ एवं युद्ध एक-दूसरे के पूरक रहे हैं। जब भी कभी विज्ञान में अनुसंधान तथा विकास का ह्रास हुआ है, सुरक्षा खतरे में पड़ी है। इसका ज्वलंत उदाहरण स्वयं अपने देश में देखने को मिलता रहा है। सन् 1947 में स्वतंत्रता प्राप्ति के पश्चात् भारतवर्ष के नीति-निर्धारकों ने यह निर्णय लिया कि यह देश सदैव शांतिदूत की भूमिका निभाएगा। एक बार यह निर्णय ले लेने के पश्चात् देश में युद्ध के लिए हो रहे अनुसंधान तथा विकास के कार्यों को गौण स्थान प्राप्त होने लगा। ब्रिटिश काल में स्थापित आयुध कारखानों (ordnance factories) में सैनिक उपस्करों के स्थान पर उपभोक्ता सामग्री बनानी प्रारंभ कर दी गई। किंतु आँख ढक लेने से अँधेरा भले ही हो जाए, सूर्य प्रकाश देना बंद नहीं कर देता है। जब पड़ोसी देशों ने देखा कि भारत की सैनिक शक्ति क्षीण हो रही है तो उन्होंने इसे एक सुनहरी अवसर समझा। चीन तथा पाकिस्तान, जो अन्य पड़ोसी देशों की तुलना में अधिक शक्तिशाली थे, इस सुअवसर से लाभ उठाने के लिए निकल पड़े। परिणाम यह हुआ कि जब चीन ने सन् 1962 में भारत पर आक्रमण किया तो भारतीय सैनिकों के पास आधुनिक तकनालॉजी के आयुध तथा शस्त्रास्त्र तो दूर, बर्फीले पहाड़ों पर युद्ध में पहनने के लिए उचित कपड़े भी नहीं थे। चीन के इस आक्रमण ने भारतीय नीति-निर्धारकों की आँखें खोल दीं और सौभाग्यवश एक झटके से उनकी समझ में यह आ गया कि शांति की स्थापना के लिए युद्ध जैसी आवश्यक बुराइयों के लिए सदैव तैयार रहना पड़ेगा। रक्षा अनुसंधान तथा तकनालॉजी के विकास को प्राथमिकता दी जाने लगी तथा रक्षा नीति में आवश्यक परिवर्तन लाए गए। इसके अतिरिक्त नवीनतम उच्च तकनालॉजी के उपस्करों तथा आयुधों का

आयात किया गया। इस युद्धाधारित नीति का सुखद परिणाम सन् 1965 एवं 1971 में पाकिस्तान के दुस्साहसी आक्रमणों के समय देखने को मिला। यही नहीं, आज जब भारत ने आणविक, न्यूक्लीय, वैमानिकी, प्रक्षेपास्त्रीय तथा अंतरिक्ष विज्ञान के क्षेत्रों में पर्याप्त विकास कर लिया है तो परम शक्तिशाली देश भी भारत को उचित सम्मान देने को बाध्य हुए हैं तथा उसे राष्ट्र संघ की सुरक्षा परिषद् में स्थायी सदस्य बनाने की बात भी कर रहे हैं।

तकनालॉजी में क्रांति का इतिहास

रणनीति बनाने में तकनालॉजी का सदैव एक महत्त्वपूर्ण स्थान रहा है। युद्ध के इतिहास में अनेकों ऐसे उदाहरण भरे पड़े हैं जो श्रेष्ठ तकनालॉजी के महत्त्व को उजागर करते हैं। आदिमानव पत्थरों के हथियारों की तुलना में लोहे के हथियारों द्वारा अधिक अच्छा शिकार करने लगा। प्राचीन काल में पीतल के हथियारों से लैस मिस्र के सैनिक लौह हथियारधारी शत्रुओं से पराजित हुए। चौदहवीं शताब्दी में तोपों के प्रादुर्भाव ने किलों के महत्त्व को समाप्त कर दिया। सन् 1850 के दशक के उत्तरार्ध में जहाजरानी, भाप के इंजिन तथा उन्नत तोपों की अभिकल्पना ने लकड़ी के जहाजों में लड़ने की परंपरा को समाप्त कर दिया। लकड़ी के ये जहाज इससे पूर्व की तीन शताब्दियों में किसी भी देश की नौसेना की रीढ़ हुआ करते थे।

उन्नीसवीं शताब्दी के मध्यकाल में सैन्य तकनालॉजी में एक मूलभूत परिवर्तन दृष्टिगोचर होने लगा। इसका मुख्य कारण था औद्योगिक क्रांति। इस औद्योगिक क्रांति से हर प्रकार की सामग्री के उत्पादन में नित नवीन विकसित तकनालॉजी का उपयोग किया जाने लगा जिससे सामग्री की गुणवत्ता में श्रेष्ठता आने लगी। कोई भी तकनालॉजी अब लंबे समय तक टिक पाने में असमर्थ रह पाती थी अर्थात्, अब निरंतर परिवर्तनशील तकनालॉजी का प्रादुर्भाव हुआ। यह परिवर्तनशीलता वर्तमान काल में और अधिक दृष्टिगोचर हो रही है।

इस प्रकार हम उन्नीसवीं शताब्दी के मध्य काल में तकनालॉजी तथा रणनीति के संबंधों के बीच काल की एक प्रमुख ऐतिहासिक सीमारेखा खींच सकते हैं। इस सीमारेखा के पूर्वकाल में निर्धारित तकनालॉजियाँ कई सौ वर्षों तक चलती रहती थीं, उनमें कोई परिवर्तन आना एक विरली-सी बात थी। किंतु इस सीमारेखा के बाद के वर्षों में तकनालॉजी में निरंतर परिवर्तनशीलता दृष्टिगोचर होने लगी। अब किसी तकनालॉजी में परिवर्तन केवल कुछ दशकों में ही आने लगा, शताब्दियों में नहीं। यही नहीं, किसी वर्ग के आयुध के गुणों तथा क्षमताओं में कुछ वर्षों में ही

अत्यधिक परिवर्तन आ सकता है। उदाहरणस्वरूप, परंपरागत बमवर्षक विमान की, बैक-फायर अथवा स्टेल्थ (stealth) जैसे आधुनिक बमवर्षक विमानों से कोई तुलना नहीं की जा सकती है।

तकनालॉजी में परिवर्तन के नए सिद्धांतों के अनुसार रणनीति में निरंतर तथा स्थायी रूप से परिवर्तन होना आवश्यक हो गया है। तकनालॉजी में क्रांति दो अर्थों में संख्यात्मक (quantitative) थी—एक तो इसके परिवर्तनों की संख्या तथा उनकी आवृत्ति बढ़ गई और दूसरे नए आयुधों का, मशीनों की सहायता से, अधिकाधिक उत्पादन किया जा सकना संभव हो सका। यह क्रांति गुणात्मक (qualitative) भी थी क्योंकि प्रत्येक नया प्रवर्तन या तो आयुध की क्षमता को अधिक बढ़ा देता था, जैसाकि 'मशीनगन' में हुआ; या फिर उनकी क्षमता इतनी उन्नत कर देता था जैसी पहले कभी नहीं रही, जैसाकि विमान, पनडुब्बी तथा उपग्रह आदि के विषय में हुआ। तकनालॉजी में इस क्रांति का एक प्रभाव यह हुआ कि कोई भी नया युद्ध अब उससे पहले हुए युद्धों से भिन्न प्रकार का होने लगा।

तकनालॉजी क्रांति का सैनिक प्रभाव मुख्यत: सेना की पाँच क्षमताओं पर अधिक हुआ है :

1. आग उगलने की क्षमता (fire power)
2. स्व-रक्षा की क्षमता (protection)
3. गति की क्षमता (mobility)
4. संचार की क्षमता (communication)
5. आसूचना की क्षमता (intelligence)

1. आग उगलने की क्षमता

उन्नीसवीं शताब्दी में हुई तकनालॉजी क्रांति ने सर्वप्रथम सेना की आग उगलने की क्षमता को प्रभावित किया। बंदूकों में मुख (nozzle) के स्थान पर छिद्र (breach) से गोलियाँ भरना तकनालॉजी की एक बहुत महत्त्वपूर्ण उपलब्धि थी। इससे सैनिक की प्रहार करने की शक्ति तीन गुना बढ़ गई। रसायन-शास्त्र, धातु-विज्ञान तथा इंजीनियरिंग के उन्नत ज्ञान ने आग उगलने की शक्ति में अत्यधिक वृद्धि की। जहाँ पहले एक चतुर-से-चतुर सैनिक एक मिनट में तीन से चार गोलियाँ तक ही चला सकता था वहीं सन् 1833 में मशीनगन से एक मिनट में 650 राउंड गोलियाँ चलाए जाने की क्षमता हो गई, उनके निशाने अधिक अचूक हुए तथा गोलियों का मारक प्रभाव भी अधिक दूर तक होने लगा। नेपोलियन काल के 32 पाउंड भार के ठोस गोले का स्थान विस्फोटक खोल (shells) ने ले लिया।

आयुधों की आग उगलने की यह शक्ति दिनोंदिन बढ़ती रही। न्यूक्लीय शस्त्रों के विकास ने आग उगलने की शक्ति इतनी अधिक बढ़ा दी कि वह मानवता को ही नष्ट करने में लग गई। यहाँ तक कि लोग अब इससे बचने के उपाय ढूँढ़ने लगे। ब्राउन के अनुसार सन् 1945 से पूर्व हजारों वर्षों तक एक सैनिक कमांडर की श्रेष्ठता इस बात से आँकी जाती थी कि वह अपनी आग उगलने की सीमित शक्ति का उपयोग कुशलतापूर्वक उचित समय पर कर सकता है अथवा नहीं। न्यूक्लीय शक्ति के विकास के पश्चात् अचानक ही उसके हाथों में इतनी शक्ति आ गई कि यदि वह समूची शक्ति का एक छोटा-सा भाग भी प्रयोग में ले आए तो यह उसका पागलपन ही कहलाएगा।

भारी बमवर्षक विमानों तथा अंतर्महाद्वीपीय प्रक्षेपास्त्रों के उपयोग ने भी आग उगलने की क्षमता में अद्वितीय योगदान दिया। इनकी सहायता से हजारों किलोमीटर दूर स्थित लक्ष्यों को भी केवल एक निशाने द्वारा ध्वंस करने के प्रयास जारी हैं। अग्नि उगलने की इस क्षमता की एक झाँकी हमें खाड़ी युद्ध-91 में दिख चुकी है।

2. स्व-रक्षा की क्षमता

आयुधों के आग उगलने की शक्ति में वृद्धि होने से यह आवश्यक हो गया कि स्व-रक्षा के समुचित उपाय भी विकसित किए जाएँ। सौभाग्यवश, जो लोहा अग्नि उगलनेवाले तोप बना सकता है वही लोहा कवच बनाने के काम भी आता है। किंतु स्व-रक्षा का सबसे उत्तम उपाय छिपाना (concealment) ही पाया गया है। किसी आयुध को प्रायः दो प्रकार से छिपाया जा सकता है। एक है शत्रु के संसूचकों (detector) के उपायों में इलेक्ट्रॉनिकी अवरोधन (ecm) उत्पन्न करना, और दूसरा है अपने लक्ष्यों को इस प्रकार रखना कि शत्रु की नजरों से बचे रहें, जैसे उनका निरंतर स्थान-परिवर्तन करना। हाल के वर्षों में आग उगलने की क्षमता इतनी अधिक बढ़ गई है कि उससे बच पाना असंभव हो गया है। ऐसी स्थिति में यह कहा जाने लगा है कि आग उगलने की शक्ति ही स्व-रक्षा तकनालॉजी की पर्यायवाची है। अर्थात् दो शक्तियाँ एक-दूसरे पर इसलिए आक्रमण नहीं करेंगी, क्योंकि दोनों शक्तियाँ एक-दूसरे की आग उगलने की क्षमता से डरेंगी। स्व-रक्षा के इस ढंग को हतोत्साहित करना (deterrence) कहा गया है।

3. गति की क्षमता

उन्नीसवीं शताब्दी के मध्यकाल में ही सेनाओं की आक्रमण करने की गति

में वृद्धि हुई जिसका युद्ध पर व्यापक प्रभाव पड़ा है। सागर पर चलनेवाले जहाज लकड़ी के स्थान पर लोहे के बनने लगे तथा पतवार (sail) का स्थान वाष्प इंजिनों ने ले लिया, जिससे उनकी गति में बहुत वृद्धि आई।

इसी प्रकार रेलवे इंजिन के आविष्कार ने थलसेना की गति में वृद्धि की। पियर्टन के अनुसार प्रथम विश्व युद्ध की योजनाएँ बनाने में रेल को विशेष महत्त्व दिया गया। प्रथम विश्व युद्ध में जर्मनी द्वारा फ्रांस पर कुछ सप्ताहों में ही विजय प्राप्त करना केवल इसीलिए संभव हो पाया क्योंकि उसकी सेना ने रेल सेवा का पूर्ण उपयोग किया जबकि फ्रांस उसका उपयोग नहीं कर पाया और उसकी गति धीमी रही। यहाँ तक कहा जाता है कि जर्मन सेना के अत्यधिक गतिशील हो जाने के कारण ही यूरोप में शक्ति का संतुलन बिगड़ गया और सन् 1914 में प्रथम विश्व युद्ध शुरू हो गया।

आंतरिक ज्वलनशील इंजिन (IC engine) के आविष्कार ने सड़कों पर चलनेवाले वाहनों की गति भी बढ़ाई। उदाहरणार्थ, टैंकों की गति बढ़ जाने के कारण उसकी आग उगलने की शक्ति (firepower) भी अधिक हुई। आई.सी. इंजिन (IC engine) के आविष्कार ने ही वायु में उड़नेवाले वाहनों तथा सागर के गर्भ में चलनेवाली पनडुब्बियों को शक्ति तथा दक्षता दी। प्रथम विश्व युद्ध में विमानों का प्रारंभिक कार्य टोह लेना (reconnaissance) था किंतु गति बढ़ने से शीघ्र ही इनका उपयोग भूमि पर आक्रमण करने तथा हवा में लड़ने के लिए भी किया जाने लगा। प्रथम विश्व युद्ध से द्वितीय विश्व युद्ध के बीच के अंतराल में वायुसेना युद्ध का प्रमुख अंग बन चुकी थी जिसका मुख्य श्रेय इसकी गतिशीलता को ही दिया जा सकता है।

किंतु अब प्रक्षेपास्त्र तथा अंतरिक्ष यान जैसी तकनालॉजियों के विकास से विमानों का महत्त्व भी कम हो जाने की आशंका है। यद्यपि अंतरिक्ष का उपयोग अभी मुख्यतः संचार व्यवस्था स्थापित करने अथवा आसूचनाएँ (intelligence) एकत्रित करने के कार्यों में ही किया गया है, किंतु अमेरिका के स्टार-वार्स कार्यक्रम ने अंतरिक्ष के सैनिक उपयोग की संभावनाओं को बढ़ा दिया है। लैंगफोर्ड ने अपनी पुस्तक 'वार इन 2080 : द फ्यूचर ऑफ मिलिट्री टेकनालॉजी' में इसका विस्तृत विवरण दिया है।

4. संचार तकनालॉजी की क्षमता

उन्नीसवीं शताब्दी के मध्य में टेलीग्राफ के आविष्कार ने संचार क्रांति का प्रारंभ किया। रेलवे की ही भाँति टेलीग्राफ प्रणाली भी तेजी से फैली जिससे दूर-

दूर तक शीघ्र संपर्क बनाने की सुविधा हुई। उन्नीसवीं शताब्दी के अंत में ही वायरलेस टेलीग्राफी के विकास ने टेलीग्राफ तंत्र को अधिक लचीला बनाने में सहायता की। अब रेडियो की सहायता से एक केंद्रित कमान अपने दूर-दूर तक के एवं सागर-स्थित इकाइयों से भी निरंतर संपर्क बनाए रखने में सफल हुआ। रेडियो संचार के विकास ने इलेक्ट्रॉनिकी नामक एक नई इंजीनियरिंग विधा को जन्म दिया जिससे युद्ध करने की तकनीक में क्रांतिकारी परिवर्तन आए। अंतरिक्ष संचार (Space Communication) के विकास ने सेना के कमान को केंद्रित कर उसे नियंत्रण में रख पाने में और अधिक सफलता प्राप्त की है। बीसवीं शताब्दी के मध्य में कंप्यूटर संचार व्यवस्था (Computer Communication) ने संचार तकनालॉजी में एक नई तथा विलक्षण क्रांति ला दी है।

5. आसूचना तकनालॉजी की क्षमता

आसूचना-क्रांति संचार-क्रांति के साथ जुड़ी हुई है। संचार संजालों की सहायता से किसी भी स्थान से प्राप्त आसूचनाओं को त्वरित गति से केंद्रीय कमान को भेजा जा सकता है जिसके आधार पर कमांडर अपने निर्णय आसानी से ले सकते हैं। आसूचना प्राप्त करने के लिए राडार, सोनार तथा अवरक्त (Infra Red) कैमरे जैसे संवेदकों (sensor) का प्रयोग किया जाता है। राडार ने द्वितीय विश्व युद्ध में बैटल ऑफ ब्रिटेन में निर्णयात्मक भूमिका निभाई। आधुनिक काल में आसूचना तकनालॉजी में अंतरिक्ष इलेक्ट्रॉनिकी तथा कंप्यूटर बहुत महत्त्वपूर्ण साबित हुए हैं। उपग्रहों द्वारा शत्रु देशों की आसूचनाएँ विस्तृत विवरणों के साथ एकत्रित की जा सकती हैं जबकि कंप्यूटर अपनी क्षमता से लाखों आसूचनाओं को सरलतापूर्वक समझ सकता है और कमांडर को उचित निर्णय लेने में सहायता दे सकता है। उपग्रहों की सहायता से शत्रु द्वारा प्रक्षेपास्त्र को प्रक्षेपक (Launcher) पर सक्रिय करने के समय ही संसूचित (detect) किया जा सकता है। इस प्रकार इस तकनालॉजी की सहायता से क्लॉसवित्ज़ द्वारा प्रतिपादित आश्चर्य (surprise) नामक घटक की उपादेयता युद्ध में समाप्त नहीं तो कम अवश्य हुई है। इसी प्रकार उपग्रहों की सहायता से दिक्-चालन (navigation) के क्षेत्र में भी जलपोत आदि अपनी सही स्थिति (केवल कुछ मीटर के दोष के साथ) ज्ञात कर सकते हैं। इस तकनालॉजी की सहायता से पनडुब्बी से छोड़े गए प्रक्षेपास्त्र, जहाजों आदि का निशाना अधिक अचूक ढंग से लगा सकते हैं।

यह भी एक सत्य है कि तकनालॉजी कभी गलतियों, कमजोरियों एवं त्रुटिपूर्ण निर्णयों को क्षमा नहीं करती है। अमेरिकी अंतरिक्ष शटल यान 'चैलेंजर'

का दु:खद अंत, रूसी चेर्नोबिल के न्यूक्लीय केंद्र तथा भोपाल (भारत) के 'मिक' गैस के कारखाने की भयानक दुर्घटनाएँ इस कथन के जीवंत प्रमाण हैं। तकनालॉजी का युद्ध में अपना एक विशिष्ट स्थान है जिसे लेनिन के पूर्व-उद्धृत एक सरल वाक्य द्वारा स्पष्ट किया गया है। सन् 1991 के खाड़ी युद्ध के समय अमेरिकी राष्ट्रपति जॉर्ज बुश ने अमेरिकी तकनालॉजी के विषय में कहा था, 'आज अमेरिकी कर्मकार की लगन तथा मेहनत से अमेरिकी तकनालॉजी इतनी उन्नत है कि वैज्ञानिक, तकनीशियन एवं इंजीनियर अमेरिकी सैनिकों की कठिनाइयों तथा दुर्बलताओं को सफलतापूर्वक दूर कर युद्ध में बहुमूल्य जीवन की हानि को न्यूनतम रख पाने में समर्थ हैं।'

युद्ध तकनालॉजी के उपकरणों के विशिष्ट स्वरूप

किसी भी देश के नेताओं की अपने वैज्ञानिकों, तकनीशियनों तथा इंजीनियरों में निहित उपरिलिखित यह आस्था, विश्वास एवं इनसे उपजे प्रोत्साहनों द्वारा ही उच्च तकनालॉजियों के आधुनिकतम आयुधों की विनिर्माण की क्षमता बढ़ती है। एक अमेरिकी बयान के अनुसार, 'सन् 1991 का ऑपरेशन डेजर्ट स्टॉर्म वास्तव में एक दूरस्थ नियंत्रित (remotely controlled) पुश-बटन युद्ध था।' एक अन्य कथन के अनुसार, 'इस युद्ध में उच्च तकनालॉजी की सहायता से एक कुशल शल्य-चिकित्सा (surgery) की भाँति, केवल उन्हीं भागों की चीर-फाड़ की गई जिनकी आवश्यकता थी, अर्थात् ईराक के केवल सैनिक ठिकानों पर ही अचूक लक्ष्य साधे गए और अनावश्यक नागरिक हानि नहीं पहुँचाई गई।'

आधुनिक युद्ध-तकनालॉजी के उपकरणों के तीन विशिष्ट स्वरूप हैं :

क. प्रत्युत्पत्ति तकनालॉजीवाले उपकरण

ख. क्रांतिकारी तकनालॉजीवाले उपकरण

ग. मिश्रित तकनालॉजीवाले उपकरण।

क. प्रत्युत्पत्ति तकनालॉजीवाले उपकरण

इस तकनालॉजी में परंपरागत (conventional) उपकरणों को नवीनतम तकनालॉजियों से सुसज्जित करने के पश्चात् उपयोग में लाया जाता है। उदाहरणार्थ, सन् '70 के दशक में विनिर्मित एफ-111 विमानों को नवीनतम तकनालॉजी के माइक्रोप्रोसेसर तथा लेजर मार्गदर्शन (laser guidance) आदि से सुसज्जित करना, एल सी ए सी हॉवरक्राफ्ट, बी-52 बम-वर्षक विमान को अत्याधुनिक तकनीकों से सज्जित करना, एफ-4-जी विमान को संकुलन (jamming) के आधुनिक उपकरणों

से लैस करना अथवा एम ए-1 टैंक पर विद्युत्-चुंबकीय क्षेत्रवाले अति तीव्र गति से चालित विद्युत् तोपों द्वारा सुसज्जित करना। प्रत्युत्पत्ति तकनालॉजी पर आधारित इन उपकरणों तथा आयुधों का प्रयोग ऑपरेशन डेजर्ट स्टॉर्म के समय सफलतापूर्वक किया गया।

ख. क्रांतिकारी तकनालॉजीवाले उपकरण

आधुनिकतम तकनालॉजी पर आधारित सैनिक उपकरण क्रांतिकारी उपकरण कहलाते हैं। इस प्रकार के उपकरणों तथा आयुधों के प्रतिनिधि हैं एफ-117 तथा बी-2 नामक अति गुप्त (stealth) विमान, जो शत्रु राडार की आँखों में धूल झोंकते हुए, उसके आकाश पर मँडराकर, अपने निर्दिष्ट कार्य को संपन्न कर पाने में सक्षम होते हैं; थलसेना के स्मार्ट (Smart) बमों से सुसज्जित रॉकेट, जिनमें शक्तिशाली टैंकों को नष्ट करने की सामर्थ्य होती है, दूरस्थ नियंत्रित चालकरहित विमान (Remotely Controlled Pilotless Aircraft), जो शत्रु क्षेत्र में घुसकर उनके लक्ष्यों एवं गुप्त ठिकानों के चित्रों एवं आसूचनाओं को इलेक्ट्रॉनिकी संचार व्यवस्था द्वारा निर्बाध रूप से अपने कमांडरों को पहुँचाते हैं; पायलटों के विशेष शिरस्त्राण (helmet) जिसके शीशे के परदों (glass screens) पर पायलट के सामने ही युद्ध-क्षेत्र बिंबित हो उठता है तथा विमानों को अपने लक्ष्यों तक पहुँचाने के लिए पीत वर्ण का एक रेखा-मार्ग चित्रित हो उठता है।

ग. मिश्रित तकनालॉजीवाले उपकरण

प्रत्युत्पत्ति तथा क्रांतिकारी तकनालॉजी के मिश्रित प्रयोग पर आधारित तकनालॉजी के उपकरण मिश्रित तकनालॉजी के उपकरण हैं। उदाहरणार्थ, एफ-117 ए विमान जो शत्रु लक्ष्यों को खोजकर उनको लेजर प्रकाश से आलोकित करते हैं जिससे एफ-5, एफ-111 तथा टोर्नेडो जैसे बम-वर्षकों को लक्ष्य भेदने में सहायता मिलती है। सन् 1991 के खाड़ी युद्ध में इस मिश्रित तकनालॉजी के प्रयोग को अभूतपूर्व सफलता प्राप्त हुई है जिसने युद्ध वैज्ञानिकों तथा युद्ध नीति-निर्धारकों को इस दिशा में और अधिक प्रयास तथा अनुसंधान करने के लिए प्रेरित किया है।

सन् 1991 के ऑपरेशन डेजर्ट स्टॉर्म के समय उपरोक्त तीनों वर्गों की तकनालॉजी का उपयोग अत्यंत सफलतापूर्वक किया गया। क्रांतिकारी तकनालॉजी के उपकरण तथा आयुध अभी बहुत महँगे हैं; एक बी-2 विमान का मूल्य लगभग दस बी-52 विमानों के मूल्य के बराबर है, किंतु विश्वास है कि इलेक्ट्रॉनिकी में नित नवीन खोजों तथा विकास के कारण इसके मूल्य में कमी अवश्य आएगी।

युद्ध में तकनालॉजी की निर्णयात्मक भूमिका

बिस्मार्क द्वारा जर्मनी के एकीकरण के समय हुए युद्धों पर निम्नलिखित प्रमुख तकनालॉजियों की निर्णयात्मक भूमिका रही। पाठकों को शायद यह जानकर आश्चर्य होगा कि सबसे अधिक प्रभाव पड़ा रेल-रोड के विकास के कारण। रेल-रोड की सहायता से प्रशिया के सैनिक शीघ्रता से दूसरे स्थान तक भेजे जा सके। उन्हें सारे समय युद्ध के मैदान में ही नहीं रखा गया अपितु उनको कुछ समय पश्चात् युद्ध-क्षेत्र से आराम करने के लिए वापस बुला लिया जाता था और उनके स्थान पर ताजा और चुस्त सैनिक भेजे जाते थे। इससे उनके मानसिक बल (morale) में वृद्धि हुई; इसी प्रकार रेल-रोड की सहायता से प्रशिया की सैन्य सामग्री, जैसे तोपें आदि त्वरित गति से युद्ध के उस क्षेत्र में भेज दिए जाते थे जहाँ उनकी अधिक आवश्यकता होती थी। इस प्रकार कम सैनिक अथवा सैन्य सामग्री होते हुए भी उनका भरपूर उपयोग रेल-रोड के कारण संभव हो पाया जिससे वे विजयी हुए।

उसी अवधि में विकसित एक अन्य तकनालॉजी 'टेलीग्राफ' ने भी युद्ध को प्रभावित किया। इसकी सहायता से संदेशों का आदान-प्रदान बहुत त्वरित गति से होने लगा तथा कमांडरों का दूर पर स्थित सैन्य टुकड़ियों पर भी नियंत्रण सुचारु रूप से किया जाना संभव हो गया।

एक अन्य विकसित तकनालॉजी थी एक नई प्रकार की रायफल का आविष्कार, जिसमें गोलियाँ मुँह (nozzle) से भरने के स्थान पर छिद्र (breach) से भरने का प्रावधान था। इससे युद्ध के समय गोलियाँ भरने में कम समय लगता था तथा एक निश्चित समय में अपेक्षाकृत अधिक गोलियाँ चलाई जा सकती थीं। इस नई तकनालॉजी का एक लाभ यह भी हुआ कि अब सैनिक लेटकर, बैठकर अथवा खड़े होकर, किसी भी स्थिति में गोली चला सकता था।

फ्रांस तथा प्रशिया के बीच हुए युद्ध में एक अन्य तथ्य उजागर हुआ कि केवल उन्नत तकनालॉजी के उपस्कर रखना ही काफी नहीं है, उनका उचित ढंग से उपयोग करना भी आवश्यक है। प्रशिया के सैनिकों की रायफलें फ्रांस के सैनिकों की रायफलों जैसी अच्छी नहीं थीं। उसके अतिरिक्त फ्रांस के पास मशीनगनें भी थीं जो प्रशिया के पास नहीं थीं। किंतु प्रशिया के सैनिकों ने अच्छा प्रशिक्षण पाया हुआ था जिससे उन्हें सफलता मिली।

इस प्रकार युद्ध में विजय प्राप्त करने के लिए न केवल उन्नत तकनालॉजी के आयुध आवश्यक हैं, अपितु उनपर भली प्रकार प्रशिक्षण लेना भी आवश्यक हैं। प्रथम विश्व युद्ध (1914-18) प्रारंभ होने के समय तक जर्मनी में एक विशाल

औद्योगिक परिसर स्थापित हो चुका था तथा युद्ध करने के नवीन तरीके पता लग चुके थे जिन्होंने इस पूरे युद्ध पर प्रभाव डाला। एक नवीन तकनालॉजी थी विषाक्त गैस। 25 अप्रैल, 1915 को जर्मनी ने फ्रांस के विरुद्ध बेल्जियम मोर्चे पर क्लोरीन गैस का उपयोग किया। इसके पश्चात् दोनों ओर से गैस का खुलकर उपयोग किया गया। एक अन्य नवीन तकनालॉजी जिसका जर्मनी ने सफलतापूर्वक उपयोग किया वह थी पनडुब्बी। इसकी सहायता से जर्मनी ने प्रथम पाँच महीनों के युद्ध में ही प्रत्येक महीने में शत्रु के जहाजों को डुबाकर 6,58,000 टन की युद्ध-सामग्री नष्ट की। अमेरिका के युद्ध में प्रवेश करने से युद्ध की स्थिति बदलने लगी। अमेरिका की औद्योगिक क्षमता जर्मनी से बहुत अधिक थी, जिसकी उन्नत तकनालॉजी की सहायता से अमेरिका तथा अन्य मित्र-राष्ट्र मिलकर जर्मनी को युद्ध में परास्त कर सके।

प्रथम विश्व युद्ध के पश्चात् अनेकों नवीन तथा अधिक उन्नत तकनालॉजियों का विकास हुआ। न्यूक्लीय तकनालॉजी इनमें से प्रमुख थी। विमानों में अनेक उन्नत तकनालॉजियों के समावेश करने से उनकी क्षमता बहुत बढ़ गई। साथ ही विमानों को नष्ट करने की उन्नत तकनालॉजी भी विकसित हुई। द्वितीय विश्व युद्ध (1939-45) में इन सभी तकनालॉजियों का उपयोग किया गया। अंतत: 6 अगस्त, 1945 को न्यूक्लीय तकनालॉजी पर आधारित एटम बम जापान के हिरोशिमा नगर पर तथा उसके तीन दिन बाद नागासाकी नगर पर फेंका गया। केवल एक विमान से डाले गए एटम बम द्वारा किया गया नर-संहार उन परंपरागत हजारों बमों से कहीं अधिक भीषण था जिनको डालने में सैकड़ों विमानों का उपयोग किया जाता था।

आयुध

अनुभवों ने हमें यह सिखाया है कि युद्ध रोकने का सबसे उत्तम तरीका है नवीनतम आयुधों से सुसज्जित होना। शायद यही कारण है कि सभी राष्ट्र अपने बजट में सुरक्षा के लिए काफी धन आवंटित करते हैं। शायद आइसलैंड तथा कोस्टारिका ही विश्व के दो ऐसे देश हैं जिनके पास अपनी कोई सेना नहीं है। अमेरिकी सेना की स्ट्रैटेजिक एयर कमांड का नारा है, 'शांति स्थापित करना हमारा पेशा है।' लैटिन भाषा में एक कहावत है—

Si vis pacem para bellum

अर्थात्, 'शांति बनाए रखने के लिए आवश्यक है युद्ध के लिए तैयार रहना।' यह कहावत सचमुच ही बहुत सटीक है और इसके उदाहरण जगह-जगह देखे जा सकते हैं, किंतु फिर एक प्रश्न उठता है कि कितनी तैयारी को आवश्यक

कहा जा सकता है। शायद आदर्श उसे कहेंगे जिसमें शत्रु आपकी शक्ति की परीक्षा लेने के बारे में सोचने से भी डरे।

आज प्रायः ही रक्षाविद् तथा राजनीतिज्ञ आयुधों को बटोरने की चूहा-दौड़ के विरुद्ध हैं। किंतु यदि हम ठंडे दिमाग से उस स्थिति के बारे में सोचें जिसमें एक राष्ट्र के पास तो आयुधों का बड़ा भंडार है पर दूसरा राष्ट्र केवल शांति की बातें कर आयुधों का बहिष्कार करता रहता है। इस स्थिति में क्या शांति बनी रह सकती है? इसका ज्वलंत उदाहरण हमारा अपना देश है जिसे सन् 1962 में चीन से परास्त होना पड़ा था। एक अन्य उदाहरण द्वितीय विश्व युद्ध से पहले पश्चिम यूरोपीय देशों की स्थिति का है, जहाँ हिटलर ने जर्मनी में उन्नत आयुधों का भंडार लगा दिया था जबकि अन्य पश्चिमी यूरोपीय देशों ने रक्षा व्यय बहुत कम कर दिया था। इसका परिणाम यह हुआ कि सन् 1939 और 1940 में जर्मनी ने इन यूरोपीय देशों पर त्वरित विजय प्राप्त कर ली।

इस प्रकार से वह स्थिति, जिसमें एक अथवा कुछेक राष्ट्र ही महाशक्ति बन जाएँ, और भी भयानक कही जा सकती है। इसलिए यदि विश्व शांति को बनाए रखना है तो विभिन्न राष्ट्रों द्वारा आयुधों को प्राप्त करना भी आवश्यक है तथा विश्व में आयुधों का संतुलन बनाए रखना भी निश्चय ही आवश्यक है।

तो प्रश्न यह उठता है कि क्या युद्ध के लिए तैयार रहना आवश्यक है? क्या इससे शांति स्थापित हो सकती है? पिछले सौ वर्षों में तीन बार राष्ट्रों ने आयुधों से सुसज्जित होने की चेष्टा की है। ऐसे में दो बार, सन् 1914 तथा सन् 1939 में, विश्व युद्ध हुआ है। तीसरी बार विश्व युद्ध इसलिए टल गया क्योंकि सन् 1990 में एक महाशक्ति का विघटन हो गया।

क्या एक राष्ट्र द्वारा आयुधों के भंडार जमा करने की प्रक्रिया से दूसरा राष्ट्र प्रतिक्रिया स्वरूप आयुधों का भंडार इकट्ठा करने लगता है? इस विषय में रक्षाविदों के भिन्न-भिन्न मत हैं। अधिक महत्त्वपूर्ण बात यह है कि आयुधों की आक्रामक क्षमता उनकी रक्षात्मक क्षमता की तुलना में कैसी है? यदि आक्रामक क्षमता अधिक है तो आयुधों की होड़ स्वतः ही बढ़ जाती है; यदि रक्षात्मक क्षमता अधिक है तो यह होड़ कम हो जाती है। किसी शत्रु के आक्रमण से रक्षा करने के लिए सुरक्षात्मक सेना को आक्रामक सेना की तुलना में एक तिहाई होना यथार्थवादी माना गया है।

एक प्रसिद्ध रक्षाविद् वोहलस्टेटर के अनुसार आयुधों की होड़ में क्रिया-प्रतिक्रिया का सिद्धांत सही नहीं है। दो अन्य रक्षाविदों ओरगान्सकी एवं कुग्लर ने अमेरिका तथा सोवियत संघ के बीच हो रही आयुधों की होड़ के पश्चात् भी यही

कहा कि वास्तव में यह कोई होड़ नहीं थी, केवल एक-दूसरे से आगे रहने की भावना मात्र थी।

उच्च तकनालॉजी तथा वायुशक्ति

रिचर्ड हैल्लन ने क्लॉसवित्ज़ द्वारा प्रतिपादित परंपरागत अनुक्रमिक युद्ध (Traditional Sequential Warfare) तथा उच्च तकनालॉजी के आधुनिक युद्ध का तुलनात्मक अध्ययन (तालिका 1.1) किया है जिसके अनुसार आधुनिक युद्ध व्यवस्था में वायुशक्ति का योगदान अत्यंत महत्त्वपूर्ण व निर्णयात्मक पाया गया है।

तालिका 1.1 : परंपरागत तथा उच्च तकनालॉजी का युद्ध

परंपरागत अनुक्रमिक युद्ध	*उच्च तकनालॉजी का युद्ध*
1. बड़ी सेना आवश्यक है	छोटी सेना—कम व्यय
2. सैनिक उपलब्धि कम	सैनिक उपलब्धि अधिक
3. अनुच्च दक्षता तथा साधारण शक्ति	उच्च दक्षता एवं विकेंद्रित शक्ति
4. अधिक क्षति	कम क्षति
5. अधिक हानि	कम हानि
6. धीमी प्रतिक्रिया	तत्काल प्रतिक्रिया
7. कम निर्णयात्मक युद्ध	अधिक निर्णयात्मक युद्ध
8. बिना वायुशक्ति का युग	वायुशक्ति का युग

ऑपरेशन डेजर्ट स्टॉर्म में बहुराष्ट्रीय सेना ने अपनी वायुशक्ति (airforce) के अद्‌भुत तथा नवीनतम तकनालॉजी के आयुधों तथा उपकरणों के प्रयोग से युद्ध के प्रथम दस दिवसों में ही ईराकी सेना को पंगु तथा गतिहीन बना दिया था और ईराकी आकाश पर अपना आधिपत्य स्थापित कर लिया था। ऐसा करने के लिए बहुराष्ट्रीय सेना ने जो रणनीति बनाई उसके ध्येय निम्नलिखित थे :

- ईराकी वायु श्रेष्ठता को प्राप्त कर उसे प्रतिधारित (sustain) करना।
- ईराकी सैनिक नेतृत्व को अलग-थलग कर देना एवं उसे युद्ध के लिए अयोग्य बना देना।
- ईराक की न्यूक्लीय, रासायनिक एवं जैविक युद्ध की क्षमता को क्षीण कर देना।
- ईराक की आक्रामक तथा रक्षात्मक सैनिक क्षमता को समाप्त कर देना।

युद्ध-तंत्र तथा मानव शरीर

किसी युद्ध-तंत्र तथा मानव शरीर में अनेक समानताएँ देखी जा सकती हैं (तालिका 1.2)। जिस प्रकार मस्तिष्क, केंद्रीय नाड़ी-मंडल तथा रक्त एवं प्राण-वायु वाहिनी को क्षति पहुँचने पर मानव शरीर के शीश, मस्तक, भुजाओं तथा पैरों का कोई अस्तित्व नहीं रह जाता है उसी प्रकार शत्रु सेना के आंतरिक नियंत्रण संगठन, संचार व्यवस्था एवं पावर सप्लाई (power supply) तथा परिवहन एवं तेल-शोधन क्षमता को नष्ट अथवा निष्क्रिय कर देने पर शत्रु सेना को नेतृत्व-विहीन किया जा सकता है।

तालिका 1.2 : युद्ध तंत्र की मानव शरीर से तुलना

युद्ध तंत्र	*मानव शरीर*
1. कमान	शीश एवं मस्तक
2. सेना	भुजाएँ तथा पैर
3. आंतरिक नियंत्रण संगठन	मस्तिष्क
4. संचार एवं पावर सप्लाई	केंद्रीय नाड़ी-मंडल
5. परिवहन एवं तेल-शोधन क्षमता	रक्त एवं प्राणवायु वाहिनी

सन् 1991 के खाड़ी युद्ध में ऑपरेशन डेजर्ट स्टॉर्म के बहुराष्ट्रीय सेनापति ने इसी ध्येय को सामने रखकर अपनी रणनीति बनाई। यह रणनीति अत्यंत सफल रही। युद्ध के प्रथम दस दिवसों में ही ईराकी आकाश पर अपना प्रभुत्व बनाकर बहुराष्ट्रीय सेना ने ईराक के आंतरिक नियंत्रण संगठन, संचार एवं पावर सप्लाई तथा परिवहन एवं तेल-शोधन क्षमता को छिन्न-भिन्न कर दिया। इसके पश्चात् ईराक को घुटने टेकने में अधिक समय नहीं लगा।

युद्ध में वायुशक्ति एवं वायु तकनालॉजी का महत्त्व

तालिका 1.1 के अनुसार युद्ध के इतिहास को मूलतः दो भागों में विभक्त कर सकते हैं :

अ. वायुशक्ति से पूर्व का युग

ब. वायुशक्ति का युग

विश्व का प्रथम वायुयान सन् 1903 में बनाया गया था, इसलिए सुविधानुसार हम वायुशक्ति का युग बीसवीं शताब्दी के प्रारंभ काल से मान सकते हैं। इस प्रकार युद्ध के इतिहास में वायुशक्ति का प्रादुर्भाव तथा वायु

तकनालॉजी का विकास सौ वर्षों से भी कम अवधि में हुआ है। किसी भी आधुनिक युद्ध के ध्येय निम्नलिखित हैं :

क. शत्रु की वायु, थल तथा नौसेना एवं उसकी वायु-प्रतिरक्षा (air-defence) की क्षमता को नष्ट करना।

ख. शत्रु के देश की जनता को यह संदेश देना कि युद्ध केवल उस देश के राजतंत्र से है, उसकी जनता से नहीं ताकि जनता राजतंत्र के विरुद्ध विद्रोह कर उठे।

ग. शत्रु के संचार तंत्र (communication system) के ढाँचे को, जिसमें उसकी दूरसंचार व्यवस्था के अतिरिक्त उसके रेल, राजमार्ग तथा पुल आदि भी शामिल हैं, अस्त-व्यस्त कर देना।

घ. शत्रु की विभिन्न उत्पादन क्षमताओं को, जिनमें विद्युत्-शक्ति, तेल, न्यूक्लीय, रासायनिक एवं जैविक शस्त्रास्त्र सम्मिलित हैं, नष्ट करना तथा उसके अनुसंधान एवं विकास कार्यों में व्यवधान पहुँचाना।

च. शत्रु के सैनिक तथा नागरिक नेतृत्व को एक-दूसरे से अलग-थलग करना तथा उनके बीच में खाई पैदा करना जिससे कि दोनों का एक-दूसरे पर से विश्वास उठ जाए।

इन ध्येयों को चित्र 1.2 में एक ही केंद्र के चारों ओर खींचे गए पाँच वृत्तों (five concentric circles) द्वारा दर्शाया गया है जिसमें शत्रु की सैनिक क्षमता को नष्ट करने का ध्येय सबसे बाहर के वृत्त द्वारा दर्शाया गया है। विभिन्न अनुसंधानों एवं विश्लेषणों द्वारा पाया गया है कि वायुशक्ति से पूर्व के युग में हम ऊपर लिखे हुए ध्येयों (क से च तक) में से केवल प्रथम ध्येय को ही प्राप्त कर पाने में समर्थ थे; जबकि वायुशक्ति तथा वायु तकनालॉजी के वर्तमान युग में हम ध्येयों के उपरिलिखित वर्णक्रम के संपूर्ण परास (range) को प्राप्त कर पाने में सफल हो पाते हैं।

इस प्रकार हम देखते हैं युद्ध सभ्यता की ही देन है। सभ्यता के विकास के साथ ही तकनालॉजी का विकास हो रहा है और तकनालॉजी का विकास युद्ध की तकनीकों में निरंतर प्रवीणता लाकर उसे भीषण से भीषणतर बनाता जा रहा है। युद्ध तकनालॉजी में क्रांति का अपना एक विशिष्ट स्थान है जिसका प्रभाव सेना की विभिन्न क्षमताओं पर पड़ता है। हम यह भी देखते हैं कि आधुनिक युद्ध में उच्च तकनालॉजी के कारण वायुशक्ति ने एक प्रमुख स्थान अर्जित कर लिया है। किंतु अब धीरे-धीरे युद्ध की दृश्यावली अंतरिक्ष की ओर खिसकती जा रही है। विज्ञान एवं तकनालॉजी ने युद्ध को आदिकाल से प्रभावित किया है

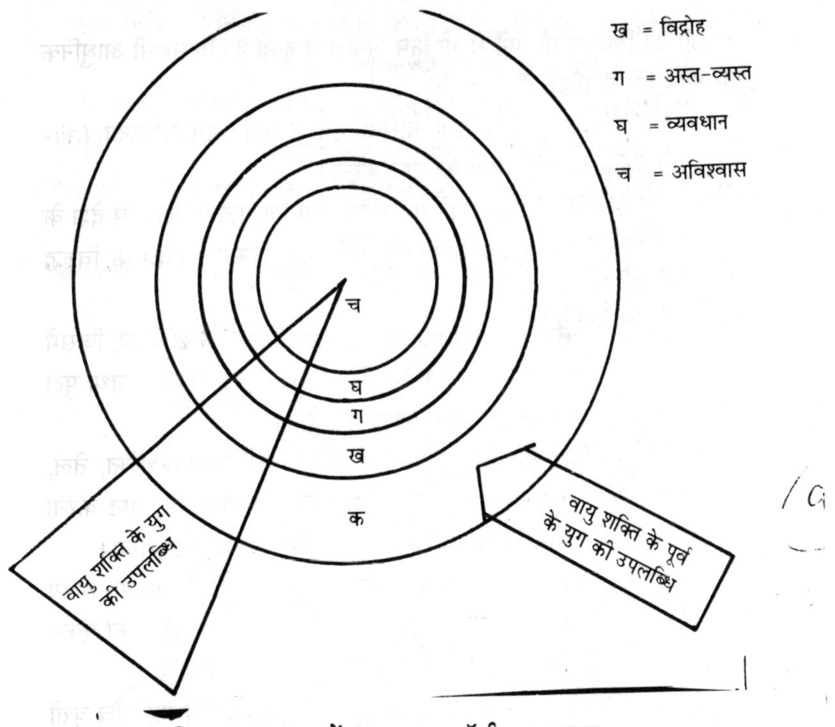

चित्र 1.2 : युद्ध में वायु तकनालॉजी का महत्त्व

तथा भविष्य में भी प्रभावित करते रहेंगे।

संदर्भ (References)

1. David W. Ziegler : War, Peace & International Powers.
2. Lewis Mumford : The Myth of the Machine.
3. Barry Buzan : Strategic Studies : Military Technology & International Relations.
4. Herbert Marcuse : One Dimension Man.
5. EF Schumaker : Small is Beautiful.
6. Brodie & Brodie : From Crossbow to H-Bomb.
7. McNeil : The Pursuit of Power.
8. Pearton : The Knowledgeable State–Diplomacy, War and Technology since 1830.

9. Langford : War in 2080 : The Future of Military Technology.
10. Richard Hallon : Storm Over Iraq.
11. Vohlstater : Rivals But No Race; US Foreign Policy No. 16.
12. Organski & Kuglar : The War Ledger.
13. Richard Coopey : Defence Science & Technology & Adjusting to Change.
14. Baldev Raj Nayar : India's Quest for Technological Independence.

□

अध्याय-2

भारतीय रक्षा उद्योग, अनुसंधान एवं विकास

विश्व की बदलती हुई भू-राजनीतिक एवं राजनीतिक स्थिति तथा उन्नत होती हुई तकनालॉजी विश्व के अनेक देशों के लिए निरंतर एक चुनौती प्रस्तुत करती रही है। औद्योगिक विनिर्माण की अत्याधुनिक तकनीकें अब केवल अमेरिका तथा यूरोप के विकसित देशों में ही नहीं अपितु जापान, कोरिया, हांगकांग तथा कुछ सीमा तक भारत में भी अपनाई जा रही हैं। विश्व का आर्थिक पलड़ा भी अब केवल पश्चिमी देशों की ओर झुका नहीं दिखाई देता है। उन्नत तकनालॉजी एवं नवीन तथा मौलिक अनुसंधान से लेकर नवीन उत्पादों के विकास के लिए अब अन्य देशों में भी निवेश बढ़ता जा रहा है। विश्व के इस बदलते हुए परिदृश्य को देखकर ही अमेरिका, बौद्धिक संपत्ति का अधिकार (Intellectual Property Right) तथा न्यूक्लीय नॉन-प्रॉलिफरेशन ट्रीटी (Nuclear non-Proliferation Treaty, NPT) जैसे मुद्दों को उठा रहा है जिससे विश्व में विकसित देशों की सार्वभौमिकता बनी रहे। उच्च विश्वसनीयता की युद्ध सामग्री के लिए आवश्यक है कि भारतीय सेनाओं, भारतीय रक्षा उद्योग तथा भारतीय अनुसंधान एवं विकास संगठन का तालमेल निरंतर बना रहे।

रक्षा तकनालॉजी के विकास में अनुसंधान का महत्त्व

यह सत्य है कि तकनालॉजी स्वयं कोई युद्ध नहीं जीत सकती है। किंतु यह भी सत्य है कि नवीन तकनालॉजियाँ युद्ध कौशल तथा युद्ध क्षेत्रों में परिवर्तन लाकर नए युद्ध सिद्धांतों तथा नई विचारधाराओं को जन्म देती हैं जिनसे न्यूनतम शक्ति के उपयोग से अधिकतम लाभ उठाया जा सके। अनुसंधान द्वारा ही ऐसी नवीन तकनालॉजियाँ प्रतिपादित की जा रही हैं।

औद्योगिक क्रांति के समय से तकनालॉजी निरंतर विकसित होती रही है।

तकनालॉजी के विकास में अनुसंधान के महत्त्व को नकारा नहीं जा सकता। रक्षा उद्योग के क्षेत्र में अनुसंधान का महत्त्व कुछ और अधिक बढ़ जाता है क्योंकि युद्ध में विजय अधिक उत्तम तथा उन्नत आयुध रखनेवाले देश की ही होगी। यदि हम सर्वाधिक विकसित देश अमेरिका के सन् 1991 में घोषित पंचवर्षीय रक्षा बजट का विश्लेषण करें तो देखेंगे कि यद्यपि अमेरिका की रक्षा संरचना में इन पाँच वर्षों की अवधि में 25 प्रतिशत कटौती का प्रस्ताव किया गया था किंतु इसी अवधि में रक्षा अनुसंधान के लिए और अधिक अर्थ की व्यवस्था की गई है। पिछले 30 वर्षों में अमेरिकी रक्षा विभाग का कुल व्यय केवल 1.5 प्रतिशत प्रतिवर्ष की दर से बढ़ा है, किंतु रक्षा अनुसंधान एवं विकास के व्यय में इन 30 वर्षों में 3.1 प्रतिशत प्रतिवर्ष की दर से वृद्धि हुई है।

अनुसंधान, विकास, परीक्षण एवं मूल्यांकन के अनुसार धन के निवेश की प्राथमिकताएँ निम्नलिखित क्रम में होनी चाहिए :

- रक्षा तैयारियाँ,
- तकनालॉजी में श्रेष्ठता,
- सेनाओं का आधुनिकीकरण, तथा
- नवीन पद्धतियों एवं प्रणालियों का विकास।

खाड़ी युद्ध-1991 में, जिसे अमेरिका ने 'डेजर्ट स्टॉर्म' कहा है, प्रयोग की गई तकनालॉजियों का विकास लगभग 25 वर्षों की कालावधि में किया गया था। तालिका 2.1 में इस युद्ध में प्रयोग किए गए आयुध-तंत्रों तथा उनमें प्रयोग की गई तकनालॉजी के कुछ उदाहरण दिए गए हैं।

तालिका 2.1 : खाड़ी युद्ध में प्रयोग किए गए आयुध तथा तकनालॉजियाँ

आयुध तंत्र	*प्रयुक्त तकनालॉजी*
1. आब्राम्स टैंक	लंबी तरंगों की अवरक्त किरणयुक्त नाइट विजन, लेजर रेंज फाइंडर, आर्मर, प्रोपल्शन आदि
2. मावेरिक	लंबी तरंगों की अवरक्त किरण सादृश्य (imaging), अवरक्त किरण गुंबद
3. पैट्रियट मिसाइल	फेज्ड ऐरे राडार, वारहेड, फ्यूज, सिग्नल डाटा प्रोसेसिंग, गाइडेंस अलगारिथ्म
4. एफ-16 विमान	वायु-गतिशास्त्र (Aerodynamics), राडार, प्रोपल्शन
5. अवाक्स विमान	ऐंटिना, राडार, प्रदर्श (display), संचार, संकेत संसाधन, डाटा संसाधन (Data Processing)

आयुध तंत्र	प्रयुक्त तकनालॉजी
6. ए एल क्यू-184	मल्टीबीम ऐंटिना, अंकीय रेडियो आवृत्ति स्मृति (Digital RF memory)

खाड़ी युद्ध के पश्चात् अमेरिकी जॉयंट चीफ ऑफ स्टाफ, जरनल कॉलिन पावेल ने कहा था : 'किसी भी युद्ध में सफलता केवल उन्हीं की नहीं होती जो किसी विमान के कॉकपिट, टैंक अथवा युद्ध क्षेत्र में हों; सफलता उन सबकी भी होती है जिन्होंने उन विमानों, उन आयुधों तथा उन यंत्रों को बनाने में अपना योगदान किया हो'।

वरणात्मक आत्मनिर्भरता (Selective Self-Reliance)

भारत ने स्वतंत्रता प्राप्ति के लिए अहिंसा का मार्ग अपनाया। किंतु शीघ्र ही उसे अपने पड़ोसी देशों चीन तथा पाकिस्तान के आक्रमणों का सामना करना पड़ा। इसलिए स्वतंत्रता प्राप्ति के कुछ वर्षों पश्चात् ही उसे अपनी नीति में आवश्यक परिवर्तन करना पड़ा। एक प्रमुख पश्चिमी रक्षाविद् जॉन मेलॉर ने अपने लेख 'इंडिया : ए राइजिंग मिडिल पॉवर' (1972) में इसका दोषी अमेरिका को ठहराया है जिसने सन् 1959 से ही किसी-न-किसी बहाने से पाकिस्तान में उच्च तकनालॉजी के आयुधों का भंडार बनाना शुरू कर दिया था। पाकिस्तान अभी भी कश्मीर तथा कुछ अन्य स्थानों पर परोक्ष युद्ध (proxy war) जारी रखे हुए है। कुछ अन्य देशों का व्यवहार भी भारत के प्रति विशेष मित्रतापूर्ण नहीं रहा है। इन सब खतरों को देखते हुए भारत को अपनी सैनिक क्षमताओं को अतिशीघ्र ही बढ़ाना पड़ा। इसके लिए भारत ने त्रिमुखी कार्यनीति अपनाई :

- भारत ने परंपरागत शस्त्रों का आयात जारी रखा,
- भारत ने अपने न्यूक्लीय, प्रक्षेपास्त्र एवं अंतरिक्ष कार्यक्रमों के विकास पर भरसक जोर दिया क्योंकि इन कार्यक्रमों में सैनिक विभव निहित है, तथा
- भारत ने विविध सैनिकोन्मुख औद्योगिक अनुसंधान परिसरों (Military Industry Research Complex) का विकास एवं विस्तार किया।

स्वदेशी रक्षा उत्पादन क्षमताओं के विनिर्माण के लिए अपनाई गई इस त्रिमुखी रक्षानीति के उद्देश्य थे :

- सैनिक उपस्करों के आयात में धीरे-धीरे कमी लाना,
- रक्षा उत्पादन के क्षेत्र में अधिक-से-अधिक आत्मनिर्भरता प्राप्त करना,

- रक्षा बजट में विदेशी मुद्रा के व्यय में कटौती करना,
- एक ऐसी अनुसंधान, विकास एवं उत्पादन क्षमता का विनिर्माण करना जो प्रचलित पीढ़ी के आयुधों के उत्पादन में सक्षम हो तथा उन्नत तकनालॉजी के औद्योगिक क्षेत्र की उत्पादन क्षमता को बढ़ा सके, तथा
- भारत-निर्मित सैनिक उपस्करों का निर्यात।

इस कार्यनीति के अच्छे परिणाम अब देखने को मिलने लगे हैं। रक्षा-उत्पादन के क्षेत्र में भारत निर्गुट देशों का सबसे विशाल परिसर बन चुका है। भारत की अर्थव्यवस्था में यह परिसर दूसरा सबसे विशाल संगठन है। इस परिसर द्वारा भारत के सकल औद्योगिक उत्पाद (Gross Industrial Product) का 15 प्रतिशत से अधिक उत्पाद का विनिर्माण किया जाता है। यह परिसर चार लाख से भी अधिक भारतीय नागरिकों को रोजगार प्रदान करता है। कुछ विशेषज्ञों के अनुसार परोक्ष रूप से भारत की एक बड़ी जनसंख्या रक्षा उद्योग से जुड़ी हुई है। सन् 1992-93 में इस परिसर में दो हजार करोड़ रुपयों से भी अधिक मूल्य के सैनिक तथा अन्य उपस्करों का उत्पादन किया गया।

पिछले तीस वर्षों में इस परिसर द्वारा अभिकल्पित एवं विनिर्मित आयुधों एवं उपस्करों की संख्या में ही नहीं उनकी विविधता एवं गुणवत्ता में भी निरंतर वृद्धि हुई। सन् '50 एवं '60 के दशकों में इस परिसर द्वारा उत्पादन अपेक्षा से काफी कम रहा। किंतु सन् 1962 में चीन द्वारा पराजित होने के पश्चात् इस परिसर के परिणाम निश्चय ही प्रभावोत्पादक रहे हैं। सन् '70 के दशक में इस परिसर की आत्मनिर्भरता में वृद्धि हुई है। इस वृद्धि में भारतीय रक्षा अनुसंधान एवं विकास संगठन का अत्यधिक महत्त्वपूर्ण योगदान रहा है। इस परिसर की भविष्य की योजनाएँ उमंगपूर्ण हैं जिसमें संपूर्ण एशिया महाद्वीप के सर्वाधिक तथा सर्वोन्नत रक्षा आयुधों की अभिकल्पना एवं उसके विकास की बात कही गई है। इस योजना के अंतर्गत नई पीढ़ी के प्रक्षेपास्त्र (missile), सोनार उपकरण युक्त जहाज को मार्ग दिखानेवाले लंगर पर बँधा हुआ पीपा (Sonar Fitted Buoy), भारतीय डिजाइन के बने सैनिक विमान तथा उनकी गैस-टर्बाइन, प्रक्षेपास्त्रयुक्त ध्वंसक पोत (destroyer), जेट-फाइटर विमान तथा पायलटरहित विमानों आदि के विनिर्माण शामिल हैं। इस प्रकार भारत की रक्षानीति के निर्धारकों ने इक्कीसवीं शताब्दी के प्रथम दशक के मध्य तक विदेशी सैनिक निर्भरता को न्यूनतम करने का लक्ष्य प्रस्तुत किया है।

सन् 1947 में स्वतंत्रता प्राप्ति के समय भारत के रक्षा उद्योग ने एक अत्यंत सीमित चरण आगे बढ़ाया था। तब से अब तक रक्षा उद्योग निश्चय ही एक अत्यंत

प्रामाणिक आकार धारण कर चुका है। आज रक्षा उद्योग के आधार हैं—रक्षा उत्पादन उद्योग तथा अनुसंधान एवं विकास संगठन। रक्षा उत्पादन उद्योग को हम आयुध कारखानों (Ordnance Factories), सार्वजनिक क्षेत्र के रक्षा उपक्रमों (Defence PSUs) तथा निजी उद्योग में विभाजित कर सकते हैं।

आयुध कारखाने

यद्यपि भारत में कुछ आयुध कारखानों की स्थापना ब्रिटिश शासनकाल में ही हो चुकी थी, किंतु इन विदेशी शासकों ने मुख्यत: दो कारणों से सैनिक उद्योगों को भारत में पनपने का अवसर नहीं दिया। एक तो इससे ब्रिटिश रक्षा उद्योग को क्षति पहुँचती, दूसरे भारतीय उद्योगपतियों को सैनिक उपस्करों एवं आयुधों की नवीनतम तकनालॉजी का ज्ञान हो जाता। द्वितीय विश्व युद्ध आरंभ होने के समय भारत में केवल छह आयुध कारखाने थे जो केवल कुछ अक्रांतिक (non-critical) सैनिक वस्तुओं का ही उत्पादन करते थे। किंतु द्वितीय विश्व युद्ध के समय शस्त्रास्त्रों की भारी माँग को पूरा करने के लिए ब्रिटिश शासकों को भारत में एक रक्षा उद्योग आधार स्थापित करना पड़ा। विश्व युद्ध की समाप्ति तक भारत में आयुध कारखानों की संख्या बढ़कर सोलह तक हो चुकी थी। किंतु अभी भी तकनालॉजी के अनुसंधान एवं विकास के लिए इन्हें पश्चिमी देशों, विशेषकर ब्रिटेन पर ही निर्भर रहना पड़ता था। स्वतंत्रता प्राप्ति के पश्चात् क्रांतिक वस्तुओं के उत्पादन के लिए नए आयुध कारखाने खोले गए। अब आयुध कारखानों की संख्या बढ़कर चालीस हो चुकी है, जिनमें दो लाख से अधिक कार्मिक कार्यरत हैं। आज ये कारखाने अस्त्र-शस्त्र, गोली-बारूद, फील्ड गन्स, बंदूकों तथा तोपों के लिए गोला-बारूद, रॉकेट, प्रक्षेपास्त्र, बम, हथगोले, जमीन तथा पानी में बिछाई जानेवाली सुरंगें, पुल बनाने की सामग्री, टैंक, प्रकाशिक यंत्र (optical instruments), रात्रि-दृष्टि युक्तियाँ (night vision devices), मिश्रित धातु के बने शक्तिशाली रॉकेट ट्यूब, टी-72 (अजय) टैंक, प्रक्षेपास्त्रों में प्रयोग किए जानेवाले ईंधन, ऐंटी-टैंक शस्त्रों के लिए साइटिंग उपस्कर आदि विविध प्रकार की वस्तुओं का उत्पादन कर रहे हैं। इनमें परंपरागत (conventional) तथा उच्च तकनालॉजी (hi-tech) और क्रांतिक (critical) तथा अक्रांतिक सभी प्रकार के आयुध शामिल हैं।

सार्वजनिक क्षेत्र के रक्षा उपक्रम

स्वतंत्रता प्राप्ति के पश्चात् सार्वजनिक क्षेत्र में रक्षा उपक्रमों को स्थापित करने का उद्देश्य एक ऐसा शक्तिशाली एवं विविधतापूर्ण उत्पादन का आधार

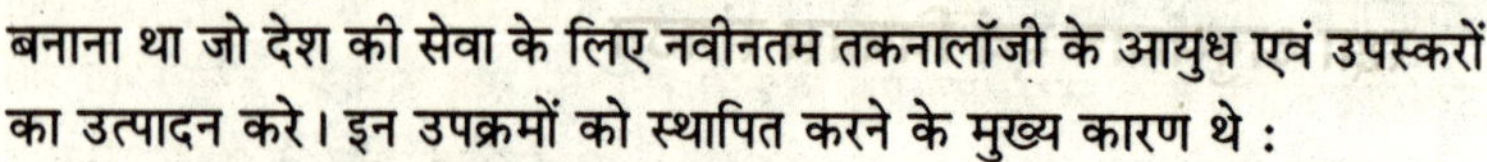

बनाना था जो देश की सेवा के लिए नवीनतम तकनालॉजी के आयुध एवं उपस्करों का उत्पादन करे। इन उपक्रमों को स्थापित करने के मुख्य कारण थे :

- सरकार की समाजवादी नीतियाँ,
- निजी उद्योग की दुर्बल अवस्था, तथा
- भारी पूँजी निवेश की आवश्यकता।

आज रक्षा उत्पादन तथा आपूर्त्ति विभाग के अंतर्गत निम्नलिखित आठ उपक्रम इस क्षेत्र में स्थापित हैं :

- भारत अर्थ मूवर्स लिमिटेड (BEML)
- भारत इलेक्ट्रॉनिक्स लिमिटेड (BEL)
- भारत डायनामिक्स लिमिटेड (BDL)
- गार्डेन-रीच शिप बिल्डर्स एंड इंजीनियर्स लिमिटेड (GRSE)
- गोआ शिपयार्ड लिमिटेड (GSL)
- हिंदुस्तान एरोनॉटिक्स लिमिटेड (HAL)
- माजगाँव डॉकयार्ड लिमिटेड (MDL)
- मिश्र धातु निगम लिमिटेड (MIDHANI)

ये सभी उपक्रम रक्षा के क्षेत्र में आत्मनिर्भरता प्राप्ति के लिए भरसक प्रयत्न कर रहे हैं। अनेक कठिनाइयों तथा विलंब के बाद भी इन उपक्रमों की कुछ विशेष उपलब्धियाँ रही हैं जैसे : जैगुआर फाइटर-बॉम्बर विमान, जेट प्रशिक्षक विमान, मिग परिवार के फाइटर विमान, परिवहन विमान तथा हेलीकॉप्टर, उच्च आवृत्ति (V/UHF) तथा सूक्ष्म तरंगों (Microwave) के रेडियो उपस्कर, अचल तथा चल (Static & Mobile) राडार, विभिन्न वर्गों के युद्धपोत, ध्रुवीय उपग्रह छोड़ने के वाहन (Polar Satelite Launch Vehicle, PSLV), पायलटरहित विमान तथा रॉकेट एवं टैंकों पर प्रहार करनेवाली गाइडेड मिसाइलें आदि। अभी हाल ही में पृथ्वी से पृथ्वी तक मार करनेवाली मिसाइलों का उत्पादन भी सीमित रूप से शुरू हो गया है। एच ए एल (HAL) ने 1940 में अपनी स्थापना से अब तक लगभग 2400 विमानों का उत्पादन कर लिया है।

यह सत्य है कि इन उपक्रमों की अनेक परियोजनाएँ असफल रही हैं। इसके अतिरिक्त हाल के कुछ वर्षों में निजी उद्योग को भी रक्षा उत्पादन के क्षेत्र में प्रवेश करने की अनुमति प्राप्त हुई है। किंतु इन उपक्रमों की रक्षा उत्पादन की क्षमता को नकारा नहीं जा सकता है। इनका महत्त्व भविष्य में भी बना रहेगा और इनके योगदान से देश की उन्नति होगी, ऐसा लेखक का विश्वास है।

रक्षा अनुसंधान एवं विकास संगठन

रक्षा के क्षेत्र में भारत को आत्मनिर्भर बनाने के लिए रक्षा अनुसंधान एवं विकास संगठन की अत्यंत महत्त्वपूर्ण भूमिका रही है। भविष्य में निश्चय ही इसका महत्त्व और भी अधिक बढ़ेगा। इसलिए इस संगठन की क्षमताओं एवं अक्षमताओं का सिंहावलोकन करना बहुत आवश्यक है।

द्वितीय विश्व युद्ध के समय आयातित आयुधों एवं उपस्करों में आवश्यकतानुसार संशोधन हेतु ब्रिटिश सरकार ने भारत में तकनीकी विकास संस्थानों (Technical Development Establishments) की स्थापना की थी। स्वतंत्रता प्राप्ति के पश्चात् सन् 1949 में नोबेल पुरस्कार से सम्मानित ब्रिटिश वैज्ञानिक प्रो. पी.एम.एस. ब्लैकेट की सलाह से इन सभी संस्थानों का सममिलन कर रक्षा विज्ञान संगठन (DSO) का नाम दिया गया जो रक्षामंत्री के वैज्ञानिक परामर्शदाता (Scientific Adviser to Raksha Mantri) के मतानुसार कार्य करने लगा। सन् 1958 में रक्षा विज्ञान संगठन का कार्य-क्षेत्र विस्तृत किया गया तथा उसे रक्षा अनुसंधान एवं विकास संगठन (Defence Research and Development Organisation) में परिवर्तित कर दिया गया। किंतु प्रारंभिक वर्षों में यह संगठन दिशाहीन ही रहा क्योंकि देश के पास न तो रक्षा अनुसंधान तथा विकास का कोई आधार था, न ही इनको आगे बढ़ाने के कोई साधन। इसके अतिरिक्त इस संगठन की बागडोर कुछ ऐसे व्यक्तियों के पास थी जिन्हें इस क्षेत्र का कोई अनुभव न था। इन्हें सेना की विशेष आवश्यकताओं का भी कोई ज्ञान नहीं था। इस संगठन की प्रारंभिक संरचना भी कुछ इस प्रकार की थी कि इसका रक्षा उत्पादन विभाग से कोई संपर्क सूत्र न था। इसके अतिरिक्त स्वतंत्र भारत के प्रारंभिक वर्षों में भारतीय नीति-निर्धारकों की ऐसी धारणा थी कि जब अंतरराष्ट्रीय बाजार में तकनालॉजी तथा प्रक्रम (processor) उपलब्ध थे तो उन्हें देश में विकसित करने की कोई आवश्यकता नहीं है। इसलिए उनका रुझान तकनालॉजी तथा प्रक्रमों को विकसित करने के स्थान पर उनका प्रावधान कर उत्पादों को प्राप्त करने का था। इन सब उपादानों के अतिरिक्त भारत की राजनीतिक विचारधारा शांति तथा अहिंसा की थी। किंतु सन् 1962, 1965 तथा 1971 में भारत पर थोपे गए युद्धों के कारण इस विचारधारा में क्रमशः परिवर्तन आता गया। सन् '80 के दशक में इस विचारधारा में एक गुणात्मक परिवर्तन तब आया जब यह अनुभव किया गया कि जब तक तकनालॉजी का विकास स्वदेश में नहीं किया जाएगा, भारत का रक्षा उद्योग आत्मनिर्भर नहीं बन सकेगा। सन् 1980 में रक्षा मंत्रालय में रक्षा अनुसंधान तथा विकास (DR

& D) का अलग विभाग बनाया गया।

इस समय देश में रक्षा अनुसंधान तथा विकास संगठन के अंतर्गत छोटी-बड़ी लगभग पचास प्रयोगशालाएँ/स्थापनाएँ हैं जिनमें लगभग 30,000 वैज्ञानिक, इंजीनियर तथा अन्य कार्मिक कार्य कर रहे हैं।

इन प्रयोगशालाओं/स्थापनाओं तथा इनके कार्यकलापों की सूची परिशिष्ट 2.1 में दी गई है। हलके युद्धक विमान (LCA) के विकास के लिए बनाई गई सोसायटी, वैमानिकी विकास एजेंसी (ADA), के कार्य का उत्तरदायित्व भी इसी संगठन के अंतर्गत रखा गया है। हलके युद्धक विमान के विषय में अध्याय सात में संक्षिप्त विवरण दिया गया है।

भारतीय रक्षा अनुसंधान का भविष्य

अंतरराष्ट्रीय भू-राजनीतिक क्षेत्र में निरंतर होते नए परिवर्तनों एवं विकसित देशों द्वारा विकासशील देशों को नई तकनालॉजियों के हस्तांतरण पर नित नए प्रतिबंधों को देखते हुए यह नितांत आवश्यक हो गया है कि भारतीय रक्षा अनुसंधान तथा विकास संगठन के कार्यों पर निकट भविष्य में विशेष बल दिया जाए।

सन् 1980 से अब तक इस संगठन ने विभिन्न प्रकार के क्षेत्रों में अनुसंधान तथा विकास कार्यों में अनन्य सफलता अर्जित की है। परिशिष्ट 2.2 में इस संगठन द्वारा अब तक पूरे किए गए तथा वर्तमान में किए जा रहे प्रमुख कार्यों की एक झलक दी गई है।

भारतीय विज्ञान कांग्रेस के बयासीवें अधिवेशन में रक्षा मंत्री के वैज्ञानिक सलाहकार श्री अब्दुल कलाम ने आशा व्यक्त की थी कि इस संगठन के दस वर्षीय कार्यक्रम के अनुसार, सन् 2005 तक उच्च तकनालॉजी के आयुधों तथा उपस्करों में भारतीय सैनिक आवश्यकताओं की आपूर्ति में देश आत्मनिर्भरता की ओर अग्रसर हो जाएगा तथा स्पेयर्स आदि के लिए विदेशी तकनालॉजी से मुक्ति पाने में सफल होगा। उनके अनुसार इस योजना के पूरा होने पर भारत का रक्षा उद्योग आधार भी सुदृढ़ हो जाएगा। आत्मनिर्भरता की इस योजना को तीन चरणों में पूरा किया जाएगा :

1. प्रथम चरण में वर्तमान महत्त्वपूर्ण स्पेयर्स के स्वदेशीकरण के कार्य में तेजी लाई जाएगी।
2. दूसरे चरण में महत्त्वपूर्ण आयुधों के उपनिकायों का स्वदेशीकरण कर तथा आयुधों एवं उपस्करों के लिए उच्च तकनालॉजी का प्रयोग कर उनकी क्षमता एवं उपयोग करने की अवधि बढ़ाई जाएगी।

3. तीसरे चरण में उच्च तकनालॉजी के उन्नत आयुधों का विकास तथा उनका उत्पादन भारत में किया जाएगा। इसके अतिरिक्त अनेकों क्षेत्रों में अंतरराष्ट्रीय सहयोग भी लिया जाएगा जिसमें आयुधों के डिजाइन तथा उनके विकास पर बल दिया जाएगा। 26 अप्रैल, 1995 के हिंदू समाचार पत्र में प्रकाशित रपट के अनुसार यह सहयोग मिसाइल, राडार, रोबॉटिक्स, फाइबर ऑप्टिक्स, लेजर, पायलटरहित विमान एवं स्टेल्थ तकनालॉजी जैसे हाई टेक क्षेत्रों में लिया जा सकता है।

अनुमान है कि इस योजना की सफलता मिलने पर आत्मनिर्भरता वर्तमान 30% से बढ़कर सन् 2005 में 70% हो जाएगी। इस योजना को पूरा करने के लिए रक्षामंत्री के सलाहकार की अध्यक्षता में एक कार्यान्वयन समिति का गठन किया गया है जो निरंतर इस कार्य की समीक्षा करती रहेगी। रक्षा मंत्रालय की स्थायी समिति (Standing Committee) 95-96 की चौथी रिपोर्ट के अनुसार इस कार्य को पूरा करने के लिए निम्नलिखित दो शर्तों का पूरा होना आवश्यक है :

1. अगले दस वर्षों तक रक्षा अनुसंधान एवं विकास कार्यों पर किया जानेवाला व्यय उत्तरोत्तर बढ़ाना होगा। वर्तमान रक्षा अनुसंधान व्यय सकल रक्षा व्यय का केवल 5% है। रक्षाविदों के अनुसार 1996-97 में यह 10-12% तथा सन् 2005 तक 15-20% करना आवश्यक होगा। इंस्टीट्यूट ऑफ डिफेंस स्टडीज एंड एनालिसिस के निदेशक एयर कमोडोर जसजीतसिंह (एशियन स्ट्रैटेजिक रिव्यू 1995) के अनुसार भारत के रक्षा अनुसंधान एवं विकास में कुल निवेश बहुत कम हुआ है (चित्र 2.1)। उनके मतानुसार अगले दस वर्षों में रक्षा के क्षेत्र में इष्ट (70%) आत्मनिर्भरता प्राप्त करने के लिए निवेश का प्रतिशत बढ़ाकर 0.5% करना आवश्यक होगा।
2. आत्मनिर्भरता लाने के लिए भारत सरकार के विभिन्न विभागों, उद्योगों, विश्वविद्यालयों, इंजीनियरिंग कॉलेजों तथा अनुसंधान एवं विकास संगठनों के बीच अधिक पारस्परिक सहयोग एवं भागीदारी की संकल्पना करनी होगी। सन् 1995 में रक्षा उद्योगों तथा थलसेना को एक ही मंच पर लाना एक अच्छा प्रयास रहा। इससे पहले सन् 1994 में रक्षा उद्योग तथा वायुसेना भी एक मंच पर लाए जा चुके हैं। पिछले पाँच वर्षों में रक्षा अनुसंधान संगठन ने उद्योगों को पाँच हजार करोड़ रुपयों का आयुध उत्पादन का काम दिया था। अगले कुछ वर्षों में अनेक नए तथा उन्नत तकनालॉजी के आयुधों का विकास एवं उत्पादन कार्य भारतीय

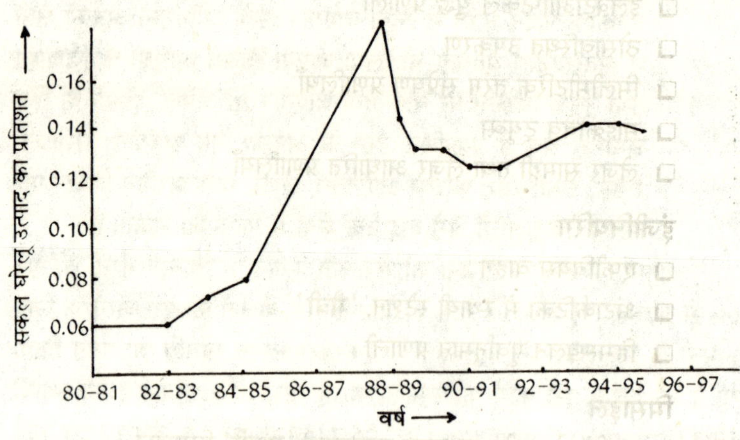

चित्र 2.1 : भारत में रक्षा अनुसंधान एवं विकास पर व्यय
(सकल घरेलू उत्पाद का प्रतिशत)

रक्षा उद्योगों के द्वारा कराने की अपेक्षा की जा सकती है। रक्षा के क्षेत्र में आत्मनिर्भरता प्राप्त करने के लिए रक्षा अनुसंधान एवं विकास संगठन द्वारा प्रतिपादित यह स्वप्न वास्तविकता में बदला जाना आवश्यक है। इसके लिए सभी संगठनों का सहयोग आवश्यक है।

सन् 1961-62 के रक्षा अनुसंधान के बजट की तुलना में 95-96 के बजट में लगभग 1000 गुना बढ़ोतरी हुई है। सन् 1961 में इसके लिए केवल 1.5 करोड़ रुपए आवंटित किए गए थे जो कि सन् 1995-96 में लगभग 1400 करोड़ रुपए कर दिए गए हैं। किंतु 1996-97 के रक्षा बजट में कटौतियाँ की गई हैं। इन वर्षों में इस संगठन ने अनेकों शानदार उपलब्धियाँ भी अर्जित की हैं। इन उपलब्धियों में से कुछ निम्नलिखित हैं :

इलेक्ट्रॉनिक्स तथा इंस्ट्रुमेंटेशन

- विभिन्न प्रकार की संचार प्रणालियाँ
- विभिन्न भूमिकाओं के लिए राडार
- स्पीच सीक्रेसी प्रणालियाँ
- कमांड तथा कंट्रोल प्रणालियाँ
- सैटेलाइट संप्रेषण टर्मिनल
- रात्रि में देखने के उपकरण

- इलेक्ट्रोऑप्टिकल उपकरण
- इलेक्ट्रोऑप्टिकल युद्ध प्रणाली
- ठोसावस्थित उपकरण
- मिलीमीटरिक तरंग संप्रेषण प्रणालियाँ
- माइक्रोवेव ट्यूब्स
- लेजर सामग्री तथा लेजर आधारित प्रणालियाँ

इंजीनियरिंग

- एंफीबियस वाहन
- अंटार्कटिका में स्थायी स्टेशन, '**मैत्री**'
- हिमस्खलन पूर्वानुमान प्रणाली

मिसाइल

- जमीन से जमीन पर प्रहार करनेवाली '**पृथ्वी**' मिसाइल
- जमीन से आकाश में (कम दूरी) मार करनेवाली '**त्रिशूल**' मिसाइल
- जमीन से आकाश में (मध्यम दूरी) मार करनेवाली '**आकाश**' मिसाइल
- तीसरी पीढ़ी की टैंक-रोधी मिसाइल '**नाग**'
- पुन: प्रवेश तकनालॉजी प्रदर्शक मिसाइल '**अग्नि**'
- अंतरिम मिसाइल परीक्षण रेंज, बालासोर

नौसेना प्रणालियाँ

- उन्नत सोनार '**पंचेंद्रिय**'
- सोनोबॉय
- अनुसंधान पोत आई एन एस '**सागरध्वनि**' की उन्नत अंतर्जलीय एकाउस्टिक प्रयोगशाला
- सामरिक फायर नियंत्रण प्रणाली (विकासाधीन)

जीव विज्ञान

- न्यूक्लीय ओषधि
- वैज्ञानिकों तथा अंतरिक्ष यात्रियों के लिए जी-रोधी (anti-G) सूट्स
- न्यूक्लीय मैगनेटिक रेजोनेंस इमेजिंग
- कंप्यूटरीकृत टोमोग्राफी

सामग्रियाँ

- उच्च तकनालॉजी की धातुएँ तथा एलॉय

रक्षा उद्योग के विकास की कालावधियाँ

वैसे तो भारत के सैनिकोन्मुखी औद्योगिक अनुसंधान परिसर का स्वयं एक गौरवमय इतिहास है, किंतु भारत के रक्षा उत्पादन के इतिहास को मुख्यत: तीन कालावधियों में विभाजित किया जा सकता है :

1. संगठन चरण : 1949 से 1962 तक
2. समेकन चरण : 1963 से 1972 तक
3. विवधीकरण एवं मूल्यांकन चरण : 1973 से वर्तमान तक

संगठन चरण (1949-1962) में अनेकों आयुध कारखानों, सार्वजनिक क्षेत्र के रक्षा उपक्रमों तथा रक्षा अनुसंधान एवं विकास संगठन की अधिकतर प्रयोगशालाएँ स्थापित की गईं। इस चरण में इस परिसर ने अनेक अच्छे परिणाम भी प्राप्त किए। आयुध कारखानों में जीप, ट्रक, टैंक उत्पादन का एक व्यापक कार्यक्रम प्रारंभ किया गया तथा सार्वजनिक क्षेत्रों के रक्षा उपक्रमों में उपस्करों के मरम्मत तथा रख-रखाव के कार्य को जारी रखते हुए विदेशी मुद्रा अर्जित करना भी आरंभ कर दिया। अंग्रेजों से विरासत में मिली सुविधाओं में सुधार लाना भारत का प्रथम कार्य रहा। स्वतंत्रता प्राप्ति के साथ ही यूरोपीय विशेषज्ञों के वापस यूरोप तथा अनेक भारतीय विशेषज्ञों के पाकिस्तान चले जाने के कारण प्रशिक्षित कार्मिकों में बहुत कमी आ गई। परिणामस्वरूप स्वदेश तथा विदेशों में प्रशिक्षण का एक बहुत व्यापक कार्यक्रम चलाया गया। सन् 1953 में एक स्वायत्त रक्षा उत्पादन मंडल की स्थापना की गई जिसका मुख्य कार्य रक्षा सामग्री के स्थानीय उत्पादन को बढ़ावा देना था, ताकि अधिक-से-अधिक विदेशी मुद्रा बचाई जा सके। सन् 1956 में आयातित भंडार एवं कच्चे माल के लेखा-जोखा के लिए एक समिति की स्थापना की गई तथा रक्षा उत्पादन के महानियंत्रक (Controller General) की देखरेख में सभी आयुध कारखानों का केंद्रीयकरण किया गया। स्थानीय उत्पादकों को अनेकों प्रकार के प्रोत्साहन भी दिए गए।

परिसर का दूसरा उत्तरदायित्व था इस 'केवल मरम्मत एवं रख-रखाव' वाले संगठन को एक ऐसे संगठन में बदलना जो आयातित कलपुरजों को जोड़कर (assemble) पूरा यंत्र तैयार कर सके तथा रक्षा सामग्री एवं आयुधों का औद्योगिक विनिर्माण कर सके। हिंदुस्तान एरोनॉटिक्स लिमिटेड (HAL) एक ऐसा उपक्रम था जिसकी स्थापना ब्रिटिश काल में ही हो चुकी थी तथा जिसने द्वितीय विश्व युद्ध में व्यापक अनुभव प्राप्त किया था। सन् 1946 में एक ब्रिटिश टीम की अनुशंसा पर एच ए एल को आधार मानकर एक विमान उद्योग की स्थापना पर विचार किया

गया। सन् '50 के दशक में इस कंपनी ने अनुज्ञप्ति (License) के आधार पर जोड़-जाड़कर प्रेंटिस, वैंपायर, डी-हेवीलैंड तथा पुष्पक जैसे प्रशिक्षक विमान, डगलस सी-47 मालवाहक विमान तथा लड़ाकू वैंपायर विमान बनाए। फिर देशी सामग्री का उपयोग कर देशी कलपुरजे बनाए गए जो विदेशी कलपुरजों के स्थान पर लगाए गए। धीरे-धीरे एच ए एल ने अपनी तकनालॉजी का विकास किया और देशी डिजाइन के आधार पर मारुत (HF-24) तथा अजीत (Gnat) नामक जेट विमानों का उत्पादन किया। इसी प्रकार माजगाँव डॉकयार्ड लिमिटेड (MDL) तथा गार्डेन-रीच शिप बिल्डर्स एंड इंजीनियर्स (GRSE), कलकत्ता ने विदेशी युद्ध-पोतों की मरम्मत तथा रख-रखाव कर देश के लिए काफी मात्रा में विदेशी मुद्रा अर्जित की।

इसी संगठन चरण में परिसर का तीसरा उत्तरदायित्व था नए रक्षा उद्योगों को स्थापित करना तथा ऐसी विदेशी तकनालॉजी को प्राप्त करना जिसका अब तक भारत में कोई आधार न रहा हो। इसके अंतर्गत सन् 1951 में अंबरनाथ में मशीन तथा औजार बनाने का एक कारखाना स्थापित किया गया। सन् 1954 में बंगलौर में भारत इलेक्ट्रॉनिक्स लिमिटेड (BEL) की स्थापना की गई जिसमें 80 से 90 प्रतिशत तक घटकों का आयात कर और उन्हें जोड़-जाड़कर रेडियो व संकेत (Signals) उपस्करों का उत्पादन किया गया।

संगठन के इसी चरण में कुछ आयुध कारखानों को नागरिक उपयोग की सामग्री (consumer items) के उत्पादन की अनुमति दे दी गई। इस प्रकार सन् 1956-57 वर्ष में 28 प्रतिशत आयुध कारखाने सैनिक उपस्करों के स्थान पर नागरिक सामग्री का उत्पादन कर रहे थे। सरकार की इस नीति का दुष्परिणाम सन् 1962 में चीन के आक्रमण के समय भुगतना पड़ा जिससे बाद में इसकी काफी आलोचना हुई।

सन् 1957 से 1962 तक के वर्षों में चीन के रवैये से काफी सैनिक हलचल रही। इन्हीं वर्षों में न्यूक्लीय (nuclear) संस्थापनाओं की स्थापना भी हुई तथा रक्षा बजट लगभग डेढ़ गुना बढ़ गया। विजयंता टैंक, 3-टन तथा 1-टन के ट्रक एवं निस्सान जीप आदि के उत्पादन का कार्य भी इसी कालावधि में आरंभ किया गया। किंतु प्रारंभिक पाँच वर्षों में विभिन्न कारणों से कोई भी परियोजना तेजी से आगे नहीं बढ़ पाई। इसका मूल्य भी हमें सन् 1962 में चीन के साथ हुए युद्ध के समय चुकाना पड़ा। सन् 1962 भारत के रक्षा उद्योग के लिए एक अत्यंत महत्त्वपूर्ण वर्ष रहा। रक्षा साधन-सामग्रियों एवं आपूर्ति से रहित भारतीय सेना चीन के साथ युद्ध में न केवल हारी अपितु उसे बुरी तरह से अपमानित भी होना पड़ा। नवंबर 1961 में

रक्षा मंत्रालय के अंतर्गत रक्षा उत्पादन विभाग (Department of Defence Production) की स्थापना की गई तथा सन् 1964 के रक्षा बजट को सन् 1962 के रक्षा बजट से दोगुना कर दिया गया।

समेकन चरण (1963-72) में परिसर को अनेकों नए सैनिक उपस्करों के उत्पादन का उत्तरदायित्व सौंपा गया, किंतु छोटे हथियार (small arms) तथा गोली-बारूद (ammunition) बनानेवाले कारखानों को छोड़कर अन्य सभी क्षेत्रों के कारखाने, अपने लक्ष्यों से बहुत पिछड़े रहे। इस असफलता के तीन मुख्य कारण माने गए हैं :

1. आयातित घटकों को जोड़-जाड़कर यंत्रों को बनाने पर अधिक बल दिया गया किंतु आयात कार्य में देरी के कारण उत्पादन पिछड़ गया।
2. असैनिक नेताओं ने उत्पादन के बहुत ऊँचे तथा अव्यावहारिक लक्ष्य स्थापित कर दिए। स्वदेशी अनुसंधान तथा उपघटकों के अभाव में इनको पूरा करना असंभव हो गया।
3. भारतीय योजना-निर्धारकों ने केवल उन उत्पादों को ही मान्यता प्रदान करने के लिए चुना तथा सफल माना जिनमें पूर्णतः स्वदेशी तकनालॉजी, सामग्री तथा श्रम का उपयोग किया गया। आयातित तकनालॉजी में आवश्यकतानुसार संशोधन एवं उनके सुधार को अधिक महत्त्व अथवा आर्थिक सहयोग नहीं दिया गया। फलस्वरूप, रक्षा उद्योग ने, विशेषकर विमानन उद्योग ने, कुछ ऐसे यंत्रों तथा आयुधों का उत्पादन किया जिनका प्रतिलाभ निरंतर घटता ही गया। मारुत तथा ऐवरो विमान परियोजनाएँ असफल रहीं। अजीत, किरण एवं मिग-21 विमानों की परियोजनाओं में केवल सीमित सफलता ही मिली। विजयंता टैंक के उत्पादन प्रारंभ होने में दस वर्ष लग गए और 1965 में पाकिस्तान से युद्ध के समय भारत को फ्रांस, ब्रिटेन तथा सोवियत संघ से भारी विदेशी मुद्रा व्यय करके 620 टैंक मँगाने पड़े।

किंतु इसी चरण में कुछ आयुध कारखानों का उत्पादन बहुत बढ़ भी गया। सन् 1965 में पाकिस्तान से युद्ध के समय अनेक कारखानों में तो दो पालियों (shifts) में कार्य करना पड़ा जिससे भारत छोटे अस्त्र (small arms) तथा गोले-बारूद (ammunition) आदि के उत्पादन में पूर्ण रूप से आत्मनिर्भर हो गया। इस उत्पादन से विदेशी मुद्रा की भी बहुत बचत हुई तथा ब्रिटेन व अमेरिका द्वारा ऐसे समय में भारत को हथियार की आपूर्ति पर प्रतिबंध लगा देने का भी कोई प्रतिकूल प्रभाव नहीं पड़ा।

इस समेकन चरण की कालावधि में तत्कालीन सोवियत संघ की भूमिका अनूठी रही जिसने एच ए एल की तकनीकी आधारशिला को सुदृढ़ बनाने के लिए भारतीय मुद्रा (रुपए) अथवा भारत निर्मित वस्तुओं के बदले में सोवियत निर्मित रक्षा सामग्री देना स्वीकार किया। किंतु कुछ विश्लेषकों के अनुसार शायद इसी कारण रक्षा मंत्रालय ने एच ए एल के प्रचालन की कभी आलोचनात्मक समीक्षा नहीं की जिससे उपक्रम की अकर्मण्यता को बढ़ावा मिला एवं उसकी क्षमता के अनुसार उत्पादन तथा गुणवत्ता नहीं प्राप्त की जा सकी।

युद्धपोत के उपक्रमों ने स्वयं ही विदेशी मुद्रा अर्जित की थी इसलिए उसे इसकी कमी महसूस नहीं हुई। इसी समेकन चरण में इन उपक्रमों ने अपने उत्तरदायित्व का विस्तार किया और युद्धपोतों के विनिर्माण का दायित्व भी सँभाल लिया।

विवधीकरण एवं पुनर्मूल्यांकन (1973 से वर्तमान तक) के चरण में ट्रक, टैंक तथा जीप आदि में प्रयोग की जानेवाली सामग्री तथा उसके कलपुरजे आदि बनाए जाने लगे और अंततः जीप, ट्रक तथा टैंक के विनिर्माण में भारतीय रक्षा उद्योग के उपक्रम पूर्ण रूप से आत्मनिर्भर हो गए। भारतीय थलसेना को प्रतिवर्ष सौ विजयंता टैंक देने का लक्ष्य पूरा किया गया। इसके अतिरिक्त इस चरण में दूरसंचार (telecom), राडार तथा अन्य इलेक्ट्रॉनिकी उपस्करों का भारत में उत्पादन करने के लिए पहल की गई। विभिन्न प्रकार के प्रक्षेपास्त्रों (पृथ्वी, आकाश, अग्नि, नाग) आदि के विकास के काम में तेजी आई। मित्र-शत्रु-पहचान राडार (Identification Friend or Foe Radar), विभिन्न प्रकार के माइक्रोवेव तथा मिलिमीटरिक वेव के घटकों का विकास, हवाई लक्ष्य (aerial target) तथा फाल्कन एवं निशांत नामक पायलटरहित विमान (Remotely Piloted Vehicle) का विकास, राजेंद्र नामक कलासारणी (Phased Array) राडार के सफल परीक्षण तथा मिसाइल तंत्र के साथ इस राडार का समाकलन जैसे कार्य के अतिरिक्त विभिन्न परिस्थितियों के अनुसार सैनिकों के कपड़ों एवं खान-पान की सामग्री बनाने का कार्य भी सफलतापूर्वक किया गया। विमानों, उपग्रहों, प्रक्षेपास्त्रों तथा टैंकों के लिए उन्नत किस्म के धातु बनाने के लिए सन् 1973 में मिश्र धातु निगम लिमिटेड (MIDHANI) नामक उपक्रम सार्वजनिक क्षेत्र में स्थापित किया गया। इस उपक्रम में विशेष रूप से निर्मित अलुमिनियम अलॉय, उच्च शक्ति वाली स्टील तथा टाइटेनियम जैसी धातुओं के अनुसंधान तथा उनके उत्पादन पर विशेष रूप से कार्य किया गया। इस कार्य से भारी मात्रा में विदेशी मुद्रा की बचत हुई।

भारत इलेक्ट्रॉनिक्स लिमिटेड (BEL) नामक उपक्रम में संचार उपकरण तथा राडार के उत्पादन के अतिरिक्त अंकीय (digital) उपकरण, एकीकृत परिपथ

(Integrated Circuits or ICs), तथा रात्रि-दृश्य (night vision) उपकरणों का उत्पादन भी किया जा रहा है। हाल ही में इस उपक्रम को नागरिक उड्डयन (Civil Aviation) के लिए आवश्यक राडार तथा अन्य संबंधित यंत्रों एवं उपकरणों को बनाने का कार्य भी सौंपा गया है जो, लेखक के अनुसार, एक दुर्भाग्यपूर्ण निर्णय है। इस निर्णय से इक्कीसवीं शताब्दी में प्रतिरक्षा इलेक्ट्रॉनिकी (Defence Electronics) के उपकरणों के उत्पादन के लिए इस उपक्रम के पास धन की कमी पड़ जाने की संभावना है जोकि न्यूक्लीय शस्त्रों से सुसज्जित पाकिस्तानी तथा चीनी सेनाओं के संदर्भ में देश की सुरक्षा के लिए हानिकारक ही नहीं, घातक भी हो सकता है। सन् '50 के दशक में ऐसी ही दुर्भाग्यपूर्ण एवं त्रुटिपूर्ण नीतियों के कारण देश के आयुध कारखानों में रक्षा सामग्री के स्थान पर अनेक नागरिक सामग्रियाँ बनाना प्रारंभ कर दिया गया था जिसका दुष्परिणाम भारत-चीन युद्ध (1962) के समय देश भुगत चुका है। यह एक आश्चर्य का विषय है कि इतना ज्वलंत उदाहरण सामने होते हुए भी हमारी नौकरशाही तथा हमारा राजनीतिक नेतृत्व इस प्रकार का निर्णय लेकर पुनः एक खतरे को निमंत्रण दे रहा है।

आज जब हमारे देश में सैनिकों के लिए खाने-पीने, कपड़े तथा युद्ध में काम आनेवाले अनेक अप्राणघातक (nonlethal) उपस्कर जैसे जीप, ट्रक, जूते, चमड़े के जैकेट आदि की 65 से 70 प्रतिशत आवश्यकताएँ निजी उद्योग द्वारा पूरी की जा सकती हैं तब अनेकों आयुध कारखानों को इन्हीं वस्तुओं के उत्पादन पर लगाए रखने का निर्णय भी, लेखक के अनुसार, बहुत उचित नहीं लगता है।

भारतीय जहाजरानी के उपक्रमों के उत्पादन का निष्पादन एक अनुशोधित सफलता (moderate success) की कहानी है। रख-रखाव से विनिर्माण का उत्तरदायित्व आने पर अधिक ध्यान फ्रिगेट श्रेणी के पोत बनाने की ओर दिया गया। किंतु इस योजना में प्रारंभ से ही काफी गड़बड़ी रही जिसके कारण देश को सन् 1968 में भारी विदेशी मुद्रा व्यय करके बारह फास्ट पैट्रोल बोट्स, समुद्री सुरंगें साफ करनेवाले छह माइन स्वीपर्स तथा ग्यारह फ्रिगेट भी आयात करने पड़े। भारत के युद्धपोतों में प्रयुक्त इलेक्ट्रॉनिकी तथा प्रक्षेपास्त्र मुख्यतः सोवियत संघ के थे। इसलिए सन् 1990 में सोवियत संघ के विघटन के पश्चात् भारतीय रक्षा जहाजरानी एवं प्रक्षेपास्त्र उद्योग को अनेक कठिनाइयों से जूझना पड़ रहा है।

आयातित आयुधों का भारतीयकरण

15 तथा 16 नवंबर, 1994 को भारतीय वायुसेना तथा भारतीय रक्षा उद्योग की एक संगोष्ठी दिल्ली में आयोजित की गई। इस संगोष्ठी में आयुध कारखानों के

निदेशालय, सार्वजनिक उपक्रमों के प्रतिनिधियों तथा रक्षा अनुसंधान संगठनों के साथ-साथ उन निजी उद्योगों ने भी भाग लिया जो रक्षा उत्पादन में सहयोग देने के लिए तत्पर थे। यह निश्चय ही एक सराहनीय प्रयास है। इस संगोष्ठी में वायुसेना के कलपुरजों, विशेषकर आयातित कलपुरजों के भारतीयकरण द्वारा इस क्षेत्र में आत्मनिर्भरता प्राप्त कर लेने के महत्त्व पर प्रकाश डाला गया तथा इस आत्मनिर्भरता को प्राप्त कर लेने के रास्ते में आनेवाली कठिनाइयों की विस्तार से चर्चा हुई। निश्चय ही विचारों के इस प्रकार के आदान-प्रदान से अनेक कठिनाइयाँ दूर की जा सकेंगी तथा स्वदेशी कलपुरजों की गुणवत्ता में सुधार आएगा। ऐसा कर पाने पर रक्षा उद्योग न केवल भारतीय सेनाओं की आवश्यकताओं को पूरा कर पाने में आत्मनिर्भर बन सकेगा, अपितु दूसरे देशों को निर्यात कर बहुमूल्य विदेशी मुद्रा भी अर्जित कर सकेगा। इस संगोष्ठी में भारतीय रक्षा उद्योग तथा भारतीय वायुसेना की एक मिली-जुली सलाहकार समिति भी बनाई गई है जो समय-समय पर मिल-बैठकर आनेवाली आवश्यकताओं तथा उनको पूरा करनेवाले उपायों की चर्चा करेगी। इसी प्रकार थलसेना तथा भारतीय उद्योग की एक संगोष्ठी भी 14-15 सितंबर, 1995 में आयोजित की जा चुकी है।

निर्यात

भारत के सैनिकोन्मुख औद्योगिक अनुसंधान परिसर का मुख्य ध्येय देश की प्रतिरक्षा सेनाओं की आवश्यकताओं को पूरा करना रहा है, निर्यात करना नहीं। इनके अतिरिक्त अब तक परिसर की उन्नति की गति धीमी ही रही है। सन् '80 के दशक तक परिसर के निर्यात की मात्रा कुल उत्पादन के केवल 1 से 2 प्रतिशत तक ही सीमित रही। कुछ विश्लेषकों के अनुसार भारत द्वारा निर्यात न करने के निर्णय में भारत की गुट-निरपेक्षता की विदेश नीति का अत्यधिक प्रभाव रहा है। भारत सरकार की नीति इस विचारदर्शन पर आधारित रही है कि आयुधों के निर्यात करने से भारत की 'शांतिदूत' बनने की छवि धूमिल पड़ेगी। किंतु शायद यह एक राजनीतिक भूल थी। लेखक के विचार से भारत द्वारा आयुध निर्यात पर प्रतिबंध की नीति से विश्व अधिक शांतिपूर्ण नहीं बन पाया है। उलटे, भारत विदेशी मुद्रा से वंचित रहा है। इन कारणों के अतिरिक्त निर्यात सीमित रहने का एक कारण यह भी था कि भारत को अपने रक्षा उत्पादों के क्रेता भी अधिक नहीं मिल सके। भारत ने म्यांमार, थाइलैंड, कंबोडिया तथा मलेशिया को अपने प्रशिक्षक विमान HT-2 बेचने की भरसक चेष्टा की किंतु वह अपने प्रयासों में असफल रहा। विदेशी कंपनियों एवं विदेशी सरकारों के साथ किए गए समझौते भारत के निर्यात के रास्ते

में अड़चन बने। उदाहरणार्थ, सोवियत संघ के साथ हुए समझौतों के कारण भारत में विनिर्मित मिग-21 विमान के कलपुरजे तथा उपकरण मिस्र (Egypt) देश को नहीं बेचे जा सके। इसी प्रकार विकर्स कंपनी के साथ हुए सौदे की शर्तों के कारण भारत जॉर्डन को उसकी आवश्यकतानुसार टैंकों की आपूर्ति नहीं कर सका।

किंतु हाल के कुछ वर्षों में भारत के रक्षा उत्पादों के निर्यात में वृद्धि हुई है। भारत सरकार ने रक्षा उत्पादों की निर्यात नीति में कुछ संशोधन भी किए है। उसने विदेशी सरकारों तथा विदेशी कंपनियों के साथ अपने समझौतों पर पुनर्विचार भी किया है। इन सब कार्यों से रक्षा उत्पादों के निर्यात को बढ़ावा मिला है। इधर उसके रक्षा उत्पादों की गुणवत्ता में भी काफी सुधार हुआ है जिससे विदेशी बाजारों में उनकी साख बढ़ी है। अनेक कंपनियों को अंतरराष्ट्रीय गुणवत्ता मानक (आई.एस.ओ.-9000) भी प्राप्त हो गया है जिससे निश्चय ही उन्हें निर्यात कार्य में आसानी रहेगी।

अनेक देश, अत्यधिक रक्षा व्यय के होते हुए भी, उच्च आर्थिक संवृद्धि (economic growth) बनाए हुए हैं क्योंकि उनका रक्षा उद्योग अपने व्यय के लिए धन स्वयं अर्जित करता है। अमेरिका, सोवियत संघ, फ्रांस, इंग्लैंड, स्वीडन, जापान तथा चीन आदि इस नीति के उदाहरण हैं। इस नीति से एक ओर तो रक्षा उद्योग अपने उच्च तकनालॉजी के रक्षा उत्पादों का अधिकाधिक उपयोग कर अर्थव्यवस्था को सहायता पहुँचाता है एवं अधिक रोजगार तथा अधिक आय के अवसर प्रदान करता है, वहीं दूसरी ओर अपनी निर्यात नीति द्वारा देश की अर्थ-व्यवस्था पर रक्षा व्ययों का बोझ भी नहीं पड़ने देता है। कुछ शक्तिशाली देशों ने रक्षा निर्यात के माध्यम से अपने देश की नीति द्वारा दूसरे देशों को प्रभावित किया है तथा कुछ ने विरोधी विचारधारा के देशों का, रक्षा निर्यात की सहायता से, दमन भी किया है।

खन्ना तथा मेहरोत्रा के अनुसार अल्प वित्तीय माहौल में भी अपने रक्षा व्यय को अधिक बनाए रखने के औचित्य को रक्षा निर्यात जैसे साधनों द्वारा सहारा मिलता है। भारत ने आरंभ से ही अपनी विदेशनीति इस प्रकार की बनाई जिसके अनुसार शस्त्रों आदि का निर्यात न केवल अनुचित अपितु अनैतिक भी माना गया। इसलिए सन् 1990 तक रक्षा निर्यात द्वारा विदेशी मुद्रा अर्जित करने का कोई विशेष प्रयास नहीं किया गया। इसी प्रकार गोपनीयता, अपर्याप्त तकनीकी निपुणता, नौकरशाही की भूमिका आदि की आड़ में केवल सार्वजनिक रक्षा उपक्रमों तथा आयुध कारखानों में ही रक्षा उत्पादन किए गए तथा निजी उद्योगों को इस क्षेत्र में कदम रखने की अनुमति नहीं मिली। खन्ना तथा मेहरोत्रा ने भारत की इस नीति को राजनीतिक-आर्थिक पुरातनपंथी (Politico-Economic Orthodoxy) की संज्ञा

दी है जिसके कारण भारत के रक्षा उद्योग को विश्व के बाजार में जाने का अवसर नहीं मिल पाया तथा रक्षा व्यय सदैव भारत की अर्थव्यवस्था पर बोझ बना रहा।

हिंदुस्तान टाइम्स (24 सितंबर, 1995) की एक रिपोर्ट के अनुसार यद्यपि आधिकारिक रूप्र से रक्षा उपकरणों के निर्यात पर प्रतिबंध था, किंतु भारतीय रायफलों को सन् '80 के दशक के आठवर्षीय ईरान-इराक युद्ध में तथा कुछ अन्य रक्षा उपकरणों को रंगभेदी दक्षिण अफ्रीका में, जिसके साथ भारत ने किसी प्रकार का औपचारिक संबंध नहीं रखा था, देखा गया। निश्चय ही अवैध निर्यात जारी रहा होगा।

पिछले छह वर्षों में, जबसे भारत ने आयुधों के निर्यात का निर्णय लिया है, 545 करोड़ रुपयों के आयुधों का निर्यात होना बताया गया है, अर्थात् रक्षा निर्यात में बारह गुनी वृद्धि हुई है। किंतु विश्लेषण करने पर पाया गया है कि वास्तविक रक्षा निर्यात केवल 87 करोड़ रुपयों के आयुधों का ही हुआ है। शेष 458 करोड़ रुपयों के आयुधों को ऐसी बहुराष्ट्रीय कंपनियों ने क्रय किया जिनका कार्य भारत में ही चल रहा था। उदाहरणार्थ, विश्व बैंक द्वारा बिहार में प्रायोजित एक परियोजना में शक्तिमान ट्रकों को आयुध कारखानों से क्रय किया गया जिन्हें निर्यात सूची में दिखाया गया है, जबकि इनका उपयोग भारत में ही होता रहा।

जो प्रमुख निर्यात भारत ने पिछले तीन-चार वर्षों में किए, वे हैं चार हेलीकॉप्टर, एक रक्षा नौका, चार कवचित वाहन (armoured vehicles) तथा कुछ संचार उपकरण। दिल्ली स्थित रक्षा अध्ययन तथा विश्लेषण संस्थान (Institute of Defence Studies and Analysis) की एक रिपोर्ट (Army Industry Partnership-95) के अनुसार भारत को सोनार (SONAR) जैसे गिने-चुने अच्छे उत्पादों के निर्यात पर अधिक ध्यान देना चाहिए। इसके अतिरिक्त निर्यात का कार्य विशेषज्ञों द्वारा करवाया जाना चाहिए। इसी संस्थान के एक अन्य अध्ययन के अनुसार भारत को अपना निर्यात मुख्यत: गुट निरपेक्ष देशों (Third World Countries) में केंद्रित करना चाहिए तथा आयुधों के अतिरिक्त उनके रख-रखाव (repair & maintenance) तथा सेवाओं (services) का निर्यात भी करना चाहिए।

सोवियत संघ के विघटन के पश्चात् उन सभी देशों में, जिन्होंने सोवियत निर्मित आयुधों का क्रय किया था, इनके रख-रखाव तथा इनके कलपुरजों की प्राप्ति में बहुत-सी समस्याएँ आ खड़ी हुई हैं। भारत इस सुअवसर का लाभ उठाकर अपनी सेवाओं के निर्यात से एक सुदृढ़ आधार स्थापित कर सकता है।

रक्षा व्यय

सन् 1988-95 के सात वर्षों में विश्व के रक्षा व्यय में कमी आई है। सन्

1987 में विश्व का रक्षा व्यय रिकॉर्ड 1200 बिलियन डॉलर था जो सन् 1993 में घटकर 868.40 मिलियन डॉलर रह गया। विकासशील देशों का कुल रक्षा व्यय सन् 1983-93 के दशक में 220 मिलियन डॉलर हो गया। 1990-95 में भारत का रक्षा व्यय विश्व रक्षा व्यय का 0.840 प्रतिशत था, जबकि 1987-88 में यह 0.941% था।

एशिया के 37 देशों ने 1987 में 139.97 बिलियन डॉलर का रक्षा व्यय किया जोकि इसी वर्ष के विश्व रक्षा व्यय का 21.76% था; सन् 1994 में इन देशों ने 254.304 बिलियन डॉलर का रक्षा व्यय किया। छह वर्षों में 29.38% की यह वृद्धि मुख्यत: सऊदी अरब, कुवैत, चीन, पाकिस्तान, जापान तथा कुछ आसियन (ASEAN) देशों के कारण हुई।

सन् 1994 में सकल राष्ट्रीय उत्पाद तथा रक्षा व्यय के प्रति व्यक्ति आँकड़े तालिका 2.2 में दिए गए हैं। इस तालिका में चीन के अतिरिक्त शेष आँकड़े अधिकृत स्रोत से दिए गए हैं। इसके अनुसार इस वर्ष भारत का रक्षा व्यय विकासशील देशों के रक्षा व्यय का 16.5% था, जबकि चीन का 47.7% तथा पाकिस्तान का रक्षा व्यय 55% था; अर्थात्, भारत का व्यय चीन तथा पाकिस्तान की तुलना में एक तिहाई से भी कम था।

सन् 1994 में प्रमुख एशियाई देशों का रक्षा व्यय (सकल घरेलू उत्पाद का प्रतिशत) तालिका 2.3 में दिखाया गया है, जिसके अनुसार पाकिस्तान (9वाँ) का स्थान, भारत (35वाँ) से बहुत ऊपर है। इसी प्रकार सन् 1994 में इन्हीं एशियाई देशों में प्रति व्यक्ति रक्षा व्यय तालिका 2.4 में दिखाया गया है जिसके अनुसार चीन तथा पाकिस्तान का प्रति व्यक्ति रक्षा व्यय भारत से कहीं अधिक है।

तालिका 2.5 में बड़ी जनसंख्यावाले एशिया के सात देशों में सैनिकों के अनुपात (प्रति 1,000 नागरिक) के आँकड़े दिए गए हैं। इसके अनुसार पाकिस्तान का दूसरा नंबर है, चीन का तीसरा नंबर तथा भारत का छठा नंबर है।

तालिका 2.6 में भारत द्वारा सन् 1983-84 से 1995-96 तक किए गए कुल रक्षा व्यय में थलसेना, नौसेना, वायुसेना, रक्षा उत्पादन तथा रक्षा अनुसंधान पर किया गया प्रतिशत ब्यौरा दिया गया है।

चित्र 2.2 में सन् 1994 में एशिया की दस प्रमुख सैन्य शक्तियों के आँकड़े दिए गए हैं। चित्र 2.3 में पाकिस्तान, चीन तथा भारत की सैन्य शक्ति (प्रति 1,000 नागरिक) के पिछले 10 वर्षों के (1985-95) तुलनात्मक आँकड़े दिए गए है। इसी प्रकार चित्र 2.4 में सन् 1985 से 1995 तक हुए रक्षा व्यय का ब्यौरा कुल सरकारी व्यय के प्रतिशत के रूप में दिखाया गया है। चित्र 2.5 में सन् 1960-61 से 1995-

सैन्य शक्ति ($x 10^3$)	देश		देश	रक्षा व्यय (बिलयन डॉलर × 10^{12})
3,200	चीन	1	रूस	79.00
1,714	रूस	2	जापान	42.10
1,128	उ. कोरिया	3	चीन	31.18
1,100	भारत	4	द. कोरिया	14.00
803	पाकिस्तान	5	सऊदी अरब	13.70
683	द. कोरिया	6	ताइवान	10.40
572	वियतनाम	7	भारत	7.37
513	ईरान	8	ऑस्ट्रेलिया	7.30
503	टर्की	9	इज्रायल	7.20
424	ताइवान	10	टर्की	4.60

चित्र 2.2 : प्रथम दस एशियाई सैन्य शक्तियाँ तथा उनके रक्षा व्यय (1994)

स्रोत : एशियन स्ट्रैटजिक रिव्यू 1994-95

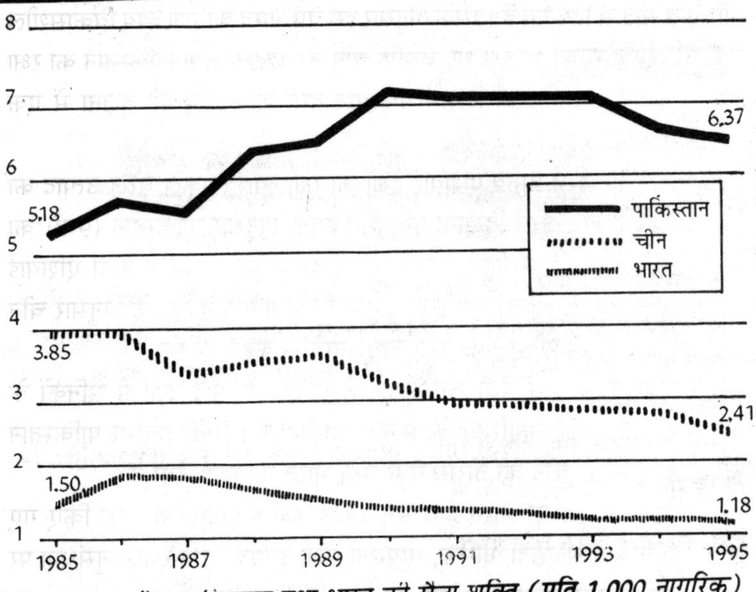

चित्र 2.3 : चीन, पाकिस्तान तथा भारत की सैन्य शक्ति (प्रति 1,000 नागरिक)

स्रोत : एशियन स्ट्रैटजिक रिव्यू 1994-95

96 तक का रक्षा व्यय सकल घरेलू उत्पाद के प्रतिशत के रूप में दिखाया गया है जो इन 35 वर्षों में औसतन 3% के आसपास रहा है। चित्र 2.6 में सन् 1987-88 से 1995-96 तक कुल सरकारी व्यय सैनिक तथा असैनिक प्रतिशत व्यय के रूप में

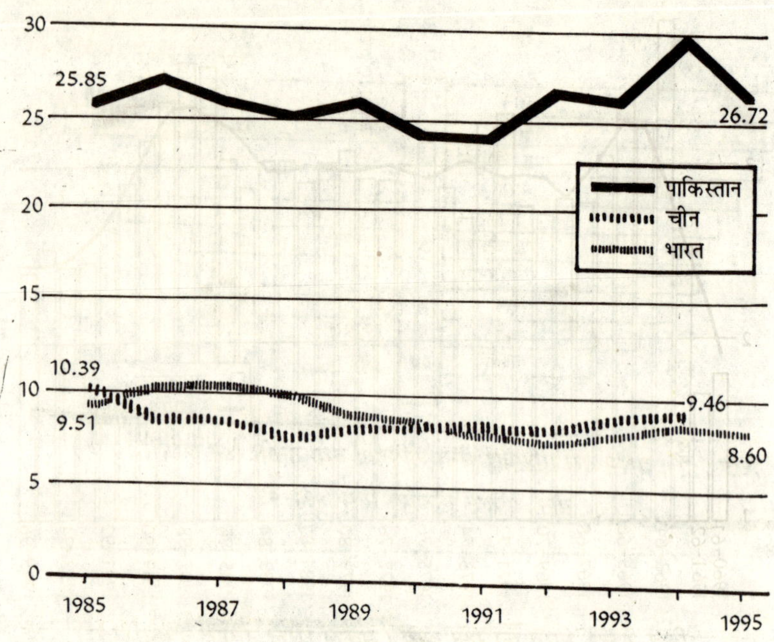

चित्र 2.4 : रक्षा व्यय (सकल सरकारी व्यय का प्रतिशत) : भारत, पाकिस्तान व चीन का तुलनात्मक अध्ययन

स्रोत : एशियन स्ट्रैटजिक रिव्यू 1994-95, पृष्ठ 57

दिखलाया गया है जिसके अनुसार सैनिक व्यय 10.66% (1987-88) से घटकर 8.6% (1995-96) रह गया है। चित्र 2.7 में सन् 1985 से 1995 तक पाकिस्तान, चीन तथा भारत में किए गए रक्षा व्यय को सकल घरेलू उत्पाद के प्रतिशत के रूप में दिखाया गया है।

ये तुलनात्मक आँकड़े भारत, पाकिस्तान तथा चीन के रक्षा बजट तथा रक्षा तैयारियाँ दर्शाते हैं।

रक्षा उत्पाद और गुणवत्ता

रक्षा उत्पाद में गुणवत्ता की चर्चा करने से पहले यह आवश्यक है कि गुणवत्ता को परिभाषित किया जाए। इसकी सबसे सरल परिभाषा है कि 'वस्तु इस्तेमाल योग्य हो'। एक अन्य सरल परिभाषा होगी कि 'वस्तु उपभोक्ता की अपेक्षाओं पर खरी उतरे'। अपेक्षाएँ मूल्य के समानुपाती होती हैं, इसलिए अधिक अपेक्षित वस्तु अधिक महँगी होगी जिससे यह निष्कर्ष निकलता है कि सस्ती वस्तु

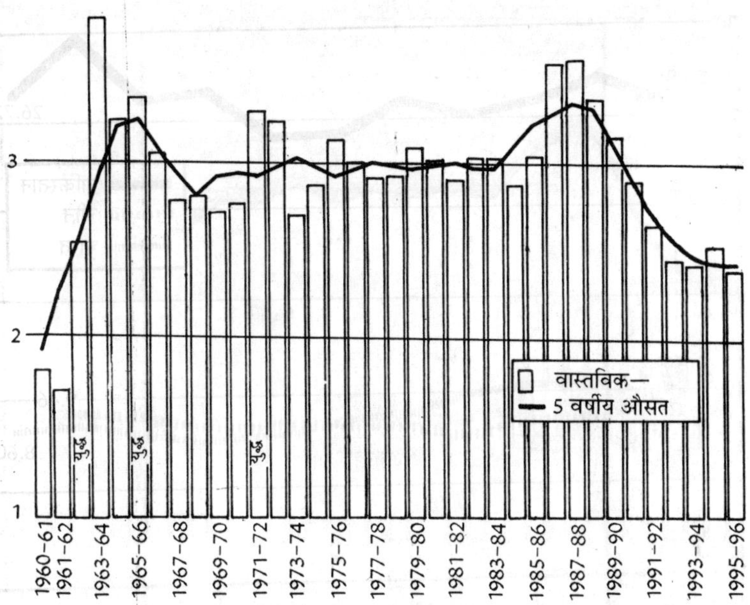

चित्र 2.5 : भारत का रक्षा व्यय (सकल घरेलू उत्पाद का प्रतिशत)

स्रोत : एशियन स्ट्रैटजिक रिव्यू 1994–95, पृष्ठ 57

की तुलना में महँगी वस्तु की गुणवत्ता अधिक होगी।

गुणवत्ता की एक अन्य परिभाषा उस वस्तु के उद्देश्यों पर भी निर्भर करती है। उदाहरणार्थ, एक अत्युत्तम जूता, जो पार्टियों में पहनने के लिए उपयुक्त है, खेलने के लिए अनुपयुक्त होगा; इसलिए 'कोई उत्पाद जितना ही अपने गुणधर्मों से अपने विहित उद्देश्यों को पूरा करने में सक्षम होगा उतनी ही उसकी गुणवत्ता अधिक होगी।'

किसी उत्पाद विशेष के गुण ही उस उत्पाद की विशेषताएँ कहलाते हैं। उत्पाद के रूप-रंग, उसका आकार, भार, रासायनिक गुण, उसके प्रयोग किए जाने में सुविधा तथा इन जैसी अन्य विशेषताओं का सामूहिक प्रभाव ही उत्पाद की गुणवत्ता के लिए उत्तरदायी होता है।

संपूर्ण गुणवत्ता प्रबंधन : उपभोक्ता की अपेक्षाओं पर खरे उतरने के लिए उत्पादक को संपूर्ण गुणवत्ता प्रबंधन (Total Quality Management, TQM) करना आवश्यक हो गया है। इससे न केवल उपभोक्ता को संतोष होता है अपितु उत्पादक भी अपने लाभांश में वृद्धि कर सकते हैं। अनुसंधान एवं विकास, अभिकल्पना (design), बाजार सर्वेक्षण, कच्चे माल की खरीद, यांत्रिक निर्माण प्रक्रिया, निरीक्षण,

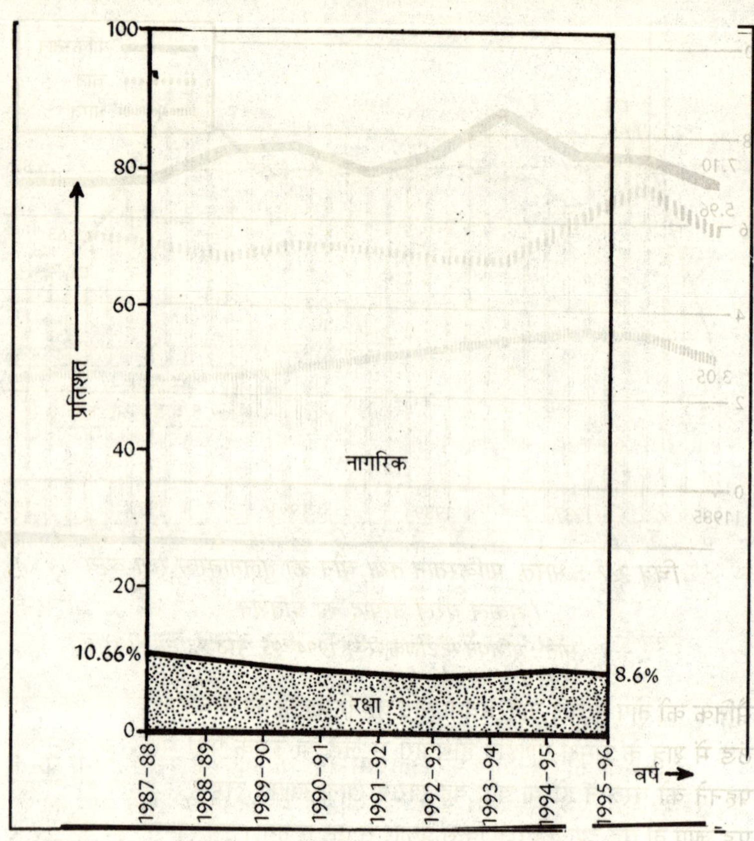

चित्र 2.6 : भारत में 1994 में रक्षा तथा नागरिक मदों पर व्यय का प्रतिशत

स्रोत : एशियन स्ट्रैटजिक रिव्यू 1995–96, पृष्ठ 65

विपणन, बिक्री बाद सेवाएँ, उपभोक्ता का मंतव्य एवं दृष्टिकोण तथा गुणवत्ता आश्वासन (Quality Assurance, QA) एवं अवगुणों का उन्मूलन आदि संपूर्ण गुणवत्ता प्रबंधन के घटक हैं (चित्र 2.8)।

रक्षा उत्पाद : जो सामग्री रक्षा सेनाओं (जल, थल एवं वायु) के प्रयोग में आती हैं वे रक्षा उत्पाद कहलाती हैं। वाहन, गोला-बारूद (arms & ammunition), आयुध, विभिन्न प्रकार के देखने-सुनने अथवा टोह लेने के यंत्र, सैनिकों के खाने-पीने तथा पहनने की सामग्री एवं सेनाओं के लिए अन्य सभी प्रकार की सामग्री रक्षा उत्पाद कहलाती हैं। रक्षा उत्पाद के मामलों में किसी प्रकार का समझौता नहीं किया जा सकता। इसी कारण रक्षा उत्पादों की गुणवत्ता के पक्ष को ध्यान में रखते हुए इन्हें कठोर मानदंडों (standards) से गुजरना पड़ता है; यदि आवश्यकता के समय

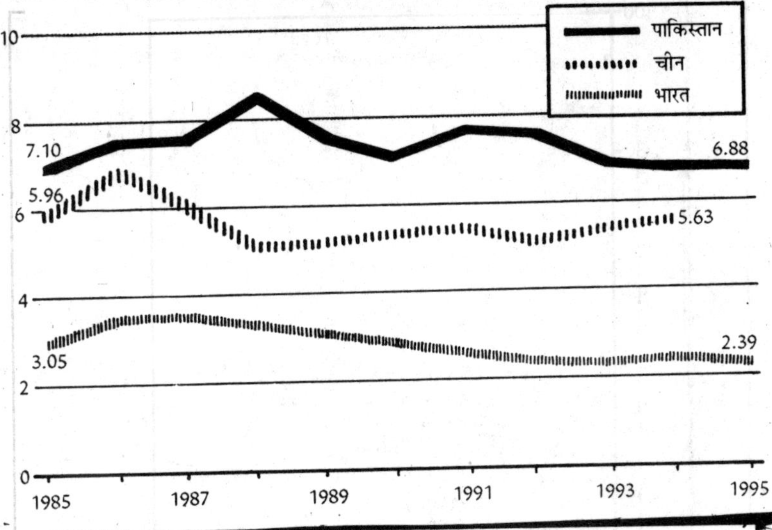

चित्र 2.7 : भारत, पाकिस्तान तथा चीन का तुलनात्मक रक्षा व्यय (सकल घरेलू उत्पाद का प्रतिशत)

स्रोत : एशियन स्ट्रैटजिक रिव्यू 1994-95, पृष्ठ 77

सैनिक की तोप न चल पाए अथवा यदि वह हिमालय की ऊँचाइयों पर कड़कड़ाती ठंड में शत्रु के समक्ष गुणहीन हथियारों से लड़े या उसके पास मौसम के अनुसार पहनने को वस्त्र न हों या यदि वह खराब खाना खाकर लड़ने से पहले ही बीमार पड़ जाए तो वह देश की रक्षा किस प्रकार से कर सकेगा। उसे तो एक ही मंत्र आता है 'मारो या मरो'। युद्ध में केवल विजेता (winner) होता है, कोई उपविजेता (runner-up) नहीं। युद्ध के समय सैनिक के पास समय बहुत कम होता है। ऐसे समय में केवल श्रेष्ठ गुणवत्तावाली सैनिक सामग्री ही शत्रु को मारने में सहायता कर सकती है। अन्यथा स्वयं उसे मरने के लिए तैयार रहना पड़ेगा। इसीलिए रक्षा उत्पादों की केवल एक शर्त होती है—श्रेष्ठ गुणवत्ता। मूल्य का अधिक होना कोई विशेष अर्थ नहीं रखता है।

भारतीय परिदृश्य : भारत एक अति विशाल देश है। इसका विस्तार पूर्व में 100° देशांतर से पश्चिम में 68° देशांतर तक तथा उत्तर में 37° अक्षांश से दक्षिण में 8° अक्षांश तक है। यहाँ शुष्क रेगिस्तान (0% आर्द्रता) से 95% आर्द्रता वाले स्थान हैं; यहाँ -50° से. के तापमान के बर्फीले पहाड़ भी हैं तथा +56° से. वाले रेगिस्तान भी हैं। यहाँ समुद्र तट भी हैं और हजारों मीटर ऊँचे पहाड़ भी हैं। भारत की विविध सीमाओं में सभी प्रकार की जलवायु है, इसलिए सैनिक

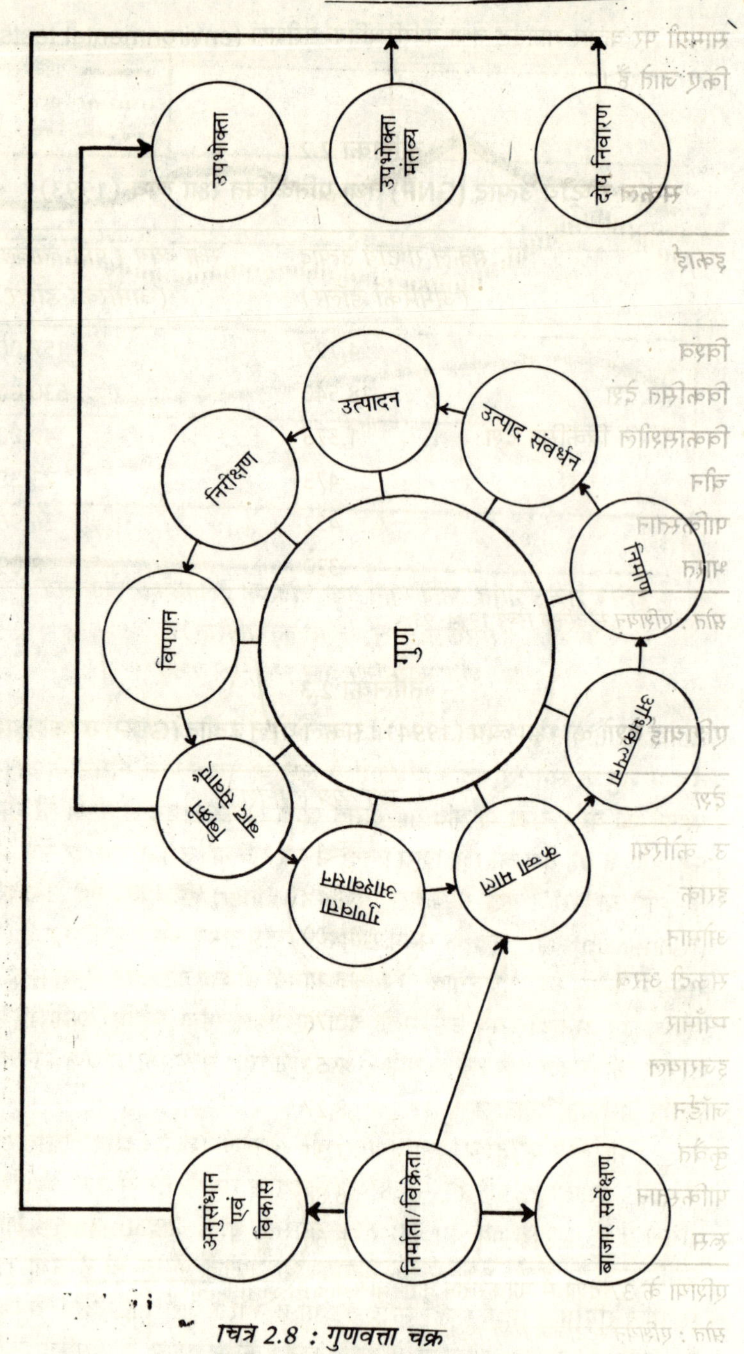

चित्र 2.8 : गुणवत्ता चक्र

सामग्री पर कठोर मानदंड तथा पारिस्थितिक परीक्षण (environmental tests) किए जाते हैं।

तालिका 2.2

सकल राष्ट्रीय उत्पाद (GNP) तथा प्रतिव्यक्ति रक्षा व्यय (1993)

इकाई	*सकल राष्ट्रीय उत्पाद (अमेरिकी डॉलर)*	*रक्षा व्यय (प्रति व्यक्ति) (अमेरिकी डॉलर)*
विश्व	4,729	157.00
विकसित देश	18,540	630.00
विकासशील विकसित देश	1,576	49.00
चीन	473	23.38
पाकिस्तान	452	26.96
भारत	320	8.09

स्रोत : एशियन स्ट्रैटनिक रिव्यू 1994–95

तालिका 2.3

एशियाई देशों का रक्षा व्यय (1994) : सकल घरेलू उत्पाद (GDP) का प्रतिशत

देश	*रक्षा व्यय (प्रतिशत)*	*टिप्पणी*
उ. कोरिया	25.45	
इराक	15.29	सन् 1990 का आँकड़ा
ओमान	15.00	
सऊदी अरब	13.11	
म्याँमार	10.76	
इजरायल	9.53	
जॉर्डन	8.27	
कुवैत	7.31	
पाकिस्तान	6.88	
रूस	6.60	

एशिया के 37 देशों में पाकिस्तान का 9वाँ स्थान है, जबकि भारत का 35वाँ स्थान है।

स्रोत : एशियन स्ट्रैटजिक रिव्यू 1994–95

तालिका 2.4

एशिया के अग्रणी दस देशों का प्रतिव्यक्ति रक्षा व्यय (1994)

देश	*व्यय (अमेरिका डॉलर)*
इज़्रायल	1411.76
सिंगापुर	1048.95
कुवैत	1030.30
ओमान	792.86
संयुक्त अरब अमिरात	786.74
सऊदी अरब	703.90
रूस	530.48
कतार	506.77
ताइवान	491.42
बहरीन	442.85
पाकिस्तान	34.26
चीन	23.38
भारत	8.75

37 एशियाई देशों में भारत का 35वाँ स्थान।

स्रोत : एशियन स्ट्रैटजिक रिव्यु 1994-95

तालिका 2.5

एशिया के अधिक जनसंख्यावाले देशों का सैनिक/नागरिक अनुपात (1994)

देश	*सैनिक/प्रति 1,000 नागरिक*
रूस	11.50
पाकिस्तान	6.35
चीन	2.69
जापान	1.90
इंडोनेशिया	1.40
भारत	1.20
बाँग्लादेश	0.92

टिप्पणी : इसी वर्ष अमेरिका का अनुपात 6.90 था।

स्रोत : एशियन स्ट्रैटजिक रिव्यु 1994-95

तालिका 2.6
भारत की रक्षा व्यय का ब्योरा (%)

वर्ष	*थलसेना*	*नौसेना*	*वायुसेना*	*रक्षा उत्पाद*	*रक्षा अनुसंधान*
1983–84	46.2	12.9	23.3	14.8	2.8
1984–85	48.3	12.2	22.7	13.7	3.2
1985–86	46.5	12.5	23.3	13.8	3.9
1986–87	49.5	12.5	21.4	12.5	4.1
1987–88	56.3	12.9	23.1	3.1	4.6
1988–89	56.3	13.5	22.5	3.4	4.3
1989–90	55.5	13.5	23.1	3.7	4.2
1990–91	56.3	12.7	24.1	2.6	4.3
1991–92	55.7	12.8	24.8	2.5	4:2
1992–93	53.3	11.5	29.4	1.3	4.5
1993–94	53.3	12.3	27.7	2.2	4.8
1994–95	53.6	11.9	27.8	2.2	5.0
1995–96	54.0	13.3	25.7	1.8	5.3

स्रोत : एशियन स्ट्रैटजिक रिव्यू 1994–95

संदर्भ (References)

1. Khanna and Marwah : Defence and Development, Indian Publication Company in association with IRDC, Canada.
2. Proceedings of Seminar INDAIR, 15-16 Nov, 94, New Delhi.
3. Marwah and Pollock : Military Power and Politics in Asian States; China, India and Japan; West View Press, 1980.
4. PVR Rao : Defence Without Drift.
5. 1994-2004 : Economic and Politics Weekly No. 16, 5 Dec, 81.
6. Onkar Marwah : Planning for Defence; Eastern Economics; 23 Jan, 81.
7. Nayar, Baldev Raj : India's Quest for Technology Independence; Lancer's Publication, 1983.
8. Air Cmde Jasjit Singh : Asian Strategic Review; 1994-95,

Institute of Defence Studies and Analysis, Delhi.

9. John W. Melor : India : A Rising Power, West View Press.
10. Proceedings of Army Industry Partnership (AIP), 14-15 Sep, 95; New Delhi.
11. Marshal Foch : The Principles of War.

□

अध्याय-3

मार्गदर्शित प्रक्षेपास्त्र

प्रक्षेपास्त्र

जब कोई ठोस पदार्थ किसी लक्ष्य को भेदने के लिए फेंका जाता है तो उसे प्रक्षेपास्त्र (Missile) कहते हैं। जब किसी पक्षी को गुलेल द्वारा फेंके गए पत्थर से मारा जाता है तब गुलेल, पत्थर तथा पक्षी को क्रमशः प्रक्षेपक (launcher), प्रक्षेपास्त्र तथा लक्ष्य (target) कह सकते हैं। अपनी स्थिति में परिवर्तन कर (अपनी बुद्धि का प्रयोग कर) पक्षी अपने आपको पत्थर की मार से बचा सकता है। किंतु यदि पत्थर में भी बुद्धि का समावेश कर दिया जाए तो वह पक्षी का पीछा कर उसे मार गिराने में सफल हो सकता है, क्योंकि ऐसा पत्थर मार्गदर्शित (guided) हो जाता है।

गुलेल द्वारा पत्थर को प्रदत्त ऊर्जा (energy) को 'आगे बढ़ने का बल' (propulsion), पत्थर में प्रदत्त बुद्धि को मार्गदर्शन (guidance) तथा पक्षी की परिवर्तित स्थिति के अनुरूप पत्थर की परिवर्तित होती स्थिति को नियंत्रण (control) कहा जा सकता है। प्रौपल्शन, मार्गदर्शन तथा नियंत्रण आदि किसी प्रक्षेपास्त्र की तकनालॉजियाँ (missile technologies) कहलाती हैं।

जब किसी प्रक्षेपास्त्र को प्रक्षेपित (launch) करने के लिए बारूद की सहायता ली जाती है तब ऐसे प्रक्षेपास्त्र को आग्नेयास्त्र (rocket) कहते हैं।

इतिहास

इतिहास में आग्नेयास्त्र (rocket) के सर्वप्रथम प्रयोग का अभिलिखित वर्णन अठारहवीं शताब्दी में हैदरअली तथा टीपू सुल्तान द्वारा अंग्रेजों के विरुद्ध युद्ध के समय मिलता है। यद्यपि भारत तथा चीन में बारूद के उपयोग का वर्णन सन्

1000 के समय भी मिलता है, किंतु उस समय उसका उपयोग केवल आतिशबाजियों को बनाने में ही किया जाता रहा। सन् 1799 में श्रीरंगपत्तनम (भारत) के पतन के समय अंग्रेजों की सेना ने टीपू सुलतान की पराजित सेना के पास दो रॉकेट पाए थे।

द्वितीय विश्व युद्ध (1939-1945) के समय जर्मन सेनाओं द्वारा प्रयोग किए गए वी-1 तथा वी-2 नामक रॉकेटों का विस्तृत वर्णन अभिलिखित है। इन जर्मन रॉकेटों के भीषण प्रहार के कारण इस युद्ध में इंग्लैंड लगभग घुटने टेकने वाला था। द्वितीय विश्वयुद्ध के पश्चात् रॉकेट तथा मिसाइलों के विकास में धातु विज्ञान, विमानन विज्ञान, दूरसंचार, कंप्यूटर आदि अनेकों उच्च तकनालॉजियों का सहयोग प्राप्त होने लगा जिससे मिसाइलें न केवल अधिक शक्तिशाली बनती गईं, उनका निशाना भी अचूक बनता गया।

सन् 1960 में जब सोवियत संघ ने सैम-2 मिसाइलों द्वारा अमेरिका के जासूसी विमान यू-2 को गिराकर उसके पायलट गैरी पावर्स को बंदी बना लिया तब इस मिसाइल की बहुत चर्चा रही।

सन् 1965-72 के वियतनाम युद्ध में उत्तरी वियतनाम द्वारा अमेरिका के जो विमान सोवियत संघ निर्मित सैम-2 मिसाइल द्वारा मार गिराए गए उनका ब्यौरा चित्र 3.1 में दर्शाया गया है।

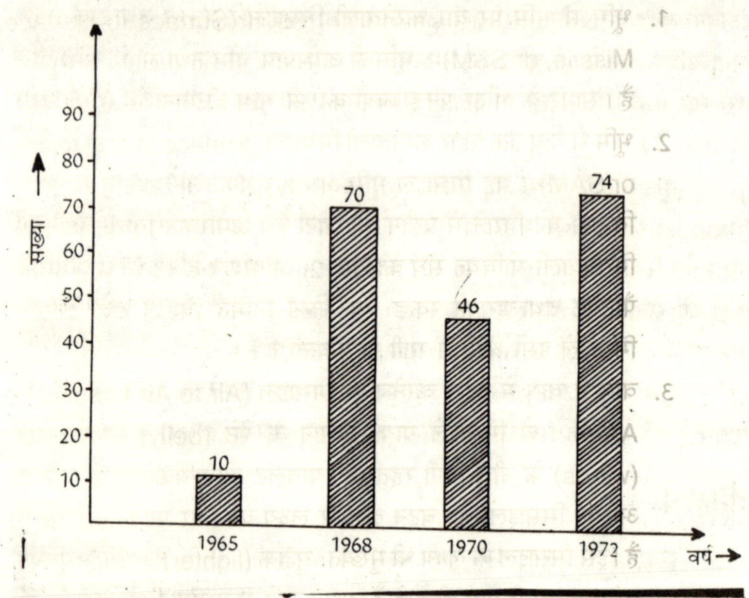

चित्र 3.1 : वियतनाम युद्ध में मिसाइल द्वारा ध्वस्त अमेरिकी विमानों का ब्यौरा

सन् 1982 में फाकलैंड युद्ध में अर्जेंटीनी सेना के फ्रांस निर्मित मिसाइल 'एक्सोसेट' द्वारा ब्रिटिश युद्धपोत शेफील्ड का नष्ट किया जाना बहुचर्चित रहा।

मिसाइल की नवीनतम उपलब्धियाँ सन् 1991 में हुए खाड़ी युद्ध में देखने को मिली जिसमें इराकी स्कड मिसाइलें तथा अमेरिकी पैट्रियट एवं क्रूज मिसाइलें पूरे युद्ध के समय चर्चा का विषय बनी रहीं।

लगभग पंद्रह वर्षों से भारतीय रक्षा अनुसंधान एवं विकास संगठन द्वारा अनेक प्रकार की मिसाइलों पर कार्य हो रहा है जैसे पृथ्वी, नाग, आकाश, त्रिशूल तथा अग्नि मिसाइलें। इनमें से पृथ्वी मिसाइल को, जो भूमि से भूमि पर प्रहार करती है, भारतीय थलसेना में सम्मिलित भी कर लिया गया है। भारत में विकसित हो रही इन मिसाइलों की विशेषताओं को तालिका 3.1 में सूचीबद्ध किया गया है।

मिसाइलों का वर्गीकरण

मिसाइलों के वर्गीकरण के अनेक आधार हैं।

क. **मिसाइल प्रक्षेपण विधि के अनुसार :** मिसाइल के वर्गीकरण की यह विधि सर्वाधिक प्रचलित विधि है।

1. भूमि से भूमि पर वार करनेवाली मिसाइल (Surface to Surface Missile, or SSM) : भूमि से अभिप्राय भूमि तथा सागर दोनों से ही है। सागर के भीतर पनडुब्बियों को भी भूमि ही माना जाता है।
2. भूमि से वायु तक प्रहार करनेवाली मिसाइल (Surface to Air Missile, or SAM) : यह मिसाइल भूमि अथवा युद्धपोत से प्रक्षेपित कर उड़ते विमानों को गिराने में प्रयोग की जाती है। अमेरिकन विमान यू-2 को गिरानेवाली सोवियत संघ की सैम-2, ऑपरेशन डेजर्ट स्टॉर्म में प्रयुक्त पैट्रियट तथा इराकी स्कड एवं भारत निर्मित त्रिशूल तथा आकाश मिसाइलें इसी श्रेणी में रखी जा सकती हैं।
3. वायु से वायु में प्रहार करनेवाली मिसाइल (Air to Air Missile, or AAM) : ये मिसाइलें प्राय: विमान के पेट (belly) अथवा पंखों (wings) के नीचे लगी रहती हैं। पायलट आवश्यकतानुसार एक या अधिक मिसाइलों को बटन दबाकर लक्ष्य की ओर फायर कर सकता है। इस मिसाइल के लक्ष्य भी मुख्यत: युद्धक (fighter) अथवा बमवर्षक (bomber) विमान ही होते हैं तथा इनका अनुप्रयोग विमानों के हवाई युद्ध (dogfight) के समय किया जाता है, जहाँ इन मिसाइलों को फायर करने के उचित अवसर के लिए पायलट विमान के कॉकपिट

तालिका 3.1

भारत में विकसित हो रही मिसाइलें

नाम	*वर्ग*	*मार्गदर्शन विधि*	*प्रोपल्शन विधि*	*परास*	*अन्य विशेषताएँ*
त्रिशूल	भूमि से हवा में वार *(SAM)*	लाइन ऑफ साइट मार्गदर्शन	ठोस संयुक्त द्वैत प्रहार मोटर *(Solid Composite Dual thrust motor)*	500 मीटर से 9 कि.मी. तक	भूमि अथवा जल पोत से लॉन्च की जा सकती है।
पृथ्वी	भूमि से भूमि पर वार *(SSM)*	इनर्शियल नेवीगेशन	तरल रॉकेट इंजिन	40 कि.मी. से 250 कि.मी. तक	सन् 1995 में सेना द्वारा स्वीकृत तथा
नाग	प्रति टैंक मिसाइल (ATM)	अवरक्त एवं मिलीमीटरिक तरंगों का प्रतिबिंबन	ठोस प्रोपल्शन	4 कि.मी.	सन् 1998 तक सेना में प्रतिष्ठित होने की संभावना।
आकाश	भूमि से हवा में वार (SAM)	कमान मार्गदर्शन तथा ऐक्टिव होमिंग	एकीकृत ठोस प्रोपल्शन	30 कि.मी.	कला सारणी राडार 'राजेंद्र' के साथ एकीकृत।
अग्नि	पुनर्प्रवेश तकनालॉजी प्रदर्शक भूमि–से–भूमि तक (SSM)	इनर्शियल नेवीगेशन	प्रोपल्शन के दो चरण	4,000 कि.मी. (अभी 2500 कि.मी. तक सफल)	अधिकतर उड़ान अंतरिक्ष में पूरी कर वायुमंडल में पुनः प्रवेश। 2,000 पौंड तक का न्यूक्लीय वार–हेड ले जाने की क्षमता।

(cockpit) में लगे कंप्यूटर तथा राडार की सहायता लेता है।

4. वायु से भूमि पर प्रहार करनेवाली मिसाइल (Air to Surface Missile, or ASM) : यह मिसाइल मुख्यतः विमान अथवा हेलीकॉप्टर से टैंक, युद्धपोत अथवा पनडुब्बियों पर प्रहार करने के लिए प्रयोग में लाई जाती है।

ख. लक्ष्य के आधार पर :

- टैंक-रोधी मिसाइल (Anti-tank Misile)
- कार्मिक-रोधी मिसाइल (Anti-personnel Missile)
- पोत-रोधी मिसाइल (Anti-ship Missile)
- उपग्रह-रोधी मिसाइल (Anti-satellite Missile)

ग. परास (range) के आधार पर : यह वर्गीकरण मुख्यतः भूमि से भूमि तक प्रहार करनेवाली मिसाइलों के लिए किया जाता है।

- कम परास मिसाइल (Short range misile)—100 कि.मी. तक परास
- मध्यम परास मिसाइल (Medium range missile)—100 से 1500 कि.मी. तक
- मध्यमवर्ती परास मिसाइल (Intermediate range missile)—1500 से 5000 कि.मी. तक
- लंबी परास मिसाइल (Long range missile)—5000 कि.मी. से अधिक

घ. चक्राकार मार्ग (Trajectory) के आधार पर :

- बैलिस्टिक (Ballistic) मिसाइल : बैलिस्टिक का शाब्दिक अर्थ है, किसी वस्तु को प्रक्षेप करने के समय आवश्यक बल के साथ प्रक्षेपित किया जाए किंतु नीचे गिरते समय वह वस्तु गुरुत्वाकर्षण (gravitational) शक्ति के प्रभाव से ही नीचे आए।
- क्रूज (Cruise) मिसाइल : क्रूज का शाब्दिक अर्थ है, यात्रा करने का सबसे मितव्ययी ढंग। ऑपरेशन डेजर्ट स्टॉर्म के समय अमेरिकी टॉमाहॉक मिसाइल क्रूज श्रेणी की मिसाइल थी जो बहुचर्चित रही।

च. प्रोपल्शन (Propulsion) के आधार पर :

- ठोस प्रोपल्शन (Solid propulsion) मिसाइल
- तरल प्रोपल्शन (Liquid propulsion) मिसाइल
- वर्णसंकर प्रोपल्शन (Hybrid propulsion) मिसाइल

छ. प्रक्षेपक (Launching Platform) के आधार पर :

- कंधे पर से मारी जानेवाली मिसाइल
- भूमितल से प्रक्षेपित की जानेवाली मिसाइल। इस वर्ग में प्रक्षेपक स्थिर भी हो सकता है और चलित (mobile platform) भी
- विमान अथवा हेलीकॉप्टर से मारी जानेवाली मिसाइल
- युद्धपोत अथवा पनडुब्बी से मारी जानेवाली मिसाइल
- विवर (silo) के भीतर से मारी जानेवाली मिसाइल
- अंतरिक्ष से मारी जानेवाली मिसाइल

मिसाइल प्रोपल्शन (Missile Propulsion)

प्रोपल्शन वह क्रिया अथवा उपाय है जिससे मिसाइल को त्वरित वेग (acceleration) से अपने मार्ग पर आगे बढ़ने में सहायता मिलती है ताकि वह अपने लक्ष्य तक पहुँचकर अपना कार्य पूरा कर सके।

प्रोपल्शन की क्रिया न्यूटन द्वारा प्रतिपादित, गति के तीन विख्यात सिद्धांतों पर आधारित है। ये सिद्धांत निम्नलिखित हैं :

- कोई भी वस्तु अपनी स्थिर अथवा समान गतिशील अवस्था में तब तक बनी रहेगी जब तक उसपर कोई बाह्य असंतुलित बल न आरूढ़ किया जाए।
- गतिमात्रा में परिवर्तन की दर (rate of change of momentum) आरूढ़ किए गए बल के अनुपात में तथा बल की दिशा में होगा।
- प्रत्येक क्रिया की एक समान किंतु विपरीत प्रतिक्रिया होती है। अर्थात्, जब किसी वस्तु द्वारा किसी दूसरी वस्तु पर बल डाला जाता है तब वह दूसरी वस्तु भी पहली वस्तु पर समान किंतु विपरीत बल डालेगी।

किसी मिसाइल को आगे बढ़ाने में रॉकेट इंजिन की सहायता ली जाती है। इस रॉकेट इंजिन में प्रेरक ईंधन (propellant) को रासायनिक संक्रियाओं द्वारा प्रज्वलित किए जाने पर अत्यधिक तापवाली गैस उत्सर्जित होती है। यदि इस अत्यधिक तापवाली गैस को किसी संकीर्ण छिद्र (nozzle) से निकलने दिया जाए तो न्यूटन के तीसरे सिद्धांत के अनुसार विपरीत दिशा में अत्यधिक धक्का (thrust) बनता है। इसी धक्के के कारण रॉकेट आगे की ओर बढ़ता है।

जब किसी हवा भरे गुब्बारे से हवा को एक दिशा में बाहर निकलने दिया जाता है (क्रिया) तब गुब्बारा उससे विपरीत दिशा में भागता है (प्रतिक्रिया)। कुछ ऐसा ही घटता है जब बंदूक से गोली दागी जाती है। गोली के प्रक्षेपांतक (projectile)

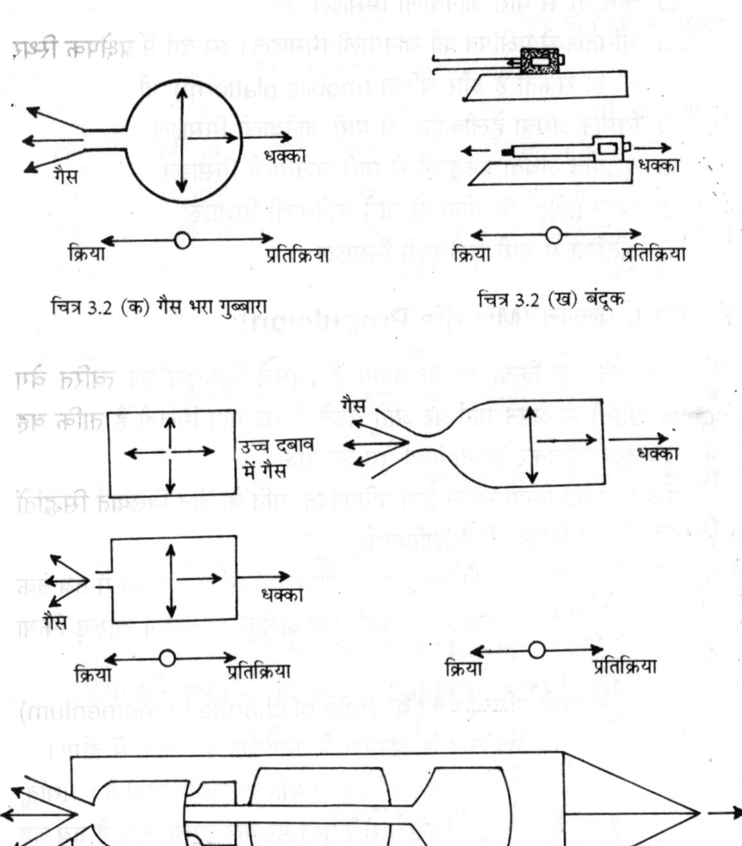

चित्र 3.2 (क) गैस भरा गुब्बारा

चित्र 3.2 (ख) बंदूक

चित्र 3.2 (ग) रॉकेट प्रोपल्शन

चित्र 3.2 : रॉकेट इंजिन की कार्य-प्रणाली

को बंदूक की नली की गति (muzzle velocity) के बराबर तेजी प्रदान करने के लिए बारूद द्वारा उत्पन्न गैस के कारण विकसित बल (force) को कुछ समय (स) तक क्रियाशील रहना पड़ेगा। इस बल (ब) को ऐसे समय से गुणा करने पर आवेग (impulse) ज्ञात किया जा सकता है। यह आवेग (आ) बंदूक की नली की गति (ग) तथा प्रक्षेपांतक के पिंड (प) (mass of projectile) के गुणनफल के बराबर होता है :

बल (ब) × समय (स)= आवेग (आ)= बंदूक की नली की गति (ग) × प्रक्षेपांतक का पिंड (प)

force (f) x time (t)=impulse=muzzle velocity (v) x mass of projectile (m)

रॉकेट प्रोपल्शन की स्थिति भी कुछ इसी प्रकार की होती है जिनका वर्णन पहले किया गया है। रॉकेट में विकसित यह धक्का (thrust) एक प्रकार का असंतुलित बल है जिसके कारण, न्यूटन के प्रथम सिद्धांत के अनुसार, रॉकेट की गतिमात्रा (momentum) में परिवर्तन होता है तथा रॉकेट, न्यूटन के दूसरे सिद्धांत के अनुसार, आगे की ओर बढ़ जाता है; और, चूँकि गतिमात्रा में यह परिवर्तन निरंतर होता रहता है, इस कारण रॉकेट तब तक निरंतर आगे बढ़ता रहता है जब तक कि पुन: कोई अन्य असंतुलित बल इसके आगे बढ़ने में बाधा नहीं डालता है।

प्रोपल्शन निष्पादन के मानक प्राचल (Standard parameters of propulsion performance)

किसी रॉकेट के प्रोपल्शन निष्पादन के मानक प्राचल हैं :

- धक्का (thrust)
- विनिर्दष्टि आवेग (specific impulse)
- प्रेरक ईंधन की खपत (consumption of propellant)
- निर्गम गतिशीलता (exhaust velocity)
- पिंड अनुपात (mass ratio)
- सुरक्षा खंड (factor of safety)

एक कार्यक्षम (efficient) रॉकेट इंजिन के डिजाइन की सफलता उसके प्रेरक ईंधन के जलने की दर (burning rate) से भी नियंत्रित रखी जा सकती है। जैसे-जैसे प्रेरक ईंधन जलता जाता है इसका पृष्ठभाग कम होता जाता है। जिस दर से यह कमी होती है उसीको जलने की दर कहते हैं। प्रेरक ईंधन के जलने की दर को घटा अथवा बढ़ाकर प्रोपल्शन को अधिक कार्यक्षम बनाया जा सकता है।

प्रोपल्शन इंजिन का वर्गीकरण

किसी रॉकेट के प्रोपल्शन इंजिन का वर्गीकरण उसमें प्रयुक्त प्रेरक ईंधन की स्थिति के अनुसार किया जाता है। यदि ईंधन ठोस स्थिति में है तो इसे ठोस रॉकेट प्रोपल्शन कहते हैं तथा यदि ईंधन तरल है तो इसे तरल रॉकेट प्रोपल्शन कहते हैं। इनके अतिरिक्त ईंधन ठोस तथा तरल दोनों प्रकार का होने पर इसे वर्णसंकर

(hybrid) रॉकेट प्रोपल्शन कहते हैं।

ठोस रॉकेट प्रोपल्शन इंजिन

इस इंजिन में ठोस रॉकेट ईंधन (solid rocket propellant) का प्रयोग किया जाता है जिसे इंजिन के ज्वलन कक्ष (combustion chamber) में जलाया जाता है। यह ठोस पदार्थ दानेदार (granular) होता है तथा इसे एक निश्चित नियंत्रित दर पर जलाया जाता है (चित्र 3.3)। इसके जलते रहने के लिए ऑक्सीजन की आवश्यकता होती है जिसे पूरा करने के लिए एक ऑक्सीडाइजर (oxidiser) पदार्थ भी रॉकेट में रखा जाता है।

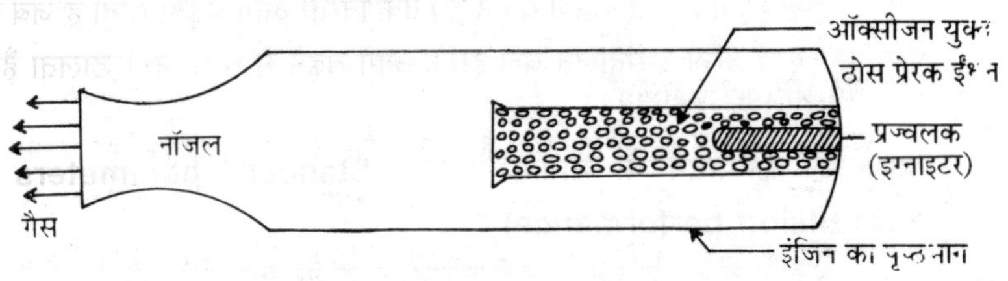

चित्र 3.3 : ठोस रॉकेट प्रोपल्शन इंजिन

ठोस रॉकेट इंजिन का बाहरी आवरण (casing) विशेषतौर पर आंतरिक दबावों को सहने की शक्ति वाला होना चाहिए। यह पृष्ठभाग प्रायः धातुओं के अलॉय अथवा प्लास्टिक तंतु (plastic fibre) के बनाए जाते हैं। गरम गैसों के प्रभाव से बचने के लिए इनके भीतरी तल का ताप अवरोधन (thermal insulation) कर दिया जाता है।

ठोस प्रेरक पदार्थ का भंडारण तथा उसका उपयोग सुविधाजनक है। यही कारण है कि बैलिस्टिक मिसाइलों में अधिकतर ठोस प्रेरक ईंधन का ही उपयोग किया जाता है। भारतीय उपग्रहों को प्रक्षेपित करनेवाले रॉकेट एस.एल.वी.-3 (SLV-3) के इंजिन में भी ठोस प्रेरक ईंधन का प्रयोग किया गया है। भारतीय मिसाइलों त्रिशूल, नाग तथा आकाश में भी ठोस प्रेरक पदार्थ ही प्रयोग में लाए जाते हैं।

ठोस ईंधन के साथ ऑक्सीडाइजर को उचित अनुपात में मिला दिया जाता है और तब उनके आवश्यकतानुसार दाने बनाए जाते हैं। इनके संयोजन के आधार पर प्रेरक ईंधन समांगी (homogeneous) अथवा विषमांगी (heterogeneous) कहलाते हैं।

जिस युक्ति द्वारा प्रेरक ईंधन को प्रज्वलित करते हैं उसे प्रज्वालक (igniter)

कहते हैं। इसका कार्य यद्यपि क्षणिक (0.1 से 1 सेकंड) ही होता है तथापि महत्त्वपूर्ण होता है। टैंक-रोधी मिसाइल (जैसे भारतीय नाग मिसाइल) में केवल कुछ ग्राम प्रज्वालक के दानों से काम चल जाता है; किंतु अंतरिक्ष यान के लिए, जिसमें ठोस ईंधन की मात्रा सैकड़ों टनों में होती है, प्रज्वालक की अधिक मात्रा (कुछ सौ किलोग्राम) की आवश्यकता पड़ती है। इन प्रज्वालकों को विद्युत् ताप से प्रज्वलित किया जाता है।

इस प्रोपल्शन इंजिन में संकीर्ण छिद्र (nozzle) द्वारा गैसें अत्यंत उच्च गति से बहती हैं जिससे उनका ताप भी बहुत उच्च हो जाता है। इसलिए इंजिन की कार्यक्षमता में यह छिद्र बहुत महत्त्वपूर्ण भूमिका निभाता है। इस छिद्र का आकार बढ़ा अथवा घटाकर ताप को नियंत्रित किया जाता है।

तरल रॉकेट प्रोपल्शन इंजिन

जैसाकि नाम से ही इंगित होता है, इस रॉकेट प्रोपल्शन इंजिन का प्रेरक तरल पदार्थ होता है। इस तरल पदार्थ को जलने में सहायता देने के लिए ऑक्सीजन की आवश्यकता होती है जो एक ऑक्सीडाइजर से प्राप्त होती है। प्रेरक पदार्थ तथा ऑक्सीडाइजर दोनों ही पृथक् उपकक्षों में रखे जाते हैं तथा उन्हें एक प्रज्वलन कक्ष में मिलाया जाता है (चित्र 3.4)। विशेष दबाव पर मिलाने से ये इसी प्रज्वलन कक्ष में प्रज्वलित हो उठते हैं तथा एक धक्का (thrust) उत्पन्न करते हैं। तरल ईंधन तथा तरल ऑक्सीडाइजर को टर्बोपंपों की सहायता से कपाटों (valves) द्वारा ज्वलन कक्ष में पहुँचाया जाता है।

तरल प्रेरक ईंधन मुख्यत: दो प्रकार के होते हैं—पहला, क्रायोजेनिक ईंधन जिनका आधार हाइड्रोजन तथा ऑक्सीजन होता है। दूसरा, अक्रायोजेनिक ईंधन जिनका आधार केरोसीन, नाइट्रोजन टेट्राऑक्साइड, हाइड्राजीन, हाइड्रोजन पैरॉक्साइड इत्यादि होता है।

ठोस इंजिन की तुलना में तरल इंजिन का आकार काफी छोटा होता है। कार्यक्षमता में भी ठोस इंजिन की अपेक्षा तरल इंजिन अधिक उत्तम होता है, किंतु तरल ईंधन तथा तरल ऑक्सीडाइजर के भंडारण में अनेक समस्याएँ आती रहती हैं। ये द्रव्य अत्यधिक विस्फोटक होते हैं और तनिक भी घर्षण ताप मिलने पर ये स्वत: प्रज्वलित हो उठते हैं। इसलिए इनके भंडारण में अनेक सावधानियाँ बरतना बहुत आवश्यक है। इसके अतिरिक्त तरल ईंधन प्राय: एक ऐसा रसायन होता है जो त्वचा पर छू जाने मात्र से ही बहुत संताप दे सकता है। इसलिए इनको व्यवहार में लानेवाले कार्मिकों को रक्षात्मक कपड़े (protective clothing) पहनना बहुत

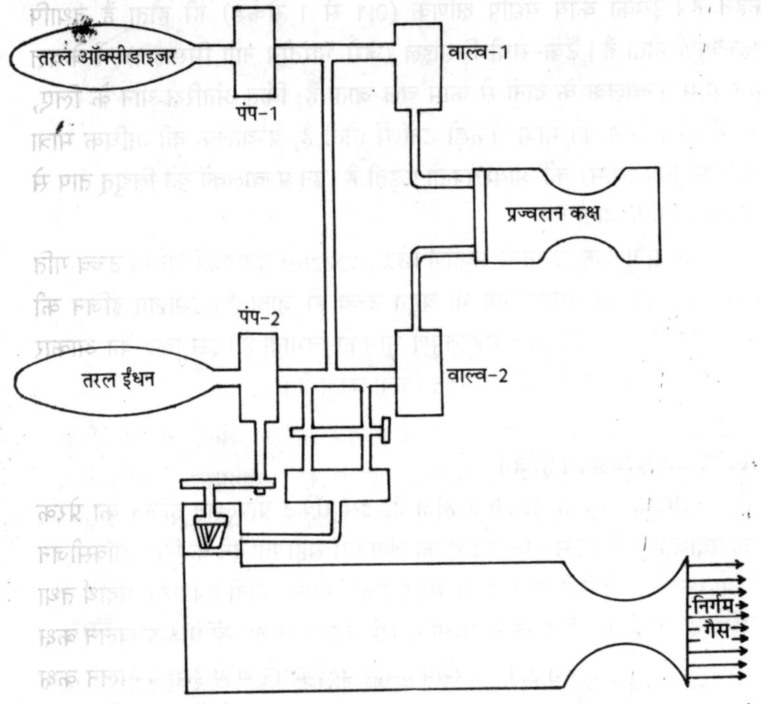

चित्र 3.4 : तरल रॉकेट प्रोपल्शन इंजिन

आवश्यक होता है।

तरल प्रोपल्शन इंजिन मुख्यत: लंबे परासवाली मिसाइलों तथा अंतरिक्ष में भेजे जानेवाले उपग्रहों के रॉकेटों में प्रयोग में लाया जाता है। भारतीय मिसाइल 'अग्नि' तथा भारतीय पोलर सैटेलाइट लॉन्च व्हाइकल (पी.एस.एल.वी.) आदि में तरल रॉकेट प्रोपल्शन इंजिन ही उपयोग में लाया जाता है।

वर्णसंकर (Hybrid) प्रोपल्शन इंजिन

ठोस तथा तरल प्रोपल्शन इंजिन के अतिरिक्त वर्णसंकर प्रोपल्शन इंजिन भी बनाए गए हैं (चित्र 3.5)। इन इंजिनों में प्रेरक ईंधन एक ठोस पदार्थ होता है, किंतु ऑक्सीडाइजर एक तरल पदार्थ होता है जिसे एक कपाट (valve) के द्वारा ठोस ईंधन में मिलाकर प्रज्वलन उत्पन्न किया जाता है।

ठोस तथा तरल प्रोपल्शन रॉकेट इंजिन की तुलना में एक वर्णसंकर प्रोपल्शन रॉकेट इंजिन अधिक कार्यक्षम है, किंतु इस रॉकेट इंजिन को प्रयोग में लाने में कुछ

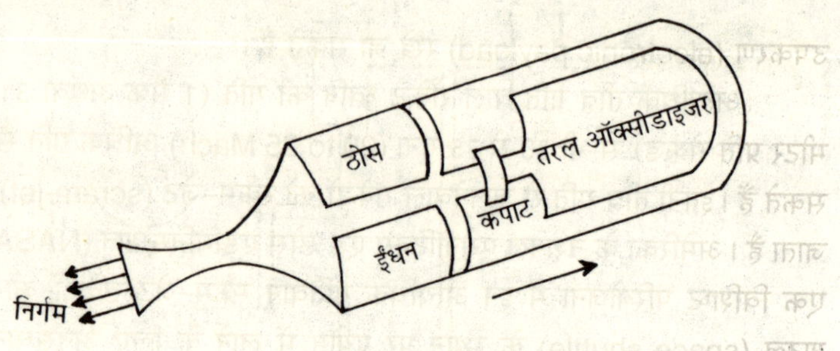

चित्र 3.5 : वर्णसंकर रॉकेट प्रोपल्शन इंजिन

ऐसी व्यावहारिक कठिनाइयाँ आती हैं जिनके कारण इसका विरला उपयोग ही संभव हो सका है। इस प्रकार के रॉकेट इंजिन की व्यावहारिक समस्याओं को दूर करने की चेष्टा की जा रही है। यदि ऐसा हो सका तो इसका व्यापक उपयोग किया जा सकेगा।

रॉकेट के भार की समस्या का निदान : वायु-श्वासित इंजिन

उपरिलिखित तीनों प्रकार के प्रोपल्शन इंजिनों में ऑक्सीडाइजर एक आवश्यक घटक है क्योंकि इंजिन में ईंधन को निरंतर जलते रहने के लिए ऑक्सीजन का स्रोत यही ऑक्सीडाइजर होता है; किंतु इसी ऑक्सीडाइजर के कारण रॉकेट इंजिन का भार बहुत अधिक बढ़ जाता है जो अन्य अनेकों समस्याओं को जन्म देता है। जिन रॉकेटों में ऑक्सीडाइजर को रॉकेट में भरकर ले जाते हैं उन्हें अवायु-श्वासित रॉकेट इंजिन (non air breather rocken engine) कहते हैं।

वैमानिक इंजीनियरों तथा वैज्ञानिकों ने रॉकेट के भार को कम करने के लिए वायु-श्वासित इंजिन प्रणाली (air breathing engine system) का आविष्कार कर लिया है। इस प्रणाली में रैम-जेट (ram-jet) नामक उपकरण वायुमंडल में व्याप्त वायु को अति द्रुतगति से अंदर चूस लेता है, फिर इस अति द्रुतगति को रैम-जेट की आंतरिक ज्यामिति की सहायता से धीमा कर लिया जाता है जिससे वायु का दबाव बढ़ जाता है। इस बढ़े हुए दबाव की वायु जब ईंधन में मिलाई जाती है तब यह ईंधन को निरंतर जलते रहने में सहायता प्रदान करती है।

रैम-जेट इंजिन का उपयोग अति लंबी परासवाली मिसाइलों (very long range missiles) तथा अत्यंत तीव्र गति के प्रोपल्शन इंजिनों में किया जाता है क्योंकि ऐसे रॉकेटों में इंजिन का भार कम होने से अन्य उपयोगी इलेक्ट्रॉनिकी

उपकरण (electronic payload) रखे जा सकते हैं।

अत्यधिक तीव्र गति वाले रॉकेट ध्वनि की गति (1 मैक अथवा 311.38 मीटर प्रति सेकंड) से भी 20 से 25 गुना (20 to 25 Mach) अधिक गति से चल सकते हैं। इतनी तीव्र गति से चलनेवाले रॉकेटों को स्क्रैम-जेट (scram-jet) कहा जाता है। अमेरिका के नेशनल एरोनॉटिक्स एंड स्पेस एडमिनिस्ट्रेशन (NASA) की एक विशिष्ट परियोजना में इन अत्यधिक गतिवान स्क्रैम-जेट रॉकेटों को स्पेस शटल (space shuttle) के स्थान पर प्रयोग में लाने के लिए अनुसंधान एवं विकास कार्य जारी है।

परंपरागत तथा मार्गदर्शित शस्त्रों में अंतर

एक मार्गदर्शित (guided) तथा परंपरागत (conventional) शस्त्र में मुख्य अंतर यह है कि मार्गदर्शित शस्त्र को प्रक्षेप करने के पश्चात् लक्ष्य तक पहुँचने के समय तक निरंतर मार्गदर्शन प्राप्त होता रहता है, जबकि पारंपरिक शस्त्रों जैसे रॉकेट, गोली, बाण, पत्थर आदि को दूर फेंके जाने से पूर्व ही लक्ष्य की स्थिति के अनुसार ठीक से पंक्तिबद्ध कर (align) प्रक्षेप किया जाता है और इसके पश्चात् उन्हें कोई अन्य मार्गदर्शन प्राप्त नहीं होता है। इसके अतिरिक्त मार्गदर्शित शस्त्रों की परास तथा लक्ष्य भेदने की उनकी अचूकता (accuracy) में निरंतर वृद्धि होती जा रही है। इस कारण से टैंक-रोधी बंदूकों (anti-tank guns) की तुलना में टैंक-रोधी मिसाइलें (anti-tank missiles) मुख्य युद्धक टैंक (MBT) को लंबी परास से निशाना बना पाने में अधिक सफल हो रहे हैं। वायु-प्रतिरक्षा (air-defence) के कार्य में भी मार्गदर्शित मिसाइलें एक अति महत्त्वपूर्ण संघटक (component) के रूप में उभरी हैं।

मिसाइल के संघटक

चित्र 3.6 में एक सामान्य मिसाइल के मुख्य संघटक दिखाए गए हैं, किंतु यह आवश्यक नहीं है कि प्रत्येक मिसाइल में ये सभी संघटक उपस्थित हों। यह भी आवश्यक नहीं है कि प्रत्येक मिसाइल में उनकी स्थिति का क्रम वैसा ही हो जैसाकि चित्र में दर्शित है। उदाहरणार्थ, प्रत्येक मिसाइल में होमिंग-हेड का होना आवश्यक नहीं है क्योंकि इस कार्य को अन्य तरीकों से भी किया जा सकता है; किंतु क्षति पहुँचाने के लिए वार-हेड का होना आवश्यक है। इस वार-हेड में न्यूक्लीय, रासायनिक अथवा जैविक शस्त्र भी हो सकते हैं। रॉकेट इंजिन आवश्यक है ताकि मिसाइल आगे बढ़ सके। शक्ति देने के लिए पावर सप्लाई आवश्यक है।

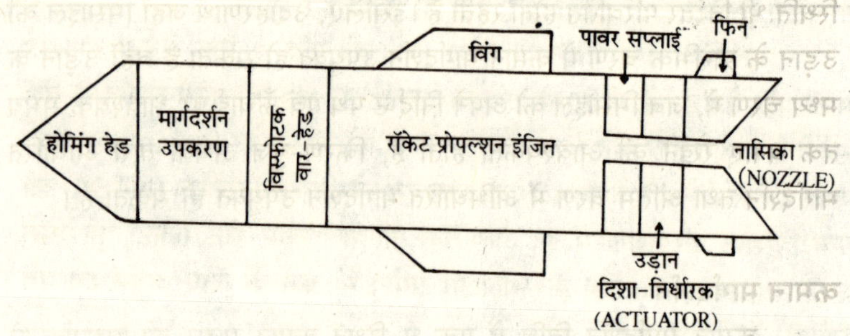

चित्र 3.6 : मिसाइल के संघटक

मार्गदर्शन (guidance) के लिए मार्गदर्शन उपकरण आवश्यक है। विंग आवश्यक है क्योंकि इसीसे मिसाइल को नियंत्रित किया जाता है ताकि वह अपने चलित लक्ष्य की परिवर्तित होती हुई स्थिति के साथ अपनी स्थिति को परिवर्तित कर सके।

मिसाइल मार्गदर्शन (Missile Guidance)

मार्गदर्शन किसी मिसाइल निकाय की वह प्रक्रिया है जिसकी सहायता से मिसाइल अपने निर्धारित लक्ष्य का पीछा करते हुए उस तक सफलतापूर्वक पहुँच जाती है, भले ही लक्ष्य मिसाइल से बच निकलने की चेष्टा कर रहा हो।

मार्गदर्शन तकनीकें : मार्गदर्शन की अनेक तकनीकें हैं जिनमें से प्रमुख तकनीकें निम्नलिखित हैं—

- ❑ कमान मार्गदर्शन (Command Guidance)
- ❑ किरण-पुंज आरोहित मार्गदर्शन (Beam Rider Guidance)
- ❑ होमिंग तथा अभिधारित मार्गदर्शन (Homing & Seeking Guidance)
- ❑ तारा आधारित मार्गदर्शन (Stellar Guidance)

मिसाइल की उड़ान को प्राय: तीन चरणों में विभाजित किया जा सकता है—प्रारंभिक चरण, मध्य चरण तथा अंतिम चरण। मिसाइल को किस स्थिति में किस प्रकार के मार्गदर्शन की आवश्यकता होगी, यह इस तथ्य पर निर्भर करता है कि मिसाइल अपनी उड़ान के किस चरण में है। ऐसा इसलिए होता है क्योंकि एक तो विभिन्न चरणों में मिसाइल की वायुगति (aerodynamic) आवश्यकताएँ भिन्न होती हैं, दूसरे अपनी उड़ान के समय प्रेरक ईंधन (propellant) के निरंतर जलते रहने से उसकी मात्रा निरंतर घटती रहती है जिससे मिसाइल का भार भी घटता रहता है और तदनुसार उसके गुरुत्वाकर्षण केंद्र (centre of gravity) की

स्थिति भी निरंतर परिवर्तित होती रहती है। इसलिए, उदाहरणार्थ जहाँ मिसाइल की उड़ान के प्रारंभिक चरण में कमान मार्गदर्शन उपयुक्त हो सकता है वहीं उड़ान के मध्य चरण में, जब मिसाइल को अपने निर्दिष्ट पथ एवं ऊँचाई पर आवश्यक समय तक बनाए रखने की आवश्यकता होती है, किरण-पुंज अथवा तारा आधारित मार्गदर्शन तथा अंतिम चरण में अभिधारित मार्गदर्शन उपयुक्त हो सकता है।

कमान मार्गदर्शन

कमान मार्गदर्शन विधि में एक भू-स्थित कमान राडार की सहायता से कमान संकेतों को मिसाइल तक संप्रेषित किया जाता है (चित्र 3.7)। मिसाइल को प्रक्षेपित करने के पश्चात् कमान राडार द्वारा प्रेषित संकेतों से मार्गदर्शन प्राप्त होता रहता है। एक पथानुसरण राडार (tracking radar) की सहायता से लक्ष्य को लगातार अभिबंधित रखा जाता है और मिसाइल के निर्देशांकों (co-ordinates) के अनुसार ही मिसाइल को राडार दृश्य-रेखा पथ पर लॉन्च किया जाता है। यदि मिसाइल इस पूर्वनिर्धारित पथ से तनिक भी विचलित होती है तो उसके विचलन (deviation) को कमान संकेत भेजकर दूर कर दिया जाता है जिससे मिसाइल पुनः अपने पथ पर आ जाती है। इस विधि के प्रयोग के लिए यह आवश्यक है कि लक्ष्य को निरंतर पथानुसरण राडार की दृश्य-रेखा में रखा जाए। विद्युत्-चुंबकीय राडार के स्थान पर अवरक्त संवेदित्रों (IR Sensors) अथवा टेलीविजन का उपयोग भी सफलतापूर्वक किया गया है।

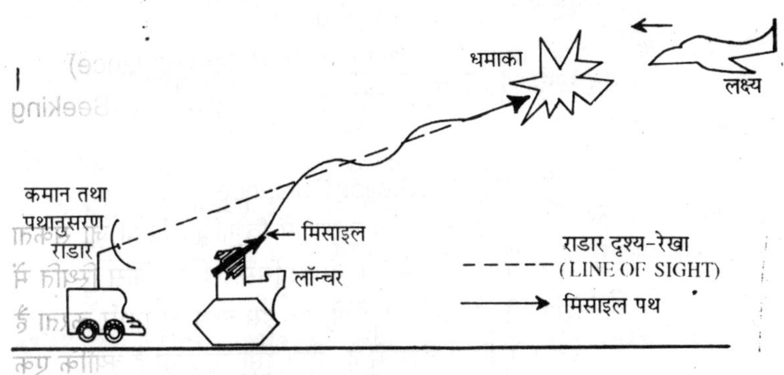

चित्र 3.7 : कमान मार्गदर्शन

कमान संकेतों को भू-स्थिति लॉन्च स्टेशन से मिसाइल तक संप्रेषण के लिए निम्न विधियाँ अपनाई जा सकती हैं :

जब लक्ष्य प्रक्षेपक (launcher) से केवल पाँच कि.मी. दूर पृथ्वी पर ही

स्थित होता है तब कमान संकेतों को एक तार द्वारा प्रेषित किया जा सकता है। तार को एक गरारी (spool) में लपेटकर मिसाइल पर इस प्रकार से रखा जाता है कि मिसाइल के आगे बढ़ने पर तार खुलता जाता है। यह विधि प्राय: टैंक-रोधी मिसाइलों में काम लाई जाती है।

प्रकाशिक तंतु (optical fibre) की खोज ने दृश्य-रेखा (line of sight) की सीमा से बाहर स्थित लक्ष्यों को भी मिसाइल द्वारा भेदने में अनुपम सफलता दिलाई है। यह विधि प्राय: तीन सौ मीटर प्रति सेकंड अर्थात् ध्वनि की गति तक (Subsonic or Mach-1) की मिसाइलों में प्रयोग की जाती है। इस विधि में मिसाइल के अग्र भाग (nose) में एक टी.वी. कैमरा लगा दिया जाता है जो मिसाइल के सामने के परिदृश्यों के चित्र दूरसंचार विधि से प्रकाशिक फाइबर के माध्यम से केंद्र के कमांडर तक पहुँचाता है। इन परिदृश्यों का विश्लेषण कर परिस्थिति के अनुसार कमान संकेतों को भू-केंद्र से इन्हीं प्रकाशिक फाइबर के माध्यम से मिसाइल तक पहुँचाया जाता है जिससे मिसाइल मार्गदर्शित होती है।

कमान मार्गदर्शन विधि का एक विशेष लाभ यह है कि इस विधि में मार्ग-दर्शन का अधिकतर उपकरण लॉन्चर के निकट भू-स्थित केंद्र पर रहता है। मिसाइल में मार्गदर्शन उपकरणों में एक प्रेषानुकर (transponder) तथा नियंत्रण तंत्र (control system) होते हैं। मिसाइल का पथानुसरण एवं उसके उड़ान-पथ की संगणना भू-स्थित पथानुसरण राडार एवं संबंधित उपकरणों द्वारा की जाती है। इससे मिसाइल में एक बड़े आकार का विस्फोटक (warhead) रखा जा सकता है जो शत्रु को अधिक हानि पहुँचा सकता है। ऐसी आवश्यकता न होने पर अल्पव्यय की मिसाइल बनाई जा सकती है।

किंतु कमान मार्गदर्शित मिसाइल द्वारा एक से अधिक लक्ष्य पर एक साथ निशाना नहीं लगाया जा सकता। यही नहीं, कभी-कभी एक ही लक्ष्य पर अधिक सटीक निशाना लगाने के लिए एक से अधिक (salvo) मिसाइलों का वार करना पड़ सकता है। उदाहरणार्थ, सोवियत निर्मित सैम-2 के एक मिसाइल (Solo) के वार से 67 प्रतिशत, दो सैम-2 से 83 प्रतिशत तथा तीन सैम-2 मिसाइलों से लगभग 97 प्रतिशत सफलता प्राप्त की जा सकती थी।

अधिकतर टैंक-रोधी मिसाइलों जैसे टाऊ (Tow), मिलन, एस-एस-2 आदि तथा पृथ्वी से वायु में मार करनेवाली (SAM) अनेकों मिसाइलें जैसे सैम-2, क्रॉटेल रोलैंड, रैपियर तथा भारतीय मिसाइल त्रिशूल कमान मार्गदर्शन विधि द्वारा ही मार्गदर्शित होती है।

अभिधारित मार्गदर्शन

अभिधारित मार्गदर्शन विधि में लक्ष्य द्वारा प्रतिबिंबित, संप्रेषित अथवा विकिरणित किसी प्राचल (parameter) को अभिधारण कर मिसाइल उस प्राचल के सहारे लक्ष्य की ओर इस प्रकार अग्रसर होती है जैसे कोई व्यक्ति किसी जाने-पहचाने घर की ओर बढ़ता है। इसलिए इस विधि को होमिंग मार्गदर्शन भी कहते हैं। यह मार्गदर्शन तीन प्रकार से किया जा सकता है।

- सक्रिय मार्गदर्शन (Active guidance)
- अर्द्ध-सक्रिय मार्गदर्शन (Semiactive guidance)
- निष्क्रिय मार्गदर्शन (Passive guidance)

सक्रिय मार्गदर्शन विधि में मार्गदर्शन के समस्त उपकरण जैसे संप्रेषक, संग्राहक, नियंत्रण तंत्र आदि मिसाइल में ही लगे होते हैं। भूमि से प्रक्षेपित होने के पश्चात् भूमि से मिसाइल का संबंध समाप्त हो जाता है। मिसाइल में लगे संप्रेषक द्वारा संकेतों को, जोकि वास्तव में विद्युत्-चुंबकीय विकिरण (electromagnetic radiation) होते हैं, लक्ष्य की दिशा में संप्रेषण करने पर लक्ष्य द्वारा प्रतिबिंबित हो जाते हैं। इन प्रतिबिंबित संकेतों को मिसाइल संग्राहक ग्रहण कर उनका संसाधन करता है। मिसाइल में लगा एक पथानुसरण राडार लक्ष्य का निरंतर पथानुसरण करता है। यदि मिसाइल इस पथ से विचलित होती है तो मिसाइल स्थित नियंत्रण यंत्र उस विचलन को दूर कर उसे पुनः निर्धारित पथ पर ले आते हैं (चित्र 3.8)।

सक्रिय अभिधारित मार्गदर्शित मिसाइल सामान्यतः एक कम परास (short range) की मिसाइल होती है। टैंक-रोधी सक्रिय अभिधारित मार्गदर्शित मिसाइल

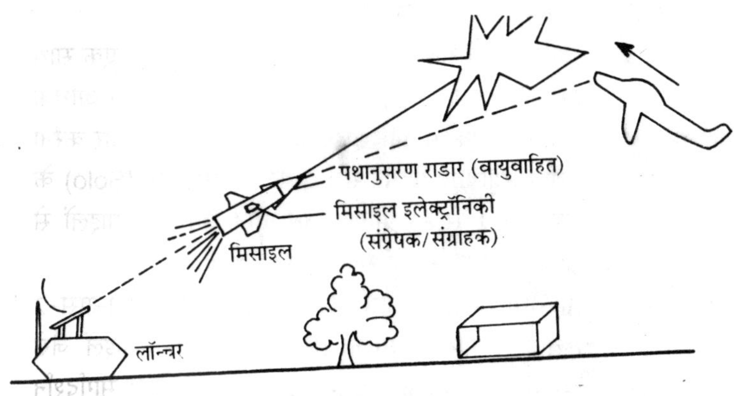

चित्र 3.8 : सक्रिय अभिधारित मार्गदर्शन

की परास केवल पाँच कि.मी. तक होती है, किंतु भूमि से वायु तक (SAM) तथा वायु से वायु तक (AAM) वार करनेवाली मिसाइलों की परास बीस कि.मी. तक होती है। इस मिसाइल की परास कम होने का प्रमुख कारण है मार्गदर्शन के सभी संयंत्रों का मिसाइल में ही अवस्थित होना जिसके कारण कम ईंधन ही रखना पड़ता है।

अर्द्ध-सक्रिय मार्गदर्शित विधि में लक्ष्य को विद्युत्-चुंबकीय किरणों से आलोकित करनेवाला राडार संप्रेषक लॉन्चर के निकट भूमि पर ही स्थित होता है, जबकि लक्ष्य द्वारा प्रतिबिंबित संकेतों को संग्रहण करनेवाला संग्राहक मिसाइल में होता है। शेष संक्रियाएँ सक्रिय मार्गदर्शन विधि की भाँति ही होती हैं। संप्रेषक को मिसाइल से हटा देने के कारण इस मिसाइल में अधिक प्रेरक ईंधन भरा जा सकता है जिससे मिसाइल की परास बढ़कर साठ कि.मी. तक पहुँच जाती है।

निष्क्रिय मार्गदर्शन विधि में संप्रेषक की कोई आवश्यकता नहीं होती। इस विधि में शत्रु-लक्ष्य द्वारा संप्रेषित संकेतों को मिसाइल स्थित संग्राहक सीधा ही ग्रहण करता है। ये संकेत विद्युत्-चुंबकीय, अवरक्त अथवा दोनों ही प्रकार के मिले-जुले हो सकते हैं। शेष सभी संक्रियाएँ सक्रिय मार्गदर्शन विधि के अनुसार ही होती हैं। जब लक्ष्य अवरक्त ऊर्जा प्रेषित करता है तब इस मिसाइल को ताप-अभिधारित (heat seeking) मिसाइल कहते हैं।

किरण-पुंज आरोहित मार्गदर्शन

जैसाकि नाम से विदित है, इस विधि में मिसाइल को लॉन्च करने के पश्चात् राडार द्वारा प्रेषित ऊर्जा किरण-पुंज के अक्ष पर आरोहित कर दिया जाता

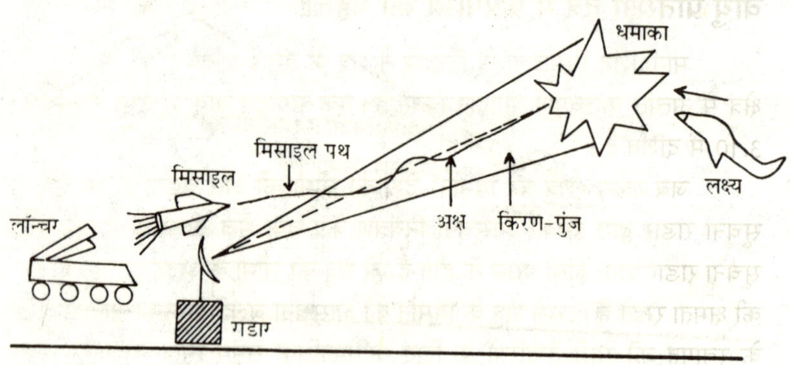

चित्र 3.9 (क) : भूमि से हवा में वार करती किरण-पुंज आरोही मिसाइल

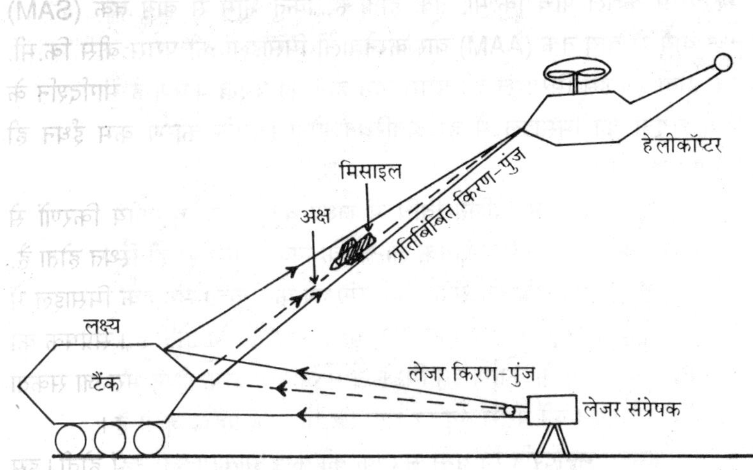

चित्र 3.9 (ख) : हवा से भूमि पर वार करती किरण-पुंज आरोही मिसाइल

है। यह किरण-पुंज एक पथानुसरण राडार की सहायता से लक्ष्य को निरंतर आलोकित करती है। इस कारण मिसाइल लक्ष्य की ओर निरंतर बढ़ती रहती है और लक्ष्य के निकट पहुँचकर उसमें धमाके के साथ विस्फोट हो जाता है।

चित्र 3.9 (क) तथा 3.9 (ख) में किरण-पुंज आरोही मार्गदर्शन के सिद्धांत पर आधारित क्रमशः भूमि से वायु में प्रहार करती एवं वायु से भूमि पर प्रहार करती मिसाइल चित्रित है। इस विधि में नियंत्रण उपकरण मिसाइल को किरण-पुंज के अक्ष पर ले आते हैं।

वायु प्रतिरक्षा तंत्र में प्रक्षेपास्त्र का महत्त्व

मार्गदर्शित मिसाइलों के विकास ने शत्रु के हवाई आक्रमण से प्रतिरक्षा के क्षेत्र में अत्यंत महत्त्वपूर्ण योगदान किया है। एक संगठित वायु प्रतिरक्षा तंत्र चित्र 3.10 में दर्शित है।

जब लक्ष्य (शत्रु का विमान) देश की सीमा की ओर बढ़ता है तब पूर्व-सूचना राडार द्वारा इसकी आसूचना नियंत्रण केंद्र तक भेज दी जाती है। ये पूर्व सूचना राडार प्रायः लंबी परास के होते हैं जो शत्रु की सीमा के अंदर दूर तक देखने की क्षमता रखते हैं। इससे शत्रु के विमान की आसूचना जल्दी प्राप्त हो जाने से शत्रु के स्वागत की सारी तैयारियों के लिए अधिकाधिक समय मिल जाता है। पूर्व सूचना राडार की आसूचना के आधार पर ये नियंत्रण केंद्र को सावधान कर देते हैं। इन मिसाइल केंद्रों पर लगे अवरोधक राडार (Interception Radar) अपने लक्ष्य

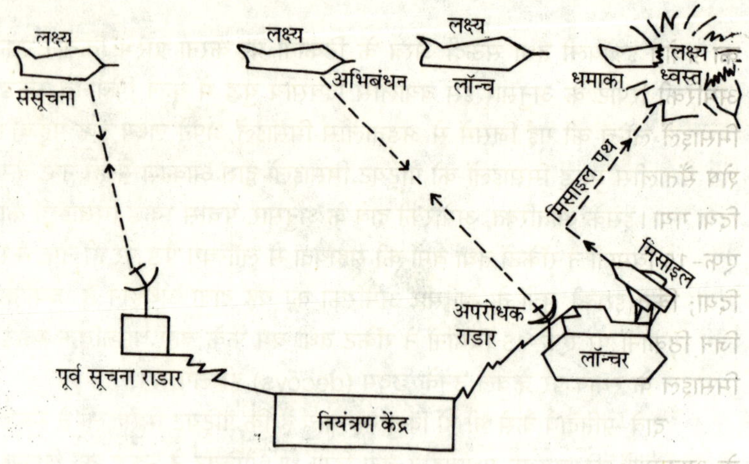

चित्र 3.10 : वायु प्रतिरक्षा तंत्र के संघटक

विमानों को ढूंढ़कर (search) उनके साथ अभिबंधित (locked) हो जाते हैं, अर्थात् लक्ष्य (विमान) की गति व दिशा के अनुसार राडार का एंटिना भी घूमता रहता है। इससे लक्ष्य निरंतर राडार के परदे पर दिखाई देता रहता है। जब लक्ष्य मिसाइल के परास की परिधि में आ जाता है तब मिसाइल को प्रक्षेपित कर दिया जाता है जो लक्ष्य को नष्ट करने में सफल हो जाती है।

खाड़ी युद्ध-1991 : मिसाइलों का टकराव

सन् 1991 का खाड़ी युद्ध, जिसे अमेरिका ने 'डेजर्ट स्टॉर्म' (Desert Storm) की संज्ञा दी है, इराकी स्कड मिसाइल तथा अमेरिकी पैट्रियट मिसाइल के भीषण टकराव के लिए भी प्रसिद्ध हुआ, जिसका सैनिक इतिहास में कोई सानी नहीं है।

इराकी स्कड मिसाइल वास्तव में एक पुरानी सोवियत मिसाइल का उन्नत स्वरूप है। वैसे तो स्कड मिसाइल की क्षमताएँ अधिक नहीं थीं, किंतु ऐसा माना गया है कि इराकियों ने इस मिसाइल द्वारा जैविक, रासायनिक तथा न्यूक्लीय वार-हेड को शत्रु-क्षेत्र में विस्फोटित करने की क्षमता विकसित कर ली थी। यद्यपि इराक ने इस युद्ध में इस क्षमता का प्रयोग नहीं किया, किंतु इज़्रायल एवं सऊदी अरब में इसका भय सदैव बना रहा। ईरान के साथ हुए आठवर्षीय युद्ध (1980-88) में भी इराकी स्कड ने अत्यंत प्रभावशाली भूमिका निभाई थी।

खाड़ी युद्ध- '91 के समय इराक ने युद्ध के नौवें दिवस से स्कड मिसाइल

का प्रयोग इज्रायली तथा सऊदी अरब के ठिकानों पर करना प्रारंभ किया। एक अमेरिकी रिपोर्ट के अनुसार इस बयालीस दिवसीय युद्ध में कुल पिचानबे स्कड मिसाइलें लॉन्च की गईं जिसमें से अड़तालीस मिसाइलें अपने लक्ष्य तक पहुँचीं। शेष सैंतालीस स्कड मिसाइलों को पैट्रियट मिसाइलों द्वारा आकाश में ही नष्ट कर दिया गया। इसके अतिरिक्त, अमेरिकी दावे के अनुसार, पचास स्कड मिसाइलों को एफ-15 विमानों ने रॉकेटों तथा बमों की सहायता से लॉन्चिंग पैड पर ही नष्ट कर दिया; किंतु इराकी सूत्रों के अनुसार अमेरिका का यह दावा अर्थहीन है, क्योंकि जिन ठिकानों पर एफ-15 विमानों ने रॉकेट तथा बम फेंके वहाँ वास्तविक स्कड मिसाइल के स्थान पर केवल उनके छद्म (decoys) ही लगे थे।

दावे-प्रतिदावे कैसे भी हों किंतु यह सत्य है कि पैट्रियट मिसाइलों ने स्कड के आक्रमणों को लगभग प्रभावहीन बना दिया था। पैट्रियट ने स्कड का शिकार कैसे किया इसका एक परिदृश्य चित्र 3.11 में दिया गया है। इराकी चलित स्कड लॉन्चर (1) द्वारा सऊदी अरब तथा इज्रायली ठिकानों पर आक्रमण करने की स्थिति में स्कड को बहुराष्ट्रीय सेनाओं के उपग्रहों एवं जे-स्टार्स तथा एफ-15 विमानों जैसे साधनों (2) द्वारा संसूचित (detect) कर इसकी सूचना दूरसंचार विधियों (3) की सहायता से संचार केंद्र (CENTCOM) (4) में पहुँचा दी गई। सेंटकॉम द्वारा यही सूचना अपने समस्त प्रतिरक्षा एवं नागरिक सुरक्षा तंत्रों को भेज दी गई। ध्वनि की गति से अधिक (hypersonic) गति से बैलिस्टिक उड़ान भरती हुई स्कड मिसाइल जब मिसाइल पथ से लॉन्चर से सबसे दूर स्थान (5) अर्थात् अपोजी (apogee) में पहुँची तब सेंटकॉम का राडार उसे खोज कर उससे अभिबंधित हो गया और उसका पथानुसरण करने लगा। स्कड मिसाइल जैसे ही पैट्रियट मिसाइल के परास में पहुँची, पैट्रियट को लॉन्च कर दिया गया। पैट्रियट मिसाइल के राडार तथा भू-स्थित सेंटकॉम के बीच डाटा-लिंक संचार विधि से संपर्क बनाए रखा गया। इससे पैट्रियट तथा स्कड मिसाइलों के पारस्परिक स्थितियों के अनुसार पैट्रियट को दूरस्थ कमान (remote command) संकेत भेजे जा सके तथा उसे मार्गदर्शित किया जा सका। जब पैट्रियट तथा स्कड के बीच की दूरी एक सुनिश्चित मात्रा पर पहुँच गई तब पैट्रियट में अवस्थित राडार (8) स्कड का पथानुसरण करने लगा। जब पैट्रियट मिसाइल स्कड के बिलकुल निकट (9) पहुँच गई तब उसका वार-हेड एक रेडियो फ्यूज उपकरण की सहायता से एक धमाके के साथ विस्फोट कर गया और पैट्रियट मिसाइल के अनेकों टुकड़े चारों ओर तीव्र गति से फूट पड़े। इन टुकड़ों के लगने से स्कड मिसाइल भी नष्ट हो गई (10) तथा उसके टुकड़े-टुकड़े (11) हो गए।

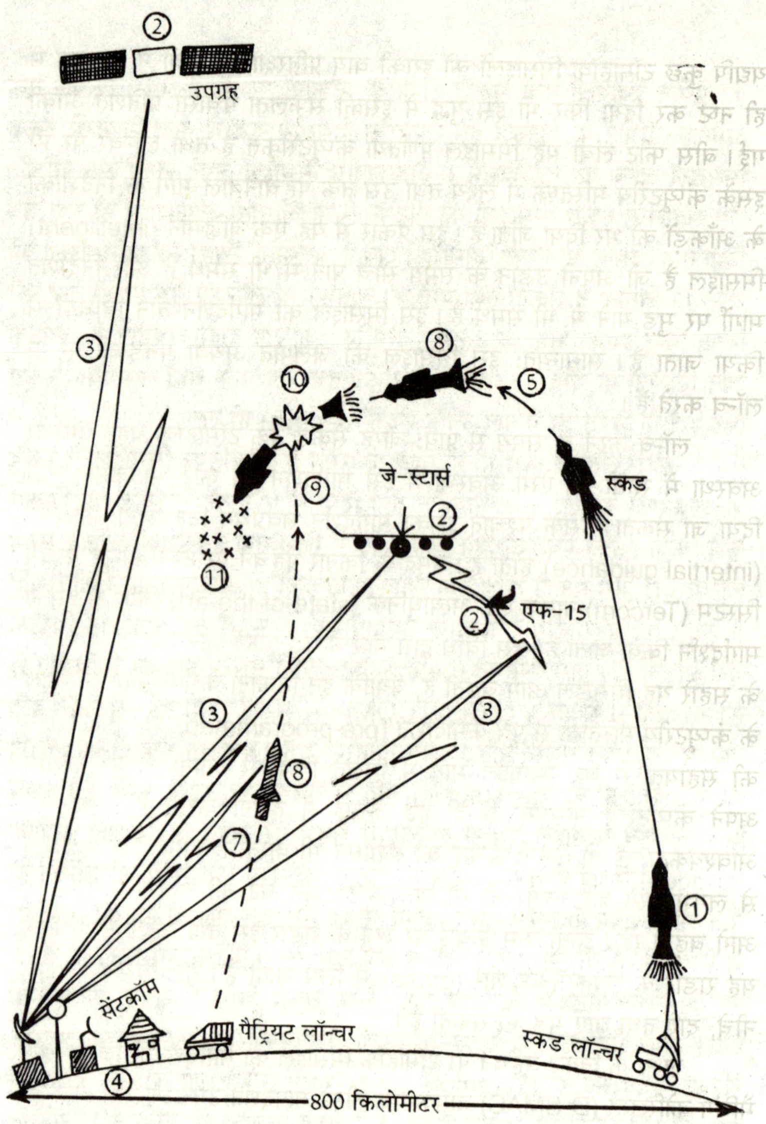

चित्र 3.11 : पैट्रियट द्वारा स्कड का शिकार : खाड़ी युद्ध-'91

टॉमाहॉक-क्रूज मिसाइल

एक अन्य अमेरिकी मिसाइल जिसकी इस युद्ध में चर्चा रही वह थी क्रूज मिसाइल, टॉमाहॉक। लंबी परासवाली इस मिसाइल को इराक पर आक्रमण करने के लिए दीइगो गार्शिया, स्पेन, इंग्लैंड तथा अमेरिका तक से लॉन्च किया गया।

यद्यपि कुछ टॉमाहॉक मिसाइलों को इराकी वायु प्रतिरक्षा के शस्त्रों ने आकाश में ही नष्ट कर दिया फिर भी इस युद्ध में इसकी सफलता पचासी प्रतिशत आँकी गई। बीस फीट लंबी यह मिसाइल पूर्णतया कंप्यूटरीकृत है तथा लॉन्चर पर ही इसके कंप्यूटरीय मस्तिष्क में लक्ष्य तथा उस तक पहुँचानेवाले मार्ग के निर्देशांको के आँकड़ों को भर दिया जाता है। इस प्रकार से यह एक बुद्धिमान (intelligent) मिसाइल है जो अपनी उड़ान के समय सोच पाने में भी समर्थ है और निर्देशित मार्गों पर मुड़ पाने में भी समर्थ है। इस मिसाइल का मार्गदर्शन तीन विधियों से किया जाता है। सामान्यतः इस मिसाइल को जलपोत अथवा पनडुब्बी पर से लॉन्च करते हैं।

लॉन्च करने के समय से प्रायः बारह सेकंड तक टॉमाहॉक बहुत अस्थिर अवस्था में रहती है। ऐसी अवस्था में इसे मार्गदर्शन का कोई भी कमान नहीं दिया जा सकता। इसके पश्चात् इसका मार्गदर्शन सर्वप्रथम निश्चलता आधारित (intertial guidance) होता है। समुद्र के किनारे पहुँचने पर टेरेन कॉन्टूर मैचिंग सिस्टम (Tercom) नामक एक अत्याधुनिक (state-of-the-art) विधि से इसका मार्गदर्शन किया जाता है। इस विधि द्वारा मार्ग में पड़नेवाले जाने-पहचाने ठिकानों के सहारे यह मिसाइल आगे बढ़ती है, क्योंकि इन ठिकानों के निर्देशांक मिसाइल के कंप्यूटरीय मस्तिष्क से पूर्व क्रमादेशित (pre-programmed) होते हैं। टेरकॉम की सहायता से यह मिसाइल मार्ग में मिलते चिह्नों से अपनी ऊँचाई नापकर अपने कंप्यूटरीय मस्तिष्क में दी हुई ऊँचाई से तुलना करती है, और यदि आवश्यकता हुई तो अपनी ऊँचाई का संशोधन भी करती है ताकि यह इन चिह्नों से लगभग सौ फीट ऊपर नौ सौ किलोमीटर प्रति घंटे की गति से उड़ती हुई आगे बढ़ती रहे। इतनी कम ऊँचाई पर शत्रु के राडार इसे देख नहीं पाते क्योंकि यह राडार के इलेक्ट्रॉनिक शोर (grass) में छिप जाती है। यह मिसाइल ऊपर, नीचे, दाएँ तथा बाएँ मुड़ भी सकती है।

लक्ष्य के निकट पहुँचने पर टॉमाहॉक मिसाइल का मार्गदर्शन डिजिटल सीन मैचिंग कोरिलेटर (D-SMAC) नामक एक तीसरे मार्गदर्शन उपकरण द्वारा होता है। यह उपकरण लक्ष्य के तथा उसके आस-पास के दृश्यों का चित्र डिजिटल आँकड़ों में परिवर्तित कर उसके कंप्यूटरीय मस्तिष्क में भरे पूर्व क्रमादेशित आँकड़ों से उनकी तुलना (matching correlation) करता है। इस तुलना के परिणाम के अनुसार मिसाइल का कंप्यूटर मिसाइल को इस प्रकार सुव्यवस्थित करता है कि उसमें रखा हुआ विस्फोटक वार-हेड लक्ष्य की दिशा में सीधा निशाना साध लेता है तथा उसे भेद देता है। आधुनिकतम इलेक्ट्रॉनिकी तथा कंप्यूटरीय तकनीकों से सुसज्जित

टॉमाहॉक मिसाइल का निशाना कितना अचूक होता है यह इस बात से समझा जा सकता है कि यदि इसी मिसाइल को मुंबई अथवा चेन्नई से लॉन्च किया जाए तो यह दिल्ली गेट स्थित फुटबॉल स्टेडियम में लगे गोलपोस्ट के अंदर से निकल सकती है।

राष्ट्रीय एवं अंतरराष्ट्रीय मिसाइल परिदृश्य

भारतीय रक्षा अनुसंधान एवं विकास संगठन ने 21 अप्रैल, 1995 के दिन अपनी मध्यम परास (पच्चीस किलोमीटर) वाली मिसाइल 'आकाश' (चित्र 3.12) का सातवाँ सफल परीक्षण कर लिया। पृथ्वी से हवा में वार करनेवाली इस मिसाइल की तुलना अमेरिकी पैट्रियट मिसाइल से की गई है। भारत में ही विकसित राडार कला सरणी (phased array) 'राजेंद्र' (चित्र 3.13) के साथ आकाश मिसाइल का समाकलन (integration) किया जा चुका है। आकाश एवं राजेंद्र के इस समाकलन के परिणामस्वरूप शत्रु को इनकी पकड़ से बचने के लिए अपना विमान या तो अत्यधिक ऊँचाई पर उड़ाना पड़ेगा या बहुत नीची (पेड़ों की ऊँचाई) उड़ानें भरनी पड़ेंगी। दोनों ही स्थितियों में विमान की आक्रमक क्षमता का अत्यधिक ह्रास होगा। ऐसा विश्वास किया जाता है कि मध्यम ऊँचाई पर उड़नेवाले शत्रु के विमान राजेंद्र राडार की दृष्टि से तथा आकाश मिसाइल की मार से बचना असंभव ही पाएँगे।

पृथ्वी से पृथ्वी पर (SSM) मार करनेवाली भारतीय रक्षा अनुसंधान एवं विकास संगठन द्वारा अभिकल्पित तथा विकसित मिसाइल 'पृथ्वी' (चित्र 3.14) के सभी परीक्षण सफलतापूर्वक किए जा चुके हैं तथा भारतीय थलसेना नें सन् 1994 में इसको स्वीकार कर लिया है। इसका सीमित उत्पादन भी आरंभ किया गया है। कुछ देश इसके उत्पादन पर आपत्ति कर रहे हैं। उनका विचार है कि इससे दक्षिण एशिया में शक्ति संतुलन बिगड़ सकता है। इस बीच पिछले वर्षों में पाकिस्तान को चीन से चोरी-छिपे एम-11 मिसाइलें मिली हैं। इस तथ्य को पाकिस्तान के पूर्व प्रधानमंत्री तथा सेवानिवृत्त पाकिस्तानी थलसेनाध्यक्ष स्वीकार कर चुके हैं।

अमेरिकी इंटेलिजेंस ने भी यह रिपोर्ट दी है कि चीन ने न केवल एम-11 मिसाइलें पाकिस्तान को दी हैं, अपितु इसकी तकनालॉजी का स्थानांतरण भी किया है। ऐसा विश्वास है कि पाकिस्तान ने अस्सी से सौ एम-11 मिसाइलों को सरगोधा में इकट्ठा किया है।

एम-11 तथा पृथ्वी मिसाइलों का एक तुलनात्मक विवरण तालिका 3.2 में दिया गया है।

तालिका 3.2
पृथ्वी तथा एम–11 मिसाइलों की तुलना

मिसाइल	*देश*	*स्रोत*	*परास*	*पेलोड*	*अभ्युक्ति*
पृथ्वी	भारत	भारत	40–250 कि.मी.	500 कि.ग्रा.	उच्च विस्फोटक पदार्थ
एम–11	पाकिस्तान	चीन	300 कि.मी.	500 कि.ग्रा.	न्यूक्लीय शस्त्र

इस तालिका से हम देखते हैं कि भारत के अनेकों महत्त्वपूर्ण नगर जो पाकिस्तान सीमा से तीन सौ किलोमीटर की परास में स्थित हैं, एम–11 मिसाइल के न्यूक्लीय आक्रमण की चपेट में आ सकते हैं।

भारत में विकसित हो रही भूमि से हवा में लंबी दूरी तक मार करनेवाली (SAM) मिसाइल 'अग्नि' (चित्र 3.15) की क्षमताओं से स्वयं अमेरिका जैसी महाशक्ति भी विचलित हो उठी है। भारत के एकीकृत मार्गदर्शित मिसाइल विकास कार्यक्रम (Integrated Guided Missile Development Programme, IGMDP) के अंतर्गत विकासाधीन अग्नि का सफलतापूर्वक लॉन्च परीक्षण 19 फरवरी, 1994 को हुआ था। यह मिसाइल वायुमंडल से अंतरिक्ष में प्रवेश कर अधिकतम उड़ान अंतरिक्ष में ही पूरी कर वायुमंडल में पुनः प्रवेश करेगी। अग्नि मिसाइल की परास लगभग चार हजार किलोमीटर है। अभी पच्चीस सौ किलोमीटर तक के सफल परीक्षण किए जा चुके हैं। इस प्रकार की मिसाइल में दो हजार पौंड का न्यूक्लीय वार–हेड ले जाने की भी क्षमता होती है। शायद भारत की इसी सफलता को देखते हुए ऐसा अनुमान लगाया गया है कि अगले एक दशक के भीतर ही एक निर्गुट देश न्यूक्लीय क्षमतावाली ऐसी मिसाइल विकसित कर लेगा जो हजारों किलोमीटर दूर स्थित लक्ष्यों पर प्रहार कर सकेगी। चित्र में अग्नि मिसाइल का प्रक्षेपण दिखाया गया है।

इन मिसाइलों के अतिरिक्त टैंक–रोधी मिसाइल 'नाग' (चित्र 3.16) तथा भूमि से हवा में मार करनेवाली मिसाइल 'त्रिशूल' के भी अनेक परीक्षण रक्षा अनुसंधान तथा विकास संगठन के रक्षा वैज्ञानिकों तथा सैनिक अधिकारियों के मिले–जुले प्रयासों से किए जा रहे हैं।

वैसे तो एकीकृत मार्गदर्शित मिसाइल विकास कार्यक्रम मुख्य रूप से रक्षा अनुसंधान तथा विकास प्रयोगशाला (DRDL) हैदराबाद में किया जा रहा है, किंतु अठारह अन्य रक्षा प्रयोगशालाओं, चौदह शैक्षणिक विद्यालयों एवं सत्ताईस औद्योगिक कारखानों का योगदान भी विशेष सराहनीय रहा है। सन् 1983 में प्रायोजित इस एकीकृत मिसाइल कार्यक्रम के अंतर्गत प्राप्त सफलता के

कारण शत्रुओं के विरुद्ध भारत वायु-प्रतिरक्षा के क्षेत्र में आत्मनिर्भर माना जाने लगा है। इस आत्मनिर्भरता का श्रेय रक्षा अनुसंधान तथा विकास प्रयोगशाला (DRDL) हैदराबाद के तत्कालीन निदेशक (आजकल रक्षामंत्री के वैज्ञानिक सलाहकार) डॉ. ए.पी.जे. अब्दुल कलाम की संगठन कुशलता एवं कार्य के प्रति उनकी समर्पण भावना को दिया जाना चाहिए। निदेशक की हैसियत से उन्होंने रक्षा वैज्ञानिकों, उद्योग संचालकों तथा शैक्षणिक संस्थाओं की क्षमताओं को मिसाइल के इस एकीकृत कार्यक्रम को सफल बनाने की प्रेरणा दी। इसके लिए उन्होंने अपनी प्रयोगशाला में मिसाइलों के पूर्वनियोजित कार्यक्रमों की असफलताओं का विश्लेषण (failure analysis) कर तीन प्रमुख समस्याओं को पहचाना। ये समस्याएँ थीं :

- उपभोक्ताओं के साथ त्रुटिपूर्ण अंतर-संचार (inter-communication),
- अपनी कार्यशाला में ही अधिकतम अनुसंधान करने पर जोर, तथा
- धन की कमी।

डॉ. कलाम यह भी जानते थे कि इस कार्यक्रम को भारत में सफल बनाने के लिए कोई भी ऐसा देश जो मिसाइल तकनालॉजी से सुसज्जित है, सहायता के लिए आगे नहीं आएगा। इसलिए उन्होंने पहले तो धन की कमी दूर करने के लिए बजट में समस्त रक्षा अनुसंधान के लिए नियोजित धन का दस प्रतिशत एकीकृत मिसाइल कार्यक्रम के लिए स्वीकृत कराया। फिर इस कार्यक्रम के लिए विदेशों से जो उपकरण अथवा तकनालॉजी क्रय की जा सकी, वह क्रय की। फिर भारत में ही उन उपकरणों के विकास की अभिकल्पना की। इसके लिए उन्होंने निम्न पाँच मुख्य तकनालॉजियों की पहचान की जिनका प्रौद्योगिक विनिर्माण भारत में ही करने का कार्यक्रम बनाया :

- राडार के कला-विस्थापन जाल (phase shifter),
- इंपैट डायोड,
- कार्बन कंपोजिट,
- मार्गदर्शन के लिए मुख्य संवेदित्र (sensors), तथा
- कंप्यूटरीय फ्लूइड डायनामिक मॉडल।

डॉ. कलाम ने उपयोक्ताओं (सेना) को भी मिसाइल विकास के कार्यक्रमों में प्रारंभ से ही सहयोगी बनाया जिससे विकास के प्रत्येक चरण में उनकी आवश्यकताओं का ध्यान रखकर उनकी पूर्ति तथा समस्याओं का निदान किया गया। इस कारण मिसाइल को उत्पादन के चरण तक पहुँचने में अधिक समय नहीं लगा। निकायों तथा संघटकों के उत्पादन के लिए निजी तथा सरकारी, दोनों प्रकार

के उद्योगों का सहयोग लिया गया।

आज भारत का एकीकृत मार्गदर्शित मिसाइल विकास कार्यक्रम एक सफल कार्यक्रम माना जा रहा है। यही नहीं, इस कार्यक्रम के कारण भारत के निजी तथा सरकारी उद्योगों को भी काफी लाभ पहुँचा है।

एक समाचार-पत्र के अनुसार पिछले एकाध वर्ष में अंतरराष्ट्रीय दबावों के कारण भारत सरकार ने अपने एकीकृत मिसाइल कार्यक्रम पर कुछ नियंत्रण लगा रखा था और रक्षा अनुसंधान एवं विकास संगठन द्वारा तीन सफल अग्नि मिसाइल परीक्षणों के पश्चात् तीन और परीक्षणों के लिए माँगे गए पचास करोड़ रुपयों को देने पर भी रोक लगा रखी थी, तथा यह कहा था कि अग्नि मिसाइल की परियोजना तो केवल एक तकनालॉजी प्रदर्शक (technology demonstrator) है। किंतु हाल के अमेरिकी कांग्रेस सेनेट में पारित 'ब्राउन संशोधन' के अंतर्गत पाकिस्तान को सैंतीस करोड़ डॉलर (सवा बारह अरब रुपयों) के अमेरिकी रक्षा आयुधों की पेशकश ने भारत सरकार को अपने एकीकृत मिसाइल कार्यक्रम को पुनः सक्रिय बनाने के लिए विचार करने पर बाध्य किया है।

अंतरराष्ट्रीय स्तर पर मिसाइलों की तकनालॉजी प्राप्त करने की होड़ में अनेकों विकासशील देश आगे आने की चेष्टा कर रहे हैं। किसी भी नई मिसाइल की उपलब्धि तथा सफलता ही नहीं, उसकी असफलता को भी मीडिया में सदैव महत्त्व मिला है। राजनीतिक क्षेत्रों में इनके अनेकों राष्ट्रीय एवं अंतरराष्ट्रीय समीकरण बनाए तथा बिगाड़े गए हैं। जिन सात विकसित पश्चिमी देशों ने मिसाइल तकनालॉजी में आरंभ में ही श्रेष्ठता प्राप्त कर ली थी उन्होंने अन्य देशों की सफलता को रोकने के लिए एक मिसाइल तकनालॉजी नियंत्रण विधान (Missile Technology Control Regime) बनाया है। इस विधान के अंतर्गत मिसाइल की किसी भी जानकारी तथा उसकी किसी सामग्री का निर्यात किसी अन्य देश, विशेषकर किसी विकासशील देश, को न करने का निर्णय लिया गया है। निश्चय ही भारत भी इस विधान से प्रभावित हो रहा है। इसी प्रकार कॉम्प्रिहेन्सिव टेस्ट बैन ट्रीटी (सीटीबीटी) द्वारा भारत के मिसाइल कार्यक्रम को रोकने की भरपूर चेष्टा की जा रही है।

अमेरिका के राष्ट्रपति रोनाल्ड रीगन ने मिसाइल युद्ध में तत्कालीन सोवियत संघ के दबदबे तथा प्रभाव को नष्ट करने के लिए 'स्टार-वार' नामक व्यापक सैनिक कार्यक्रम बनाया था। इस कार्यक्रम के अनुसार अमेरिका द्वारा सोवियत संघ की उन्नत मिसाइलों की अंतरिक्ष से चौकसी तथा आवश्यकता पड़ने पर वहीं से इनपर आक्रमण कर इन्हें नष्ट करने का प्रावधान था। अब सोवियत संघ के विघटन

से स्टार-वार कार्यक्रम की चर्चा लगभग बंद हो गई है।

निष्कर्ष

जर्मनी द्वारा द्वितीय विश्व युद्ध के समय विकसित वी-1, वी-2 तथा एक्स-एच-7 रॉकेटों के समय से अब तक के मार्गदर्शित मिसाइलों की लक्ष्य भेदने की अचूक क्षमता में अनन्यतम उन्नति हो चुकी है। इन मार्गदर्शित मिसाइलों के कारण राष्ट्रीय एवं अंतरराष्ट्रीय नीतियों तथा निर्णयात्मक एवं तात्कालिक रणनितियों पर महत्त्वपूर्ण प्रभाव पड़ा है। सन् 1991 में डेजर्ट स्टॉर्म नाम से जाने जानेवाले खाड़ी-युद्ध में इस प्रभाव की एक झलक देखने को मिल चुकी है। इलेक्ट्रॉनिकी युद्ध में मिसाइल तकनालॉजी के महत्त्वपूर्ण प्रभाव को देखते हुए अब पायलटरहित विमान तथा ऐसे ही अन्य नवीन तकनालॉजियों की परियोजनाओं पर गंभीरतापूर्वक विचार किया जा रहा है।

उपग्रहों के विकास के पश्चात् तो मिसाइलों के मार्गदर्शन की तकनालॉजी में एक नूतन आयाम जुड़ गया है। ऐसे संकेत हैं कि इक्कीसवीं शताब्दी के प्रथम दशक तक मिसाइलों का मार्गदर्शन उपग्रहों के भूमंडलीय स्थिति तंत्र (Global Position System, GPS) द्वारा किया जाएगा। अमेरिकी राष्ट्रपति रीगन द्वारा प्रतिपादित 'स्टार-वार' कार्यक्रम उपग्रह आधारित ही था। इसके अनुसार, युद्ध के समय उपग्रहों से लॉन्च किए गए शस्त्रों की सहायता से तत्कालीन सोवियत संघ द्वारा प्रक्षेपित की गई बैलिस्टिक मिसाइलों को, उनके द्वारा कोई हानि पहुँचाने के पूर्व, उड़ान के समय ही नष्ट किया जा सकता था।

कंप्यूटर तथा कृत्रिम वृद्धि (artificial intelligence) विशेषज्ञों ने मिसाइलों को नष्ट करने कि दिशा में एक अभूतपूर्व प्रयास आरंभ किया है। जिन गाइडेड मिसाइलों में माइक्रोप्रोसेसर तथा कंप्यूटरों का अधिकाधिक प्रयोग किया गया है उनमें पूर्व क्रमादेशित (preprogrammed) सूचनाओं को कृत्रिम वृद्धि की सहायता से क्षति पहुँचाकर, नष्ट कर अथवा उनके क्रमादेशों को परिवर्तित कर इन मिसाइलों को अपने लक्ष्य से पथभ्रष्ट किया जा सकता है। कहा जाता है कि तत्कालीन सोवियत संघ ने अमेरिका की एक मिसाइल पर किए गए ऐसे एक प्रयोग में सफलता भी प्राप्त की थी।

इसमें कोई संदेह नहीं कि भविष्य के युद्धों में मिसाइलों का निश्चित रूप से अधिकाधिक प्रयोग किया जाएगा। साथ ही इन मिसाइलों से सुरक्षा के लिए तथा इनको पथभ्रमित करने अथवा नष्ट करने के लिए नवीनतम तकनीकों को अपनाया जाएगा।

संदर्भ (References)

1. RC Lee (Editor) : Introduction to Battlefield Weapons System and Technology; Brassey's Publishers.
2. TC Karthikeyan and AK Kapoor : Guided Missiles, DESIDOC, New Delhi.
3. विश्वमोहन तिवारी : इलेक्ट्रॉनिकी युद्ध कला; भगीरथ सेवा संस्थान।
4. Ray Bonds, W.S: Warmachines; Salamander Book Ltd.
5. SS Chin : Missile Configuration Design; McGraw Hill.
6. Alum Chalfont, Wiedenfield and Nicholson : Star Wars—Suicide of Survival?
7. Editor—RC Lee : Guided Weapons; Brassey's Publishers Ltd., The Hindu; 5 July, 95.
8. Strategic Digest : Institute of Defence Studies & Analysis New Delhi, Vol. XXV, No.6, Jun 95.
9. डॉ. मनमोहन बाला : टॉमाहॉक क्रूज प्रक्षेपास्त्र की आत्मकथा; सुमन सौरभ; अक्तूबर 93।
10. The Hindustan Times Editorial—Missile Mystery; 14 July, 95.
11. Alvin & Heidi Toffler: War & Anti War; Little, Brown and Company.
12. Brig VK Nair : War in Gulf; Lancer's Papers.
13. UR Rao & others : Nuclear War; Continental Publishing House.
14. विंग कमांडर मनमोहन बाला : गाइडेड मिसाइल; इलेक्ट्रॉनिकी भारती; अप्रैल-जून 95।

□

अध्याय-4

रक्षा इलेक्ट्रॉनिकी एवं सूचना युद्ध

प्रथम विश्व युद्ध के समय तक रेडियो का आविष्कार हो चुका था तथा युद्ध में उसका सीमित उपयोग भी होने लगा था। विद्युत्-चुंबकीय वर्णक्रम (electromagnetic spectrum) युद्ध में एक निर्णयात्मक भूमिका निभाने लगा था तथा सेना के प्रबंधन कार्य में इसे एक बल-गुणक (force multiplier) के रूप में माना जाने लगा था। द्वितीय विश्व युद्ध के समय विद्युत्-चुंबकीय वर्णक्रम पर आधारित कुछ आयुधों तथा उपकरणों, जैसे राडार, रेडियो तथा राडार संकुलक (Radio & Radar Jammers) तथा दिशा प्राप्तक (Direction Finders) आदि का विकास हुआ। किंतु इलेक्ट्रॉनिकी युद्ध कौशल का समुचित विकास वियतनाम युद्ध के समय हुआ। इस युद्ध में रक्षा इलेक्ट्रॉनिकी का जो स्वरूप उभरकर सामने आया उसने इलेक्ट्रॉनिकी को सैनिक आयुधों का एक महत्त्वपूर्ण ही नहीं, आवश्यक अंग बना दिया। इलेक्ट्रॉनिकी युद्ध ने थलसेना, वायुसेना तथा नौसेना की संहारक शक्ति की क्षमता में कई गुना वृद्धि कर दी और इसीलिए इसे बल-गुणक (force multiplier) कहा जाने लगा। फाकलैंड, बेका घाटी (लेबनान) तथा अमेरिकी-लीबियाई युद्धों में, इलेक्ट्रॉनिकी युद्ध का क्रांतिकारी तथा गतिशील स्वरूप और अधिक उभरा। इस प्रकार युद्धों में इलेक्ट्रॉनिकी युद्ध का महत्त्व बढ़ता गया।

सन् 1991 के खाड़ी युद्ध को हम सर्वप्रथम पूर्ण इलेक्ट्रॉनिकी युद्ध कह सकते हैं। एक अमेरिकी रिपोर्ट के अनुसार इस युद्ध में इलेक्ट्रॉनिकी का प्रभाव युद्ध की प्रत्येक संक्रिया पर छाया रहा। कहीं अकेली, कहीं सहायक के रूप में, कहीं सक्रिय और कहीं निष्क्रिय स्वरूप में तथा कहीं अचल (embedded) और कहीं चल (commutal) रूप में इलेक्ट्रॉनिकी इस युद्ध पर छाई दिखाई दी। कहने का तात्पर्य यह है कि अब तक युद्ध तंत्र के प्रत्येक क्षेत्र में विद्युत्-चुंबकीय वर्णक्रम के

चरण जम चुके हैं। भविष्य के युद्धों में निश्चय ही इलेक्ट्रॉनिकी का कहीं अधिक आक्रामक तथा सुरक्षात्मक रूप अपने आधुनिकतम तकनीकों तथा तकनालॉजियों के साथ अपना प्रभुत्व बनाए रखेगा। भविष्य के युद्धों में 'सैनिक' नामक इकाई को युद्ध में केवल नवीन शस्त्रों तथा वाहनों का ही सहारा नहीं रहेगा, उसे नवीनतम इलेक्ट्रॉनिकी का भी सहारा मिलेगा। इसमें कोई संदेह नहीं है कि अब शांति तथा युद्ध, दोनों अवसरों पर सेना, इलेक्ट्रॉनिकी तकनालॉजी पर निर्भर रहने लगी है। कमान, नियंत्रण, संचार, आसूचना (intelligence) तथा शस्त्र तंत्रों की संवृद्धि दर में अभूतपूर्व रूप से बढ़ोतरी हो रही है, तथा सैनिक नामक व्यक्ति युद्ध में अपने समस्त कार्य-कलापों के लिए इलेक्ट्रॉनिकी पर अधिकाधिक निर्भर होता जा रहा है। ऐसा विश्वास किया जाता है कि निकट भविष्य में ही सेनाएँ इलेक्ट्रॉनिकी आयुधों की सहायता से अपने शत्रुओं के निर्णय तंत्रों को न केवल देख तथा सुन सकेंगी, अपितु उन्हें भ्रमित तथा विघटित भी कर सकेंगी। इस प्रकार से मित्र एवं निजी सेना की शक्ति में अभूतपूर्व वृद्धि हो सकेगी।

आधुनिक युद्ध के इतिहास में ऐसे अनेक उदाहरण हैं जिनमें इलेक्ट्रॉनिकी ने शत्रु पर विजय दिलाई जबकि शत्रु को अपनी पराजय के कारणों का पता ही नहीं चल सका, क्योंकि उसके कमांडर इलेक्ट्रॉनिकी युद्ध की बारीकियों को नहीं समझ सके। द्वितीय विश्व युद्ध में 'बिस्मार्क' नामक अत्यधिक शक्तिशाली जर्मन युद्ध-पोत के कमांडर एडमिरल लुत्येंस मित्र राष्ट्रों के एक नवीन इलेक्ट्रॉनिकी उपकरण राडार की क्षमता के मूल्यांकन में गलती कर गए जिसके कारण कम शक्ति, कम गति तथा कम साधनों के होते हुए भी ब्रिटिश जहाजी बेड़े जर्मन युद्धपोत 'बिस्मार्क' को जल समाधि देने में सफल हो पाए। इसके विपरीत, अमेरिकी कमांडर रियर एडमिरल ली ने, राडार की क्षमता का समुचित लाभ उठाते हुए, जापानी युद्धपोत 'करिश्मा' को केवल सात मिनटों के युद्ध में ही जल में डुबा पाने में सफलता प्राप्त की। इसी प्रकार सन् 1971 के भारत-पाक युद्ध के समय इलेक्ट्रॉनिकी युद्ध कौशल से यह ज्ञात हो सका कि ढाका (पूर्वी पाकिस्तान, अब बाँग्लादेश की राजधानी) के गवर्नर हाउस में एक ऐसी मीटिंग होने जा रही है जिसमें पूर्वी पाकिस्तान के सभी महत्त्वपूर्ण व्यक्ति भाग ले रहे हैं। इस सूचना के आधार पर ठीक मीटिंग के समय ही गवर्नर हाउस पर भारतीय वायुसेना के बमवर्षक विमानों ने सटीक बमबारी कर पाकिस्तान को घुटने टेकने पर बाध्य किया तथा 'बाँग्लादेश' नामक एक नए देश ने जन्म लिया। सन् 1971 के इस इलेक्ट्रॉनिकी युद्ध में लेखक ने भी एक अत्यंत महत्त्वपूर्ण भूमिका निभाई थी।

इन उदाहरणों से यह सिद्ध होता है कि आधुनिक युद्ध में विजय उसी सेना

की होगी जो इलेक्ट्रॉनिकी युद्ध की बारीकियों को पहचान सकेगा। जो कमांडर इन बारीकियों से अनभिज्ञ रहेंगे वे पराजित होंगे और यह पराजय इतनी अचानक होगी कि शायद वे इसका कारण भी नहीं समझ पाएँगे।

इलेक्ट्रॉनिकी युद्ध-क्षेत्र

उपरिलिखित इलेक्ट्रॉनिकी तंत्रों तथा आयुधों का कार्य क्षेत्र विद्युत्-चुंबकीय वर्णक्रम का व्यापक दृश्य तथा अदृश्य क्षेत्र है। प्रसिद्ध सोवियत एडमिरल सर्जई गोर्शकोव के अनुसार :

'अगले युद्धों में विजयमाला उसीके गले को सुशोभित करेगी जो विद्युत्-चुंबकीय वर्णक्रम का समुचित उपयोग कर सकेगा।'

वैसे तो विद्युत्-चुंबकीय वर्णक्रम का यह क्षेत्र दस किलोहर्ट्ज से 10^{12} गीगाहर्ट्ज की आवृत्ति विस्तार में फैला हुआ है, किंतु सैनिक उपयोग में सामान्यतः तीस किलोहर्ट्ज से 10^3 गीगाहर्ट्ज तक का क्षेत्र ही प्रयोग में लाया जाता है। चित्र 4.1 में विद्युत्-चुंबकीय वर्णक्रम की आवृत्तियों, तरंगों की लंबाई तथा उनके अनुप्रयोगों को दिखलाया गया है।

सौ किलोहर्ट्ज तक की अतिनिम्न आवृत्तियों (Very Low Frequencies, VLF) का उपयोग प्रायः पनडुब्बियों की संचार प्रणाली में किया जाता है; 30-300 किलोहर्ट्ज की निम्न आवृत्तियों (Low Frequncy, LF) का उपयोग लंबी दूरी की संचार व्यवस्था तथा दिक्चालन सहायक उपकरणों (Navaid equipment) में किया जा सकता है। ये आवृत्तियाँ अति विश्वसनीय तो होती हैं किंतु इनका प्रयोग करना बहुत दुष्कर होता है, इसलिए सामान्यतः इन्हें प्रयोग नहीं किया जाता है; 0.3-3 मेगाहर्ट्ज की मध्यम आवृत्तियों (Medium Frequency, MF) का प्रयोग मुख्यतः रेडियो प्रसारण तथा दिशिक-प्राप्तक (direction finder) उपकरणों में होता है; 3-30 मेगाहर्ट्ज तक की उच्च आवृत्तियाँ (High Frequency, HF) लंबी दूरी की संचार व्यवस्था में उपयोगी होती है। उपग्रह संचार (Satellite Communication, SATCOM) तकनालॉजी के विकसित होने के पूर्व अधिक दूरी के रेडियो संचार के लिए इन्हीं उच्च आवृत्ति की रेडियो तरंगों का व्यापक उपयोग किया जाता था। अमेरिका तथा रूस अपने 'क्षितिज के ऊपर' (Over The Horizon, OTH) राडार व्यवस्था में भी इन्हीं उच्च आवृत्तियों का प्रयोग करते रहे हैं; 30-150 मेगाहर्ट्ज तक की अति उच्च आवृत्तियों (Very High Frequeney, VHF) तथा 0.150-10^3 गीगाहर्ट्ज तक की आवृत्तियों (Ultra High Frequency UHF, Super High Frequency SHF, and Extremely High

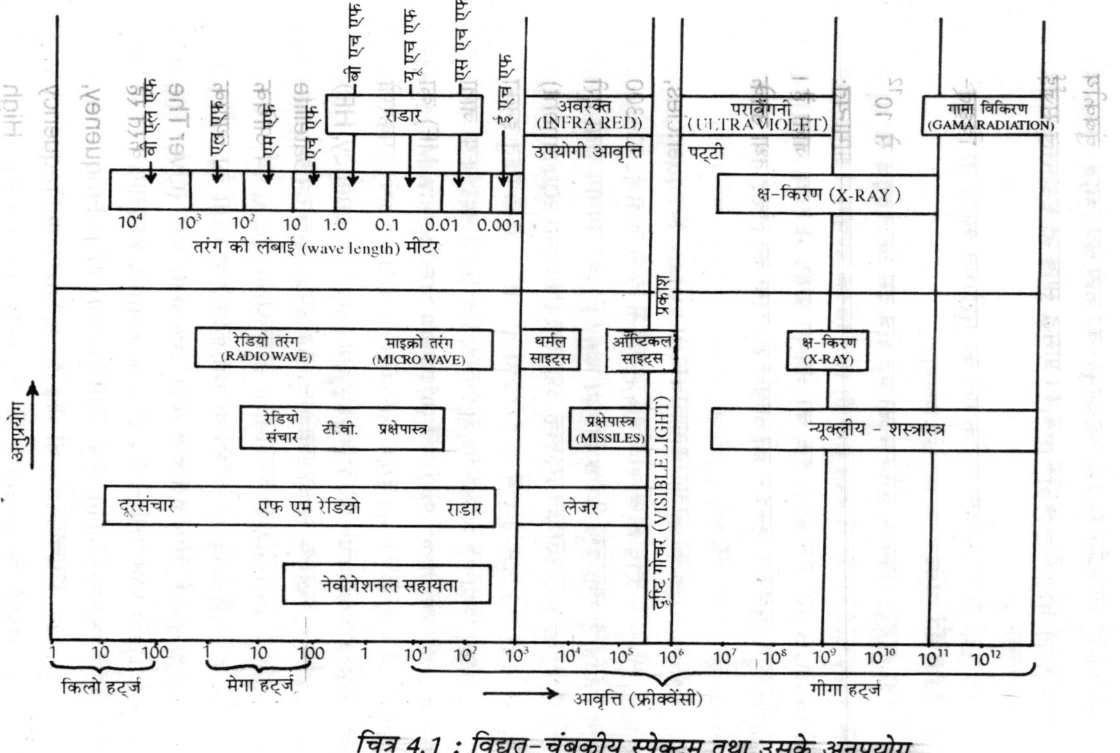

चित्र 4.1 : विद्युत्-चुंबकीय स्पेक्ट्रम तथा उसके अनुप्रयोग

Frequency, EHF) की विशेषता यह है कि ये आयन-मंडल (Ionosphere) द्वारा प्रतिबिंबित (reflect) नहीं होती हैं। इसलिए इनका सर्वोत्तम उपयोग दृश्य-रेखा (line of sight) में स्थित लक्ष्यों के लिए होता है। 1-10^3 गीगाहर्ट्ज की तरंगें मुख्यत: विविध प्रकार के राडारों के लिए उपयुक्त होती हैं।

आधुनिक युद्ध में इलेक्ट्रॉनिकी का अत्यंत व्यापक उपयोग किया जा रहा है। कुछ विशेष क्षेत्र जैसे अंतरिक्ष इलेक्ट्रॉनिकी, उच्च तकनालॉजी इलेक्ट्रॉनिकी, मिसाइल इलेक्ट्रॉनिकी आदि का वर्णन इसी पुस्तक के अन्य अध्यायों में किया गया है।

इलेक्ट्रॉनिकी युद्ध

क्लॉसविट्ज़ के अनुसार 'राजनीति को भिन्न-भिन्न प्रकार से शत्रुओं से मनवाने का नाम युद्ध है।' इसका अर्थ यह हुआ कि अपनी नीति को विरोधी राज्यों द्वारा पालन करवाने के लिए, स्थापित नीतियों का विस्तार करने का नाम ही युद्ध है। आधुनिक इलेक्ट्रॉनिकी युद्ध भी क्लॉसविट्ज़ द्वारा प्रतिपादित युद्ध की इस शास्त्रीय परिभाषा के अनुरूप सैनिक सिद्धांतों द्वारा नियमित कहा जा सकता है।

अगले एक दशक में सैनिक संचार व्यवस्था में, जिसमें अपरोधन (interception), दिशिक-प्राप्तक (direction finder), संकुलन (jamming), आदि निहित हैं, निस्संदेह ही क्रांतिकारी विकास होगा। इसके साथ ही समस्त विश्व के सैनिक सूचनाओं की संचार व्यवस्था में आश्चर्यजनक वृद्धि से इलेक्ट्रॉनिकी (विद्युत्-चुंबकीय) युद्ध-क्षेत्र के प्रदूषित होने की भी अत्यधिक संभावना है।

इलेक्ट्रॉनिकी युद्ध में विजय प्राप्त करने के लिए किसी रामबाण अथवा फार्मूला हल की अपेक्षा नहीं करना चाहिए। परिस्थितियों तथा भिन्न-भिन्न स्थितियों के अनुसार इलेक्ट्रॉनिकी युद्ध कौशल का प्रयोग विवेकपूर्ण ढंग से करना चाहिए। अविवेकपूर्ण प्रयोग से लाभ के स्थान पर हानि होने की संभावना अधिक हो सकती है। उदाहरणार्थ, यद्यपि अति उच्च आवृत्ति स्थानीय रेडियो (VHF local radio) में फ्रीक्वेंसी हॉपिंग (frequency hopping) नामक व्यवस्था अत्यंत सुरक्षित (secured) होती है तथा उनकी प्रेक्षा (observe) करना अथवा उनका अपरोधन (interception) करना अत्यंत दुष्कर कार्य है, किंतु ऐसी व्यवस्था की अन्य अनेकों समस्याएँ हैं जैसेकि खराब विद्युत्-चुंबकीय संगत (electromagnetic compatibility) के कारण इसकी उचित भूमि-स्थापना (siting) करना अति दुष्कर कार्य है। ऐसा न हो पाने पर शत्रु द्वारा इनका संकुलन अत्यंत सरल हो जाता है तथा दिशिक-प्राप्तक यंत्र द्वारा इनकी स्थिति भी सरलतापूर्वक ज्ञात की जा सकती है। इसलिए यदि शत्रु इलेक्ट्रॉनिकी युद्ध

का ज्ञाता है तो यह व्यवस्था लाभ के स्थान पर हानि पहुँचाएगी।

कहने का तात्पर्य यह है कि शत्रु की इलेक्ट्रॉनिकी युद्ध की क्षमता का उचित निर्धारण करना तथा उसे निष्क्रिय अथवा नष्ट करने का कार्य बुद्धिमत्ता तथा विवेकपूर्ण ढंग से करना ही उचित होगा। शत्रु के किसी इलेक्ट्रॉनिकी अवरोधन (Electronic Counter Measure, ECM) द्वारा उत्पन्न खतरों का सावधानीपूर्वक निर्धारण करने के पश्चात् ही उसके विरुद्ध उचित इलेक्ट्रॉनिकी अवरोधन उपायों का प्रयोग करना विवेकपूर्ण होगा। ई सी एम के खतरों को दूर करने के लिए प्राय: एक से अधिक ई सी सी एम (Electronic Counter Counter Measure) के उपयोग की आवश्यकता पड़ सकती है। भविष्य के ई सी सी एम उपकरणों का एकरूपक (modular) होना उचित होगा, ताकि उनके उपयोग में लचीलापन (flexibility) हो पाने की सुविधा हो। कंप्यूटर तथा अनुकारी (simulator) के विकास के कारण अब सैनिक अनुसंधान संगठनों को विविध प्रकार के युद्ध परिदृश्यों का वास्तविक अनुकरण कर उसकी आवश्यकतानुसार युद्ध के इलेक्ट्रॉनिकी उपकरणों को विकसित करना सुविधाजनक हो गया है।

प्रशिक्षण के समय सैनिकों को सिखलाया जाता है, 'अपने शत्रु को जानो'। यह एक बहुमूल्य सीख है। किसी भी समस्या के समाधान के लिए यदि हम उस समस्या की अधिक-से-अधिक पूर्व जानकारी प्राप्त कर लें तो समस्या का निदान करना सरल हो जाता है। इलेक्ट्रॉनिकी युद्ध-क्षेत्र में शत्रु के इलेक्ट्रॉनिकी उपायों तथा उपकरणों की पूर्व जानकारी प्राप्त करना इस युद्ध कौशल का एक महत्त्वपूर्ण अंग है। लेखक का विश्वास है कि यदि पाठक भी इलेक्ट्रॉनिकी युद्ध तकनीकों, उपायों तथा उपकरणों के विषय में कुछ जानकारी प्राप्त कर लें तो उन्हें इलेक्ट्रॉनिकी युद्ध कौशल के अनदेखे रहस्यमय पथ पर चलने में आनंद का अनुभव होगा।

सैनिक इलेक्ट्रॉनिकी में संचार (communication) तथा राडार इलेक्ट्रॉनिकी का विशेष महत्त्व है। इसके अतिरिक्त मिलीमीटर तरंगें, अवरक्त किरण (Infra Red rays), विद्युत्-प्रकाशिक संवेदित्र (electro-optical sensors), सोनार (Sound Navigation and Ranging, SONAR), प्रक्षेपास्त्र (Missiles), उपग्रह (Satellite), चोरी-छिपे घुसना (Stealth), पायलटरहित विमान (Pilotless aircraft) आदि की तकनालॉजी में इलेक्ट्रॉनिकी के अनुप्रयोग के कारण युद्ध में इनकी उपयोगिता बहुत बढ़ गई है।

युद्ध में इलेक्ट्रॉनिकी के बढ़ते हुए महत्त्व के कारण इलेक्ट्रॉनिकी युद्ध (electronic warfare), एक महत्त्वपूर्ण बल-गुणक (force multiplier) बन गया है। कमान, कंट्रोल, कम्यूनिकेशंस, कंप्यूटर तथा इंटेलिजेंस (C^4I) सिस्टम

अब किसी भी आधुनिक सेना के मस्तिष्क तथा उसके नाड़ी मंडल (nervous system) कहलाते हैं। इसलिए यह अत्यावश्यक हो गया है कि ये सभी तंत्र पूर्णत: विश्वसनीय, सुरक्षित तथा टिकाऊ हों। कुछ विशेषज्ञों का मत है कि भू-स्थित संचार आयुध न्यूक्लीय विकिरण से शीघ्र प्रभावित हो जाते हैं, इसलिए किसी लंबी अवधि के न्यूक्लीय युद्ध में ये प्रभावहीन हो सकते हैं। अतएव इनको वायु-वाहित (airborne) तंत्रों के लिए भी विकसित किया गया है।

इलेक्ट्रॉनिकी युद्ध के घटक/उपघटक चित्र 4.2 में दिए गए हैं। इनकी परिभाषा जान लेने के पश्चात् इन्हें ज्यादा अच्छी तरह से समझा जा सकता है।

इलेक्ट्रॉनिकी युद्ध वह तकनीकी कौशल है जिसकी सहायता से शत्रु द्वारा इलेक्ट्रॉनिकी वर्णक्रम के उपयोग को कम कर या पूरी तरह रोककर स्वयं तथा मित्रों की सेना द्वारा उसका अधिकतम उपयोग किया जा सके।

इलेक्ट्रॉनिकी सूचना संग्रह उपाय (ESM) वे उपाय हैं जिनके द्वारा विकिरणित विद्युत्-चुंबकीय वर्णक्रम को खोजकर (search), अपरोधन कर (intercept) उनके स्रोत का पता लगाकर (locate), अभिलेखन (record) तथा उनका विश्लेषण किया जाता है ताकि उचित समय पर उनका उपयोग किया जा सके।

इलेक्ट्रॉनिकी अवरोधन उपाय (Electronic Counter Measures, ECM) वे उपाय हैं जिनके द्वारा शत्रु को विद्युत्-चुंबकीय वर्णक्रम का उपयोग करने से वंचित रखा जाता है। चित्र 4.3 में राडार के परदे पर अनेक लक्ष्यों के संकेत तथा चित्र 4.4 में वही राडार का परदा संकुलन के चपेट में दिखाया गया है।

इलेक्ट्रॉनिकी अवरोध अवरोधन उपाय (Electronic Counter Counter Measures, ECCM) वे उपाय हैं जिनके प्रयोग से शत्रु द्वारा ई सी एम का प्रयोग किए जाने पर भी अपने व मित्रों द्वारा विद्युत्-चुंबकीय वर्णक्रम का सफल उपयोग किया जा सके।

सिगिंट (Signals Intelligence) की सहायता से शत्रु द्वारा विकिरणित विद्युत्-चुंबकीय आँकड़ों से आसूचना प्राप्त की जाती है।

कॉमिंट (Communication Intelligence) शत्रु की संचार व्यवस्था पर प्राप्त की गई आसूचना को कहते हैं, तथा एलिंट (Electronic Intelligence) उस व्यवस्था को कहते हैं जिसमें संचार के अतिरिक्त अन्य विद्युत्-चुंबकीय (इलेक्ट्रॉनिक) विकिरणों से आसूचना प्राप्त की जाती है।

अवरक्त तथा प्रकाशीय आवृत्तियों के विकिरणों से प्राप्त आसूचना को **इऑप्टिंट** (Electro-optical Intelligence) कहते हैं।

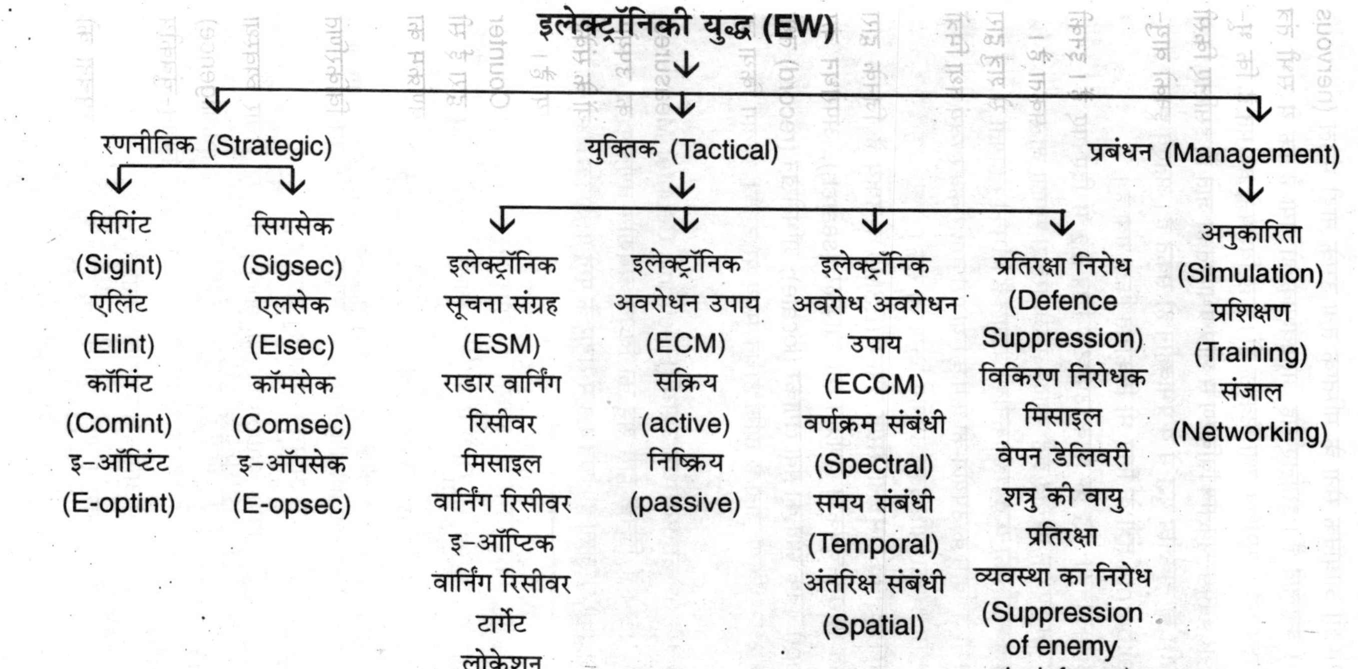

चित्र 4.2 : इलेक्ट्रॉनिकी युद्ध के घटक/उपघटक

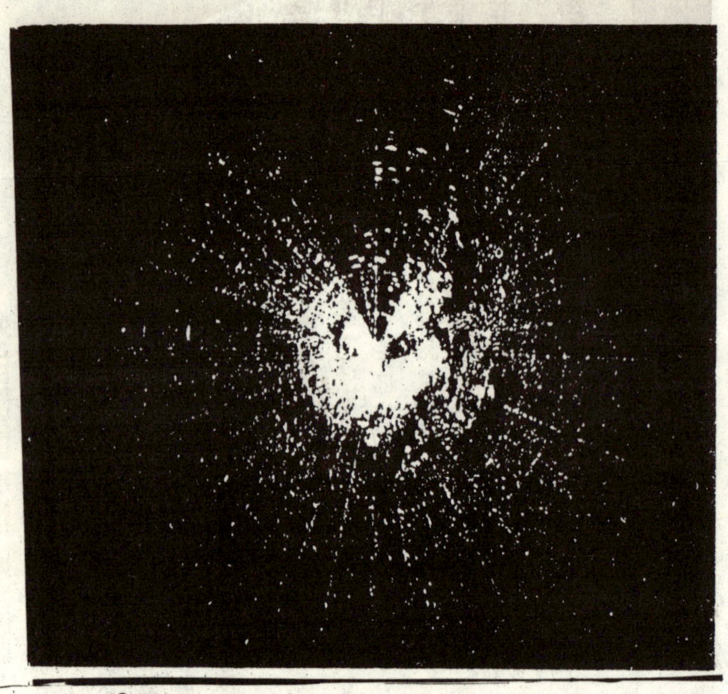

चित्र 4.3 : राडार के परदे पर अनेक लक्ष्यों के संकेत

सिगसेक (Signals Security), कॉमसेक (Communication Security) तथा एलसेक (Electronic Security) उन व्यवस्थाओं को कहते हैं जिनके द्वारा शत्रु के, क्रमशः सिगिंट, कॉमिंट तथा एलिंट से अपने तथा मित्रों के विकिरणों को सुरक्षा प्राप्त होती है ताकि उनका संकुलन (jamming) न किया जा सके।

ऑपसेक (Operation Security) द्वारा युद्ध के समय अपने एवं मित्रों के सिगसेक का समुपयोग (exploitation) किया जाता है, क्योंकि युद्ध के समय इलेक्ट्रॉनिक उपकरणों के लिए आरक्षित आवृत्तियों तथा अन्य प्राचलों का उपयोग किया जाता है।

युक्तिक युद्ध के तीन उपायों ई एस एम, ई सी एम तथा ई सी सी एम परस्पर संबंधित रूप में कार्य करते हैं जिसे चित्र 4.5 में दिखाया गया है।

इलेक्ट्रॉनिकी युद्ध एक निरंतर परिवर्तित होता हुआ गतिशील (dynamic)

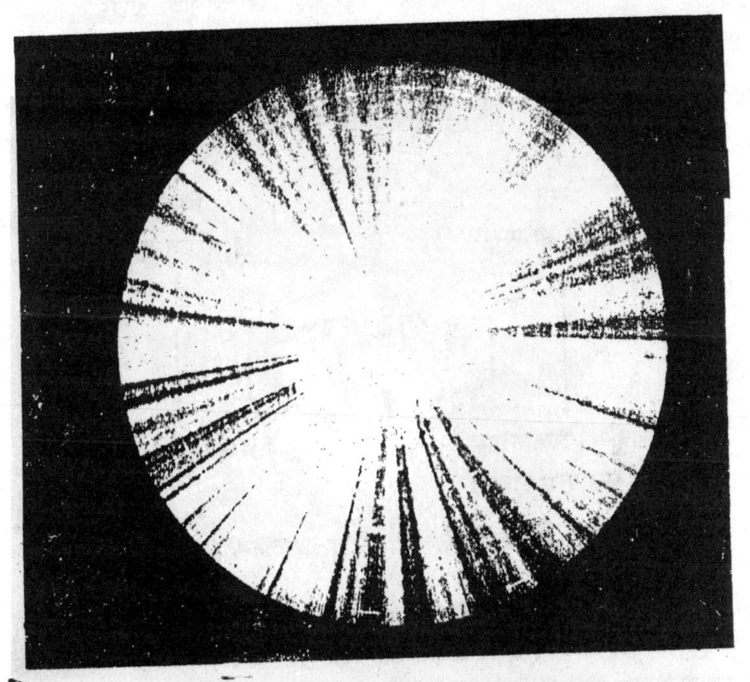

चित्र 4.4 : राडार का परदा संकुलित अवस्था में

परिदृश्य है। इसलिए इसका प्रयोग युद्ध की तात्कालिक परिस्थिति के अनुसार किया जाता है। इलेक्ट्रॉनिकी अवरोधन उपाय सबसे प्रभावशाली तब होता है जब वह शत्रु को आश्चर्यचकित अथवा अचंभित (surprise) कर सके। इनका प्रभाव बहुत थोड़े समय तक ही रह पाता है। इलेक्ट्रॉनिकी सूचना संग्रह उपाय (ESM) का प्रयोग युद्ध तथा शांति दोनों समयों पर किया जाता है। इसके लिए संवेदित्रों (sensors) का उपयोग किया जाता है जिनकी सहायता से शत्रु के उपकरणों के विभिन्न प्राचलों को रिकॉर्ड किया जाता है। शत्रु के अवरोधन उपायों से बचने के लिए इन उपकरणों में इलेक्ट्रॉनिकी अवरोध अवरोधन उपाय का प्रयोग किया जाता है।

आधुनिक युद्ध में इलेक्ट्रॉनिकी युद्ध तकनालॉजी अत्यंत महत्त्वपूर्ण स्थान प्राप्त कर चुकी है। खाड़ी युद्ध-91 में इस तकनालॉजी का व्यापक प्रयोग किया गया। यह तकनालॉजी शत्रु के लिए बल-विभाजक (force divider) के रूप में

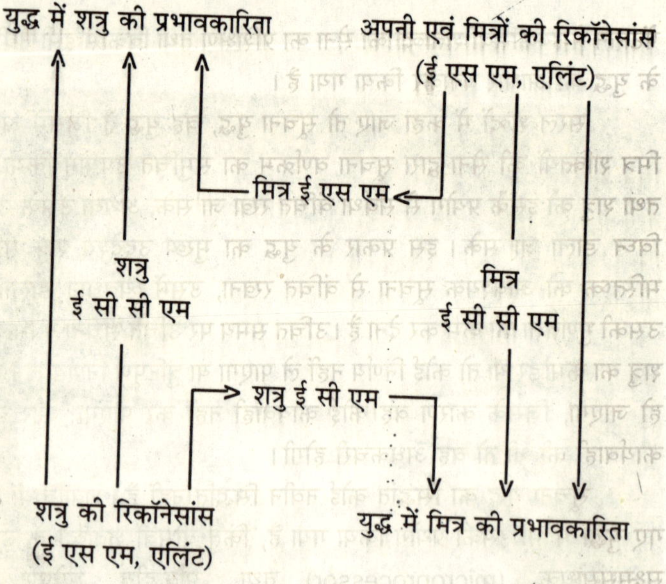

चित्र 4.5 : इलेक्ट्रॉनिकी युद्ध की अन्योन्यक्रिया (interaction)

तथा मित्रों के लिए बल-गुणक (force multiplier) के रूप में कार्य करती है। भविष्य के युद्धों के विषय में एक अमेरिकी एडमिरल का कहना है कि 'इलेक्ट्रॉनिकी युद्ध से विजय तो नहीं मिलती है, किंतु इसके बगैर भी युद्ध में विजय नहीं मिल सकती है।'

इलेक्ट्रॉनिकी युद्ध तकनालॉजी का भविष्य बहुत उज्ज्वल है। भूमि, जल तथा वायु में यह तकनालॉजी संवृद्धि पा चुकी है और अब शीघ्र ही यह तकनालॉजी अंतरिक्ष की ओर भी अग्रसर हो रही है।

सूचना युद्ध

सन् 1991 के खाड़ी युद्ध के विश्लेषण करने पर यह पाया गया कि वास्तविक युद्ध में कंप्यूटर तथा उपग्रह जैसे नवीनतम तकनालॉजी के उपकरणों के प्रयोग से युद्ध करने के ढंग में आमूल परिवर्तन आता जा रहा है। टॉफलर (युद्ध विशेषज्ञ) द्वारा प्रतिपादित **युद्ध की तीन लहरें** (Three waves of war) नामक सिद्धांत से इस विचार को बल मिला कि सूचना वर्णक्रम (information spectrum) के उपयोग से एक बिलकुल भिन्न प्रकार का युद्ध लड़ा जा सकता है जिसे उसने सूचना युद्ध (information war, infowar) कहा है। अमेरिकी सैन्य मुख्यालय

पेंटागन में इक्कीसवीं शताब्दी की सेना का प्रशिक्षण तथा विकास इसी नवीन पद्धति के युद्ध को आधार बनाकर किया गया है।

सरल शब्दों में कहा जाए तो सूचना युद्ध, वह युद्ध है जिसमें अपनी तथा मित्र शक्तियों की सेना द्वारा सूचना वर्णक्रम का समुचित उपयोग किया जा सके तथा शत्रु को इसके प्रयोग से सर्वथा वंचित रखा जा सके, अथवा उसके उपयोग में विघ्न डाला जा सके। इस प्रकार के युद्ध का मुख्य उद्देश्य शत्रु सैनिकों के मस्तिष्क को आवश्यक सूचना से वंचित रखना, उसमें व्यवधान डालना अथवा उसकी गुणवत्ता को कम कर देना है। उचित समय पर उचित सूचना न मिल पाने पर शत्रु का कमांडर या तो कोई निर्णय नहीं ले पाएगा या त्रुटिपूर्ण निर्णय लेने पर बाध्य हो जाएगा, जिसके कारण वह कोई कार्यवाही नहीं कर पाएगा; और यदि कोई कार्यवाही की भी तो वह अधकचरी होगी।

सूचना युद्ध का सिद्धांत कोई नवीन सिद्धांत नहीं है। शताब्दियों पूर्व लड़े गए युद्धों में भी इसका प्रयोग किया गया है, किंतु बीसवीं शताब्दी के उत्तरार्ध में सूक्ष्मसंसाधक (microprocessor) तथा आँकड़ीय संप्रेषण (data transmission) जैसी उच्च तकनालॉजी के विकास ने सूचना युद्ध की तकनीक को अत्यधिक गतिशील (highly dynamic) बना दिया है। इन तकनीकों की सहायता से युद्ध स्थल के सद्यः-सामयिक चित्र (real time pictures) तथा आवश्यक सूचनाएँ उचित समय पर उचित व्यक्ति के पास प्रेषित करना संभव हो गया है। इस प्रकार से इलेक्ट्रॉनिकी युद्ध, मनोवैज्ञानिक (psychological) युद्ध तथा आसूचना प्रचालन (intelligent operation) के एकीकृत प्रयासों को भी सूचना युद्ध कहा जा सकता है।

सूचना युद्ध का प्रयोग किसी देश की सेना अथवा उसके जन-मानस (समाज), दोनों के ही विरुद्ध किया जा सकता है। मार्टिन लिबिच्की ने स्ट्रैटेजिक फॉरम (Strategic Forum) नामक जर्नल में छपे अपने प्रसिद्ध लेख में कहा है कि सेना के विरुद्ध किए गए युद्ध में कमान तथा कंट्रोल, सी-2 (command and control, C-2) आधारित, इलेक्ट्रॉनिकी आधारित तथा आसूचना आधारित युद्धों की प्राथमिकता होगी जबकि जन-मानस (समाज) के विरुद्ध आर्थिक आधारित तथा सूचना प्रभाविकी आधारित (cyber based) युद्धों की प्राथमिकता रहेगी।

सी-2 आधारित युद्ध : सी-2 आधारित युद्धों का उद्देश्य शत्रु के सूचना निकायों के विरुद्ध भौतिक तथा इलेक्ट्रॉनिकी उपायों की सहायता से सेना को उसके नेतृत्व से अलग-थलग कर देना है। नेतृत्व और उसकी सेना के मध्य स्थापित सूचना कड़ी के तंत्रों (information link systems) पर अथवा सीधे

नेतृत्व पर ही आक्रमण कर इस उद्देश्य को प्राप्त किया जा सकता है। यह पाया गया है कि यदि नेतृत्व की संरचना अत्यधिक केंद्रित है तो वह अधिक भेद्य है। खाड़ी युद्ध-91 में सद्दाम हुसैन के नेतृत्व पर किया गया सीधा आक्रमण इसका नवीनतम उदाहरण है। इसके विपरीत यदि शत्रु के नेतृत्व की संरचना विकेंद्रित है तो सी-2 आधारित युद्ध की सहायता से इसको भेद पाना इतना सरल नहीं होगा क्योंकि तब नेतृत्व समानोदक (collateral) होता है। ऐसी परिस्थिति में शत्रु के सी-2 सूचना प्रणालों (information channels) का पता लगाना आवश्यक होगा, क्योंकि कंप्यूटर संजालों एवं कोष्ठिकीय संचार (cellular communication) आदि के प्रयोग द्वारा शत्रु अपने कमान केंद्रों को व्यापक रूप से छितरा सकता है। यदि शत्रु के सूचना प्रवाह (info-flow) की व्यवस्था अपदानुक्रमिक (non-hierarchial) है तब भी सी-2 आधारित युद्ध प्रणाली द्वारा उसको छिन्न-भिन्न करना अत्यधिक कठिन है, क्योंकि किसी अपदानुक्रमिक व्यवस्था में सूचना वितरक द्वारा सूचना को सीधे उपयोक्ता (user) तक पहुँचाया जाता है। ऐसा होने पर भी किसी सूचना युद्ध में सी-2 आधारित युद्ध के महत्त्व को नकारा नहीं कहा जा सकता है।

इलेक्ट्रॉनिकी आधारित युद्ध : इलेक्ट्रॉनिकी आधारित युद्ध को वस्तुतः सूचना युद्ध का एक उप-समुच्चय (subset) कहा जा सकता है क्योंकि इसके उद्देश्य सूचना युद्ध के उद्देश्यों में ही निहित हैं। बहु स्थिर राडार (Multistatic Radar) तथा अंकीय संकेत संसाधन (Digital Signal Processing) जैसी नवीन तकनालॉजियों की सहायता से अनेक बाधाओं को दूर कर आँकड़ों के प्रवाह को नियमित रूप से उचित समय पर उचित स्थान तक पहुँचाया जाना संभव हो गया है। महत्त्वपूर्ण बात यह है कि अपनी (एवं अपने मित्र शक्तियों की) तथा शत्रु के आँकड़ा प्रवाह स्थापत्यकला (Data Flow Architecture) की भेद्यताओं एवं अभेद्यताओं को भलीभाँति पहचाना जाए जिससे कि सूचना युद्ध के उद्देश्यों को ध्यान में रखते हुए एक प्रभावशाली (effective) इलेक्ट्रॉनिकी युद्ध की संक्रियाओं का प्रचालन सफलतापूर्वक किया जा सके।

आसूचना आधारित युद्ध : शत्रु के विषय में शांति तथा युद्ध, दोनों कालावधियों में आसूचना प्राप्त कर उसे उपभोक्ता (user) तक पहुँचाना सूचना युद्ध का एक महत्त्वपूर्ण घटक है। उपग्रहों तथा प्रतिबिंबन तंत्रों (Imagery Systems) जैसे आधुनिक उच्च तकनालॉजी के उपायों की सहायता से आसूचना प्राप्ति का कार्य अब कुछ सरल हो गया है। कठिन कार्य है प्राप्त सूचनाओं को कम-से-कम समय में उचित उपभोक्ता तक पहुँचाना। पिछले एक दशक में इस

दिशा में काफी कार्य किए गए हैं तथा कुछ उपयुक्त साधन विकसित किए गए हैं। आसूचना आधारित युद्ध (Intelligence Based War, IBW) एक ऐसा ही साधन है। सन् 1995 के एयर पावर जरनल के अनुसार स्पेसकास्ट–2030 परियोजना में संसूचकों को एकीकृत किया गया है जिससे सूचना–प्रवाह बहुत गतिशील (dynamic) हो गया है। खाड़ी युद्ध–91 में इस साधन का व्यापक प्रयोग भी सफलतापूर्वक किया जा चुका है जिसमें जे–स्टार्स (J-STARS) नामक विमान की सहायता से इराकी ठिकानों की आसूचनाओं का आँकड़ा–प्रवाह उचित समय पर उचित उपभोक्ताओं के पास पहुँचाया जा सका और इसी कारण अनेकों इराकी ठिकानों पर परिशुद्ध (precision) आक्रमण किए जा सके। अमेरिका के जनरल सुलिवन के अनुसार निकट भविष्य में छोटे किंतु अधिक क्षमता के कंप्यूटरों तथा संसूचकों की सहायता से एक ऐसे बृहत् तात्कालिक आसूचना तंत्र (Tactical Intelligence System) का विकास सुनिश्चित है जिससे अंतरिक्ष में, वायुमंडल में, भूमि पर, सागर पर एवं सागर के गर्भ में स्थित संसूचकों द्वारा आसूचनाएँ प्राप्त होती रहेंगी। अमेरिकी तथा मित्र राष्ट्रों की सेना की विभिन्न स्थानों पर फैली इकाइयों के पास उपग्रह–अंतक (Satellite terminals) होंगे, जो ध्वनि, आँकड़े, प्रतिकृति, चित्र तथा प्रतिबिंबन (Voice, date, facsimile, video and imagery) के अभेद्य क्षमताओं (secure capabilities) से सुरक्षित होंगे। ये उपग्रह–अंतक सभी अमेरिकी एवं मित्र राष्ट्रों के आँकड़ा–आधारों (database) से जुड़े होंगे। एक मॉडेम गूढ़ लेखन युक्ति (Modem Encryption Device) का उपयोग कर युद्ध स्थल पर लड़ रहा सैनिक अपने नोटबुक कंप्यूटर द्वारा आँकड़ों को सुरक्षित ढंग से प्रेषित भी कर सकेगा। युद्ध के ऐसे परिदृश्य के लिए आसूचना आधारित युद्ध कौशल एक अति महत्त्वपूर्ण घटक होगा जिसे एक सैनिक प्लेटफार्म की भाँति उपयोग में लाया जा सकेगा।

मनोवैज्ञानिक युद्ध संक्रियाएँ : सेना तथा समाज को मनोवैज्ञानिक युद्ध संक्रियाओं द्वारा समान रूप से प्रभावित किया जा सकता है। ऐसी संक्रियाओं द्वारा शत्रु के मनोबल को गिराया तथा अपने मनोबल को उठाया जा सकता है।

लेखक का प्रत्यक्ष अनुभव है कि सन् 1971 के भारत–पाक युद्ध के समय उसकी सैन्य इकाई (unit) के वायरलेस ऑपरेटर जब पश्चिमी तथा पूर्वी पाकिस्तान (अब क्रमश: पकिस्तान एवं बाँग्लादेश) के अधिकारियों अथवा सैनिकों के मध्य हो रही रेडियो टेलिफोन वार्त्तालाप का अपरोधन (interception) करते थे, तब पश्चिमी पाकिस्तान द्वारा ऐसे वाक्य तथा कथन कहे जाते थे जिनसे प्रतीत होता था कि 'पाकिस्तानी वायुसेना के बमवर्षक विमान जोधपुर तथा आगरा जैसे भारतीय

नगरों पर भीषण बमबारी कर रहे हैं,' अथवा 'पाकिस्तानी थलसेना अमृतसर या फिरोजपुर जैसे भारत के सीमावर्त्ती नगरों पर अधिकार करनेवाली है।' वास्तविकता इन कथनों के विपरीत होती थी। मैंने पाया कि उनके द्वारा बोले गए इन वाक्यों से पूर्वी पाकिस्तान के सैनिक उत्साहित हो जाते थे। जो भारतीय वायरलेस ऑपरेटर इन रेडियो टेलीफोन वार्त्तालापों का अपरोधन कर रहे थे, उनका मनोबल इन वार्त्तालापों को सुनकर अचानक ही बहुत गिर जाता था और वे परेशान होकर रोंआसे तक हो जाते थे। इस प्रकार से पाकिस्तान एक मनोवैज्ञानिक युद्ध लड़ रहा था जिसका दबाव निश्चय ही मेरे सैनिकों पर पड़ता दिखाई पड़ रहा था। इस पाकिस्तानी मनोवैज्ञानिक युद्ध के विरुद्ध अपने सैनिकों का मनोबल बनाए रखने के लिए मुझे विशेष प्रयास करने पड़े थे जिससे वे पाकिस्तानी रेडियो टेलीफोन वार्त्तालापों का अपरोधन उचित ढंग से कर सकें। यह इन प्रयासों का ही परिणाम था कि लेखक के अधीन कार्यरत एक वायरलेस ऑपरेटर कॉर्पोरल बी.पी.सिंह ने एक ऐसे वार्त्तालाप का अपरोधन किया जिसके परिणामस्वरूप ढाका के गवर्नर हाउस में होनेवाली एक गुप्त मीटिंग का समाचार प्राप्त हो सका। इसके फलस्वरूप ठीक मीटिंग के समय ढाका के गवर्नर हाउस पर भारतीय वायुसेना ने बम तथा रॉकेटों से भीषण प्रहार कर पाकिस्तानी शासन को घुटने टेकने पर बाध्य किया तथा बाँग्लादेश नामक देश का जन्म हुआ।

मनोवैज्ञानिक युद्ध का यह एक ज्वलंत उदाहरण है जिसके द्वारा युद्धरत सैनिकों का मनोबल उठाया अथवा गिराया जा सकता है। आधुनिक युद्धों में कंप्यूटर, माइक्रोप्रोसेसर, अंकीय इलेक्ट्रॉनिकी (digital electronics) जैसी उच्च तकनालॉजी के उपयोग से तथा जनमानस में रेडियो, दूरदर्शन तथा सैटेलाइट टी.वी. के कारण मनोवैज्ञानिक युद्ध के साधनों का विकास हुआ है तथा सूचना युद्ध का इलेक्ट्रॉनिकीकरण एवं आधुनिकीकरण हो गया है। खाड़ी युद्ध-91 को सी एन एन सैटेलाइट टी.वी. ने जनमानस (समाज) के ड्राइंगरूम तथा बेडरूम तक पहुँचा दिया था जिसका निश्चय ही समाज की सोच पर बहुत व्यापक प्रभाव पड़ा है।

जिन देशों में प्रजातंत्र प्रणाली का प्रचलन है तथा जहाँ जनमानस की सम्मति महत्त्वपूर्ण मानी जाती है, उनके सामाजिक मनोबल पर मनोवैज्ञानिक प्रचार द्वारा सरलतापूर्वक प्रभाव डाला जा सकता है। इसके लिए ऐसे समाज के समाचार-पत्रों तथा सूचना के अन्य माध्यमों की सहायता ली जा सकती है। कुछ वर्षों पूर्व तक प्रचार का लक्ष्य समूचा जनमानस माना जाता था। किंतु पिछले कुछ वर्षों से प्रचार का लक्ष्य कुछ विशेष ग्राहकों (customised), जैसे शत्रु देश के नेताओं, को बनाने पर महत्त्व दिया जाने लगा है। विशेष ग्राहकों पर मनोवैज्ञानिक युद्ध का

एक अति सफल प्रयोग अमेरिका द्वारा हाइती (Haiti) नामक देश में किया जा चुका है जहाँ उसने हाइती की जनसंख्या को बीस विशिष्ट समूहों में विभाजित कर उनसे संबंधित परचे तथा पोस्टर बाँटकर मानव मस्तिष्कों को प्रभावित किया। यही नहीं, अमेरिकी सरकार ने इंटरनेट संजाल (Internet Network) के माध्यम से राज्य से जुड़े हुए ऐसे कुछ गिने-चुने व्यक्तियों को मनोवैज्ञानिक रूप से प्रभावित किया जिनके पास कंप्यूटर थे। मनोवैज्ञानिक युद्ध का नवीनतम उदाहरण है मार्च 1996 में चीन द्वारा ताइवान के विरुद्ध प्रक्षेपास्त्र प्रदर्शित कर वहाँ की जनता में भय का वातावरण उत्पन्न करना। एक अन्य उदाहरण है अगस्त 1996 में अमेरिका द्वारा इराक पर दो दिनों तक टॉमाहॉक क्रूज मिसाइल तथा ए.जी.एम.-86 मिसाइल के आक्रमण द्वारा इराकी जनता को डराना।

यद्यपि सूचना युद्ध शताब्दियों से प्रचलित है किंतु पिछले दस-पंद्रह वर्षों में हुए उच्च तकनालॉजियों के विकास से सूचना युद्ध की तकनीकों तथा उसकी प्रयोज्यता (application) में तेजी से विकास हुआ है। सूचना युद्ध की नवीन अवधारणाएँ अभी विकास की प्रारंभिक अवस्था में ही हैं और अभी इनके सिद्धांत प्रतिपादित तथा परिभाषित होना भी शेष हैं। कुछ अवधारणाएँ तो अभी किसी मनोवैज्ञानिक उपन्यास की कथा-कहानियों जैसी ही प्रतीत होती हैं; किंतु यह कोई आश्चर्य का विषय नहीं होगा कि इनके समुचित विकास होने पर युद्ध की नई परिभाषा लिखी जाए।

यद्यपि भविष्य में संपूर्ण सूचना युद्ध का निर्वाह अमेरिका जैसे वही कुछ देश कर सकेंगे जिनके पास उन्नत तकनालॉजी के आयुध तथा साधन होंगे; किंतु वे देश भी, जिन्होंने तकनालॉजी का परिमित विकास ही किया है, उन्नत तकनालॉजीवाले शत्रु देशों के सूचना-प्रवाह में कुछ व्यवधान तो डाल ही सकेंगे। सूचना युद्ध विशेषज्ञ डागलस वालर के अनुसार, 'शायद यही कारण है कि चीन के युद्ध विशेषज्ञ ऑपरेशन डेजर्ट स्टॉर्म (खाड़ी युद्ध-91) का ध्यानपूर्वक अध्ययन-मनन कर रहे हैं।' निश्चय ही चीन की सेना द्वारा सूचना युद्ध को समुचित महत्त्व दिया जा रहा है।

संदर्भ (References)

1. Brig VK Nair : War in Gulf, Lancers Paper-3.
2. विश्वमोहन तिवारी : इलेक्ट्रॉनिकी युद्ध कला।
3. Leinwell S : New Developments in Jamming; Radio Electronics.
4. Mohinder Singh : Electronic Warfare; DESIDOC, New Delhi.

5. Martin Libicki : What is Information Warfare?; Strategic Forum, No. 28, May 1995.
6. Air Power Journal Vol IX, No. 2
7. Douglas Waller : Onward Cyber Soldiers', Time, Vol. 146, No. 8, Aug 21, 1995.
8. Wg Cdr (Dr.) ML Bala : Artificial Intelligence in Battlefield; Indian Defence Review, Vol. 11 (1); Jan-Mar 1996.
9. Hodges and Turing : The Enigma of Intelligence, Unwin Paperback, 1983.
10. Dickson : The Electronic Battlefield, Indian University Press, London, 1976.
11. विंग कमांडर (डॉ.) मनमोहन बाला : बारूदी लड़ाई की कमान अब इलेक्ट्रॉनिकी के हाथों में; साप्ताहिक हिंदुस्तान, 17 फरवरी, 1991, नई दिल्ली।

□

अध्याय-5

अंतरिक्ष तकनालॉजी तथा उसका सैनिक महत्त्व

"आधुनिक सैनिक कमांडरों के लिए अंतरिक्ष उनकी आँख,
कान तथा उनकी ध्वनि है"

—क्रिस्टोफर ली

पृथ्वी की पृष्ठभूमि तथा उसके चारों ओर व्याप्त वायुमंडल पर अपना प्रभुत्व स्थापित करने के पश्चात् जब मनुष्य ने अंतरिक्ष में अपना प्रथम कृत्रिम उपग्रह भेजने में सफलता प्राप्त की तब युद्ध तकनालॉजी, संचार व्यवस्था तथा चौकसी करने के ढंग में भी अनेक परिवर्तन हुए। इन परिवर्तनों के कारण अंतरिक्ष इलेक्ट्रॉनिकी नामक एक नवीन विज्ञान का जन्म हुआ। इस नवीन विज्ञान ने इलेक्ट्रॉनिकी युद्ध कौशल को एक अतिरिक्त आयाम प्रदान किया।

जिस प्रकार पंद्रहवीं तथा सोलहवीं शताब्दी में यूरोप की महाशक्तियाँ (ब्रिटेन, फ्रांस, पुर्तगाल तथा स्पेन) अंध महासागर (Atlantic Ocean) पार कर एक नए संसार की खोज करने के भरसक प्रयत्न कर रही थीं, उसी प्रकार बीसवीं शताब्दी में विश्व के अनेक देश अंतरिक्ष की खोज में लगे हैं। सन् 1958 में अमेरिका के स्कोर (Score) नामक प्रायोगिक संचार उपग्रह (Experimental Communication Satellite) के अंतरिक्ष में स्थापित होने के साथ ही अंतरिक्ष-संचार-व्यवस्था युग का प्रारंभ हुआ जो धीरे-धीरे उन्नत होता गया। युद्ध की स्थिति में कमान, नियंत्रण तथा संचार (Command, Control and Communication, C3) की जटिल समस्या के निदान के लिए शीघ्र ही अमेरिका ने विश्व के सुदूर सैनिक ठिकानों को भी अंतरिक्ष संजालों (Space Networks) से संचार माध्यम की सहायता से जोड़ लिया। सन् 1991के खाड़ी युद्ध के समय बहुराष्ट्रीय सेना को तैनात करने, उनको निरंतर सहारा देने तथा उन्हें कमान करने में उपग्रह-संचार

व्यवस्था का बहुत महत्त्वपूर्ण योगदान रहा। अंतरिक्ष संचार संजाल की सफलता ने अंतरिक्ष की महत्ता को और अधिक बढ़ा दिया है। अमेरिका, फ्रांस तथा ब्रिटेन द्वारा अंतरिक्ष के सैनिक उपयोगों की मशीनों में अतुल धनराशि के निवेश की यह (खाड़ी युद्ध-91) प्रथम अग्निपरीक्षा थी जिसमें वह खरी उतरी। ब्रिटेन की मात्रा-मारकोस स्पेस कंपनी के सर पीटर ऐंसन के अनुसार 'अंतरिक्ष की सहायता से लक्ष्यों पर भेदे गए निशाने बहुत अचूक रहे जिन्होंने इराकी युद्ध मशीनरी पर आक्रमण कर उन्हें नष्ट किया तथा असंख्यों निरीह इराकी नागरिकों को परंपरागत (conventional) हवाई आक्रमणों से होनेवाली तबाही से बचाया है, इस प्रकार अंतरिक्ष इलेक्ट्रॉनिकी द्वारा हमें एक अत्यंत सफल दिक्चालक-तंत्र (Navigation System) प्राप्त हुआ है, जिसने न केवल मिसाइलों, विमानों, युद्धपोतों तथा टैंकों की, अपितु प्रत्येक सैनिक की कार्यकुशलता तथा क्षमता को बढ़ाया है।'

खाड़ी युद्ध के समय अमेरिकी स्पेस कमांड के अध्यक्ष जनरल कुटीना के अनुसार, 'भविष्य के युद्धों में अंतरिक्ष का अधिकाधिक उपयोग किए जाने की संभावना से इनकार नहीं किया जा सकता है।'

निश्चय ही अंतरिक्ष के उपयोग ने भूमंडलीय सैनिक शक्ति के संतुलन को प्रभावित किया है। खाड़ी युद्ध-91 पहला ऐसा अवसर था जिसमें युद्ध शक्तियों को तैनात करने, उन्हें सक्रिय बनाए रखने, उन्हें आदेश देने तथा उनका नियंत्रण करने में उपग्रह संचार ने विशेष योगदान किया। क्रिस्टोफर ली ने अपनी पुस्तक 'वार इन स्पेस' में लिखा है, 'किसी भी दिन स्वच्छ निर्मल आकाश की ओर देखने पर हमें सैकड़ों प्रकाशवर्षों (अंतरिक्ष में प्रकाश द्वारा तय की गई दूरी; 1 प्रकाश वर्ष = 9.46×10^{12} किलोमीटर) का शून्य दिखाई पड़ता है। किंतु हमें वे सहस्त्रों कृत्रिम उपग्रह नहीं दिखाई पड़ते हैं जो इस शून्य में विभिन्न ऊँचाइयों पर तीस हजार किलोमीटर प्रति घंटे तक की विभिन्न गतियों से अपनी-अपनी कक्षाओं (orbits) में पृथ्वी के चारों ओर चक्कर लगा रहे हैं। हमें अमेरिका, रूस तथा कुछ अन्य देशों द्वारा स्थापित अंतरिक्ष-स्टेशन तथा उनमें कार्यरत वे अंतरिक्ष यात्री भी नहीं दिखाई पड़ते हैं जिनके अथक प्रयासों के कारण देश के सर्वोच्च कमांडर विश्व के किसी भी कोने में कार्यरत अपने सैनिकों से टेलीफोन द्वारा आज तुरंत संबंध स्थापित कर सकते हैं।'

पृथ्वी से छत्तीस हजार किलोमीटर ऊपर अंतरिक्ष में प्रस्थापित प्रत्येक भू-स्थिर (Geo-Stationary) उपग्रह (वह उपग्रह जो पृथ्वी के घूमने की गति से ही चक्कर लगा रहा है, इसलिए पृथ्वी के संदर्भ में स्थिर है) पृथ्वी के एक तिहाई भाग को संचार के माध्यम से जोड़ सकता है। इस प्रकार केवल तीन भू-स्थिर उपग्रहों

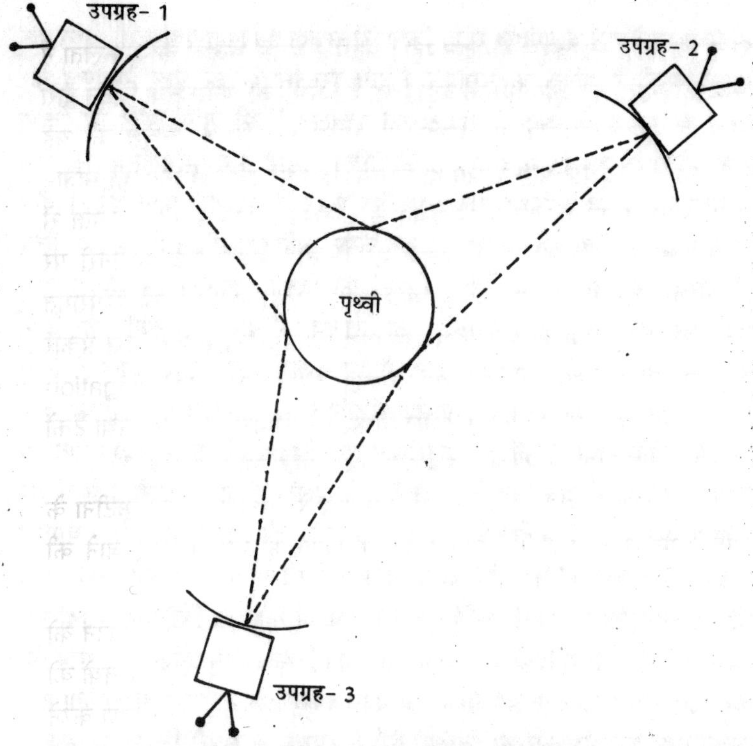

चित्र 5.1 : तीन भू-स्थिर उपग्रहों द्वारा समस्त विश्व में संचार व्यवस्था

से पूरी पृथ्वी को संचार के माध्यम से जोड़ा जा सकता है (चित्र 5.1) खाड़ी युद्ध-91 के समय अंतरिक्ष इलेक्ट्रॉनिकी तथा भूमंडलीय उपग्रह संचार की सहायता से मित्र-राष्ट्रीय सेना ने इराक की प्रत्येक चाल को विफल कर दिया था। अंतरिक्ष इलेक्ट्रॉनिकी का युद्ध कौशल में यह एक सफलतम प्रयास रहा है।

ऐतिहासिक पृष्ठभूमि

चीन में ईसवी से लगभग एक हजार वर्ष पूर्व एक खिलौना बहुत लोकप्रिय था जिसके पलीते में आग लगाने पर वह आकाश की ओर उठकर उस स्थान से दूर जाकर भूमि पर वापस गिरता था। यद्यपि यह मात्र एक खिलौना-रॉकेट ही था किंतु इसे आधुनिक अंतरमहाद्वीपीय बैलिस्टिक मिसाइल (Inter Continental Ballistic Missile, ICBM) का प्रथम पूर्वज कहा जा सकता है।

उन्नीसवीं शताब्दी के अंत तक यह विश्वास किया जाता रहा कि रॉकेट

का प्रचालन केवल वायुमंडल में ही किया जा सकता है। किंतु एक रूसी अध्यापक त्सिल्कोव्स्की ने गणित के समीकरणों द्वारा इस मिथक को झूठा प्रमाणित कर दिया, क्योंकि इनके अनुसार रॉकेटों का प्रचालन किसी शून्य स्थान पर किया जाना भी संभव है। 16 मार्च, 1926 को रॉबिन गोडार्ड ने वायुमंडलीय अनुसंधान के लिए विश्व का सर्वप्रथम रॉकेट प्रक्षेपित करने में सफलता प्राप्त की। द्वितीय विश्व युद्ध के समय हर्मन ऑबर्थ नामक जर्मन भौतिकशास्त्री ने हिटलर के लिए वी-परिवार के वी-1 तथा वी-2 रॉकेटों का विकास किया। इन रॉकेटों द्वारा लंदन पर किए गए प्रहारों ने ब्रिटेन को पराजय की कगार पर खड़ा कर दिया था। इसी समय नाजी अत्याचारों द्वारा पीड़ित हजारों जर्मन यहूदी अन्य देशों में पलायन कर गए थे। इनमें कई प्रसिद्ध वैज्ञानिक भी थे जिन्होंने अमेरिका तथा रूस में अनेक क्षेत्रों में मौलिक अनुसंधान तथा विकास के कार्य किए। अंतरिक्ष विज्ञान भी ऐसा ही एक क्षेत्र था। सन् '50 के दशक में तो इन दोनों देशों में इस दिशा में एक होड़ प्रारंभ हो गई। 4 अक्तूबर, 1957 को रूस ने विश्व के सर्वप्रथम उपग्रह 'स्पूतनिक-1' को अंतरिक्ष में स्थापित करने में सफलता प्राप्त की। रूस की इस सफलता पर किसी अमेरिकी ने मजाक में कहा था कि रूसी यहूदी इस दिशा में अमेरिकी यहूदियों से अधिक बुद्धिमान निकले। स्पूतनिक-1 उपग्रह का भार 184 पाउंड था तथा यह पृथ्वी का एक चक्कर 96.2 मिनटों में लगाता था। इसका ग्रह-पथ अंडाकार था जिसकी पेरीजी (पृथ्वी से सबसे निकट का स्थान) 227 कि.मी. तथा एपोजी (पृथ्वी से सबसे दूर का स्थान) 941 कि.मी. थी। स्पूतनिक-1 की अंतरिक्ष में स्थापना के साथ ही अंतरिक्ष युग का प्रारंभ हो गया जिससे नागरिक तथा सैनिक, दोनों ही क्षेत्रों में एक नया आयाम स्थापित हो गया। नागरिक क्षेत्र में इसने विश्व को एक भू-मंडलीय गाँव (Global Village) बना दिया है जबकि सैनिक क्षेत्र में इसने एक ऐसी क्रांति ला दी है जिसकी एक झलक हमें खाड़ी युद्ध-91 में देखने को प्राप्त हुई थी।

स्पूतनिक-1 की स्थापना से अब तक हजारों उपग्रह विश्व के अनेक देशों द्वारा अंतरिक्ष में स्थापित किए जा चुके हैं जिनमें से कुछ चित्र 5.2 में दिखाए गए हैं। भारत ने भी अंतरिक्ष विज्ञान के क्षेत्र में उल्लेखनीय प्रयास किए हैं। भारत में इस क्षेत्र में अनुसंधान तथा विकास का कार्य सरकारी प्रतिष्ठान भारतीय अंतरिक्ष अनुसंधान संगठन (Indian Space Research Organisation, ISRO) द्वारा किया जा रहा है। भारत का सर्वप्रथम उपग्रह 'आर्यभट्ट' [चित्र 5.3(क)] था जिसे सन् 1975 में अंतरिक्ष में स्थापित किया गया था। आजकल यह संगठन मुख्यत: इंडियन नेशनल सैटेलाइट (Indian National Satellite), इनसैट (INSAT), की शृंखला

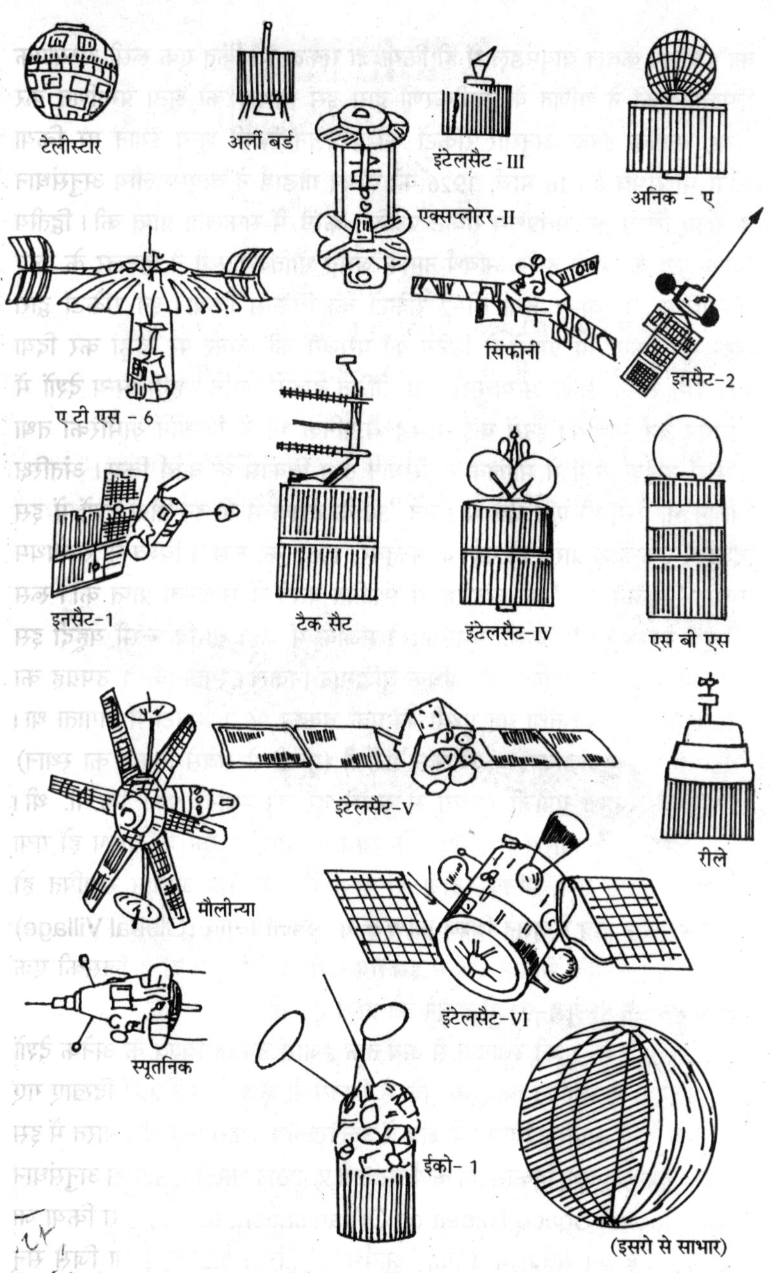

चित्र 5.2 : विभिन्न देशों द्वारा स्थापित किए गए उपग्रह

चित्र 5.3 (क) भारत निर्मित प्रथम वैज्ञानिक उपग्रह— आर्यभट्ट

के उपग्रह (चित्र 5.4 तथा 5.5) तथा भारतीय दूरस्थ संवेदी (Indian Remote Sensing, IRS) शृंखला (चित्र 5.3 ख) के उपग्रह स्थापित कर रहा है। आर्यभट्ट एक वैज्ञानिक उपग्रह था। इनसैट शृंखला के उपग्रह मुख्यत: दूरसंचार के लिए हैं तथा दूरस्थ संवेदी शृंखला के उपग्रह दूरस्थ संवेदी (Remote Sensing) के कार्य करते हैं।

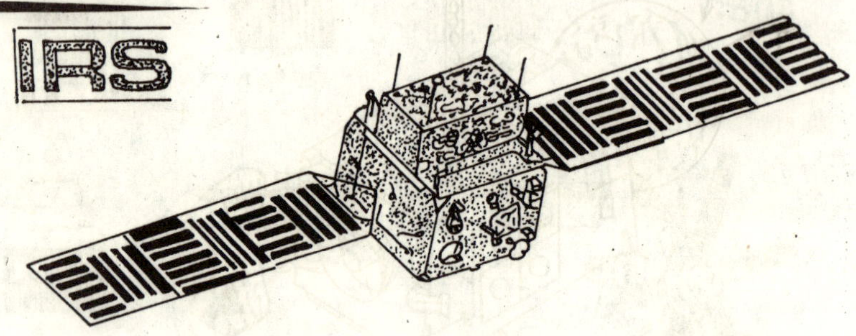

चित्र 5.3 (ख) भारत निर्मित प्रथम दूरस्थ संवेदी उपग्रह— आई.आर.एस.
(इसरो से साभार)

उपग्रहों की प्रचालन प्रणाली

किसी उपग्रह में मूलत: दो घटक होते हैं :

- प्रक्षेपक यान, तथा
- अंतरिक्ष यान

अंतरिक्ष यान की तुलना में प्रक्षेपक यान अधिक बड़ा तथा भारी होता है। प्रक्षेपक यान में स्थित उपकरणों की सहायता से इसका वेग तीस हजार कि.मी. प्रति घंटा तक पहुँचा दिया जाता है। इस वेग पर घूमती हुई कोई वस्तु वायुमंडल से पलायन (escape) कर अंतरिक्ष में पहुँच सकती है। पृथ्वी के घूर्णन (rotation)

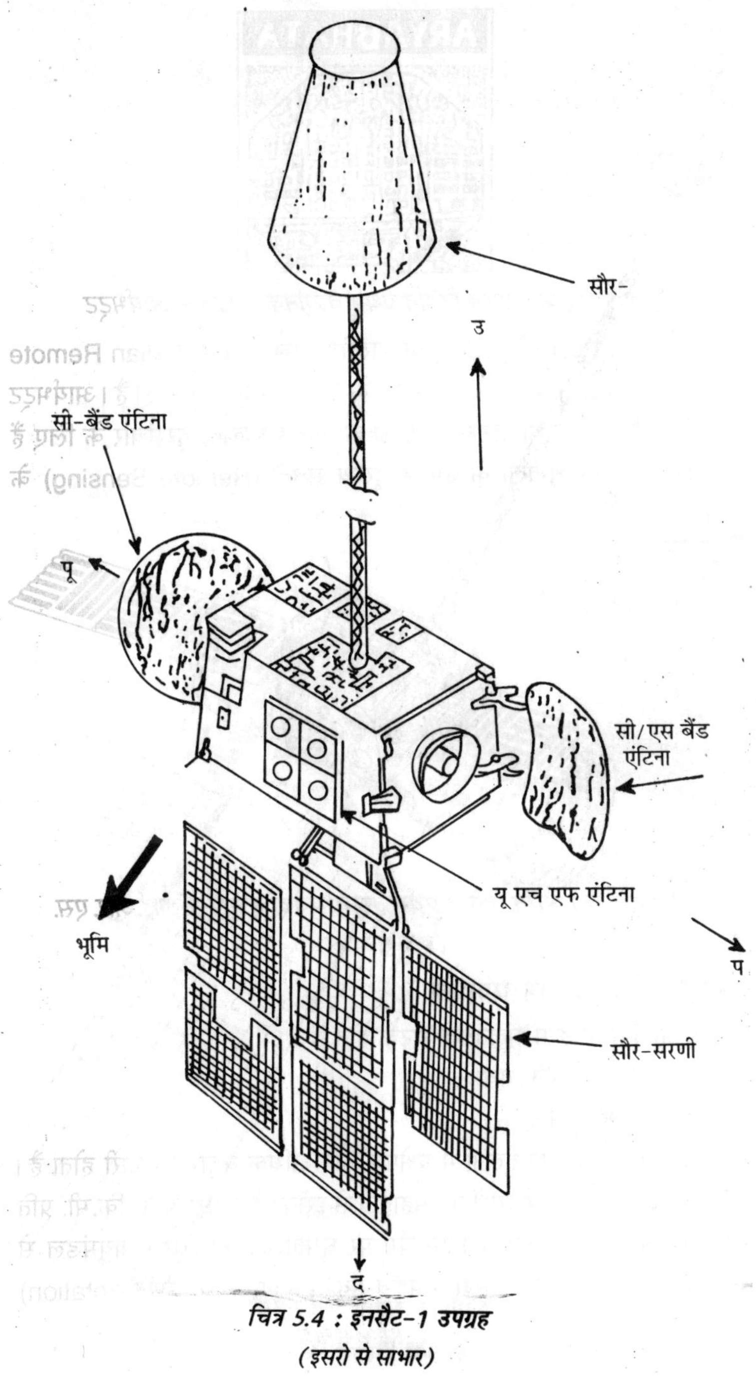

चित्र 5.4 : इनसैट-1 उपग्रह

(इसरो से साभार)

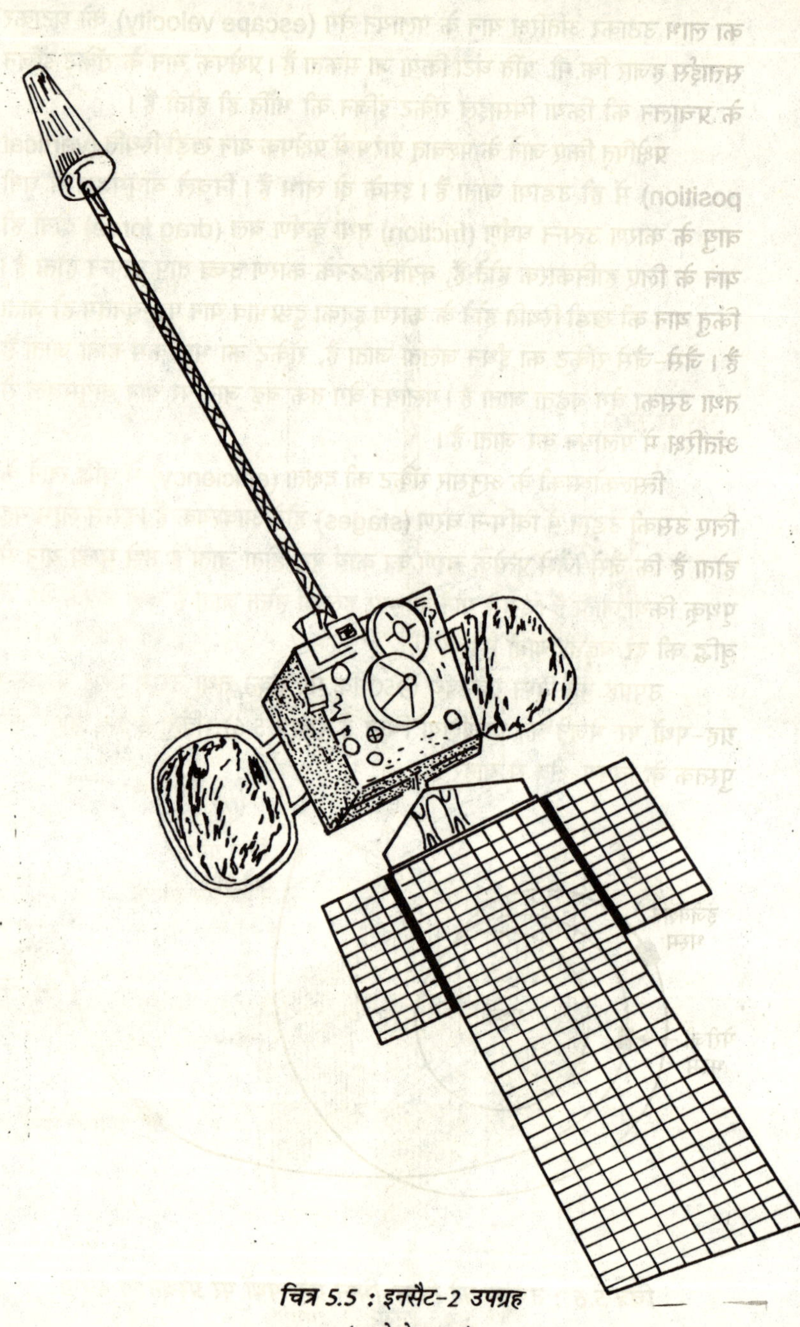

चित्र 5.5 : इनसैट-2 उपग्रह

(इसरो से साभार)

का लाभ उठाकर अंतरिक्ष यान के पलायन वेग (escape velocity) को घटाकर सत्ताईस हजार कि.मी. प्रति घंटा किया जा सकता है। प्रक्षेपक यान के रॉकेट इंजिन के प्रचालन की क्रिया मिसाइल रॉकेट इंजिन की भाँति ही होती है।

प्रक्षेपित किए जाने के पश्चात् प्रारंभ में प्रक्षेपक यान खड़ी स्थिति (vertical position) में ही उड़ाया जाता है। इसके दो लाभ हैं। निचले वायुमंडल में घनी वायु के कारण उत्पन्न घर्षण (friction) तथा कर्षण बल (drag force) दोनों ही यान के लिए हानिकारक होते हैं, क्योंकि उनके कारण उच्च ताप उत्पन्न होता है। किंतु यान की खड़ी स्थिति होने के कारण इनका दुष्प्रभाव यान पर न्यूनतम हो जाता है। जैसे-जैसे रॉकेट का ईंधन जलता जाता है, रॉकेट का भार कम होता जाता है तथा उसका वेग बढ़ता जाता है। पलायन वेग तक बढ़ जाने पर यान वायुमंडल से अंतरिक्ष में पलायन कर जाता है।

त्सिल्कोव्सकी के अनुसार रॉकेट की दक्षता (efficiency) में वृद्धि लाने के लिए उसकी उड़ान में विभिन्न चरण (stages) होने आवश्यक हैं। इससे लाभ यह होता है कि जैसे-जैसे प्रत्येक चरण का कार्य पूरा होता जाता है उसे मुख्य यान से पृथक् किया जाता है। इससे यान का भार हलका होता जाता है तथा उसके वेग में वृद्धि की दर बढ़ती जाती है।

उपग्रह को निम्न ग्रह-पथ (950 कि.मी. तक) तथा उससे ऊपर के अन्य ग्रह-पथों पर भेजने की प्रणालियाँ भिन्न हैं (चित्र 5.6), किंतु इनका वर्णन इस पुस्तक के विषय-क्षेत्र से बाहर है।

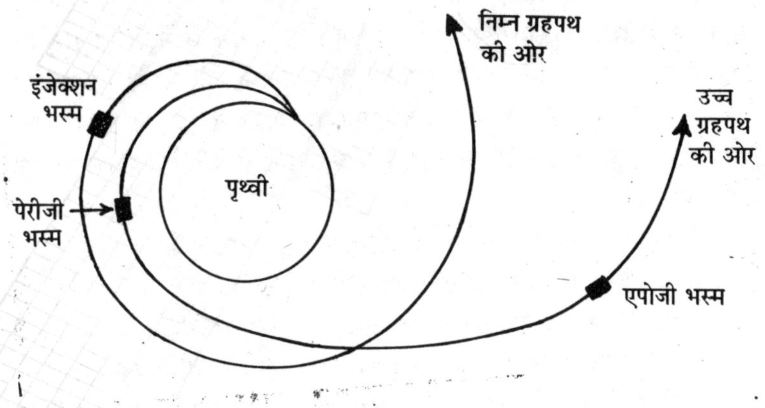

चित्र 5.6 : उपग्रह को भिन्न-भिन्न ग्रह-पथों पर प्रस्थापित करना

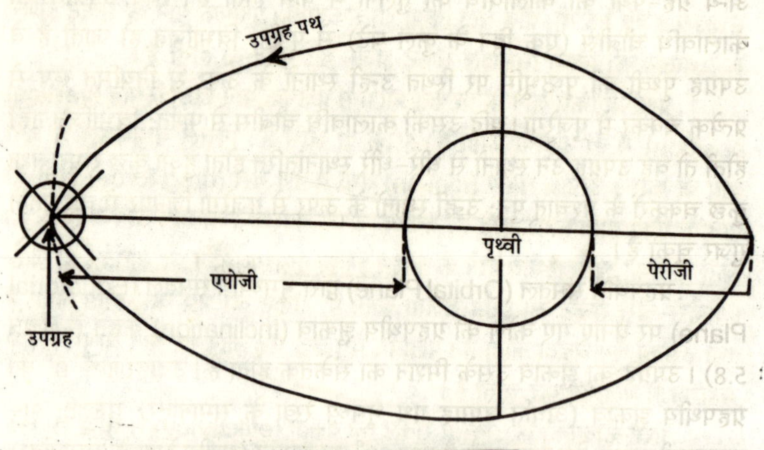

चित्र 5.7 : उपग्रह पथ की ज्यामिति

ग्रह-पथ के वर्ग

उपग्रह सामान्यतः अंडाकार ग्रह-पथ बनाते हैं (चित्र 5.7)। ग्रह-पथ की परिभाषा मुख्यतः उसके पृथ्वी से अधिकतम दूरी एपोजी (Apogee), पृथ्वी से न्यूनतम दूरी पेरीजी (Perigee), उसके झुकाव (Inclination) तथा उसकी कालावधि (Period) के माध्यम से की जाती है। दूरसंचार उपग्रह प्रायः छत्तीस हजार कि.मी. की ऊँचाई पर स्थापित किए जाते हैं। इस ऊँचाई को भू-तुल्यकालिक (geo-synchronous) ऊँचाई भी कहते हैं। सन् 1960 में न्यूक्लीय संसूचक (nuelear detection) उपग्रह छियानबे हजार कि.मी. की ऊँचाई पर स्थापित किए गए थे। मौसम उपग्रहों की ऊँचाई प्रायः एक हजार से पंद्रह सौ कि.मी. तक होती है। जासूसी उपग्रह एक सौ साठ से पाँच सौ कि.मी. की ऊँचाई तक स्थापित किए जाते हैं।

ग्रह-पथों को तीन वर्गों में विभाजित किया जा सकता है :

1. निम्न ग्रह-पथ (Low Earth Orbit, LEO)
2. मध्यम ग्रह-पथ (Medium Earth Orbit, MEO)
3. भू-स्थिर ग्रह-पथ (Geostationary Earth Orbit, GEO)

उपग्रहों के पथ की कालावधि ग्रह-पथ की ऊँचाई पर निर्भर करती है। सभी उपग्रह, चाहे वे किसी भी ऊँचाई पर स्थापित हों, तीस हजार कि.मी. प्रति घंटा के वेग से चक्कर लगाते रहते हैं। इसलिए निम्न ऊँचाई के ग्रह-पथों की कालावधि

अन्य ग्रह-पथों की कालावधि की तुलना में कम होती है। जिन उपग्रहों की कालावधि चौबीस (एक दिन के कुल घंटे) से पूर्णतः विभाजित हो जाती है वे उपग्रह पृथ्वी की पृष्ठभूमि पर स्थित उन्हीं स्थानों के ऊपर से नियमित रूप से प्रत्येक चक्कर में गुजरेगा। यदि उसकी कालावधि चौबीस से पूर्णतः विभाजित नहीं होती तो वह उपग्रह उन स्थानों से धीरे-धीरे स्थानांतरित होता हुआ कुछ समय तथा कुछ चक्करों के पश्चात् पुनः उन्हीं स्थानों के ऊपर से गुजरेगा जिनपर से वह पहले गुजर चुका है।

ग्रहपथीय समतल (Orbital Plane) द्वारा भूमध्यीय समतल (Equatorial Plane) पर बनाए गए कोण को ग्रहपथीय झुकाव (Inclination) कहते हैं (चित्र 5.8)। उपग्रह का झुकाव उसके मिशन का संकेतक होता है। उदाहरणार्थ, 0° का ग्रहपथीय झुकाव (अर्थात् उपग्रह पथ भूमध्य रेखा के समानांतर) मुख्यतः भू-तुल्यकारी उपग्रह हेतु रखा जाता है तथा 90° का झुकाव (ध्रुवीय रेखा के समानांतर) मुख्यतः खोजी उपग्रह (Reconnaissance Satellite) हेतु रखा जाता है।

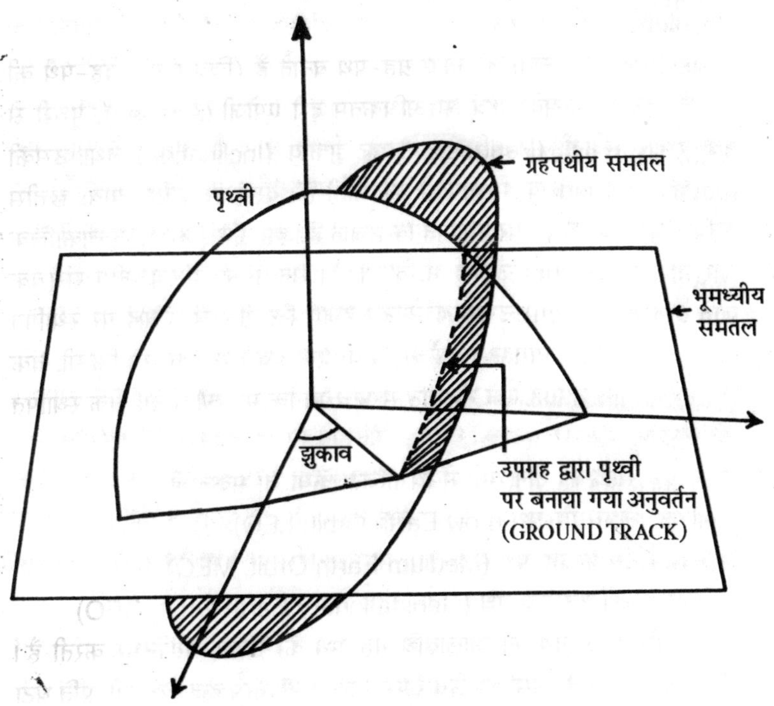

चित्र 5.8 : उपग्रह कक्षा की ज्यामिति

जासूसी उपग्रह

सन् 1959 में जब विशेष रूप से शत्रु क्षेत्र पर खोज तथा जासूसी हेतु अमेरिका ने 'डिस्कवरर' (Discoverer)नामक उपग्रह को अंतरिक्ष में प्रस्थापित किया तब सैनिक नभीय चित्रकारी (Aerial Photography) के क्षेत्र में अभूतपूर्व विकास हुआ, क्योंकि उसके काफी समय बाद तक भी पृथ्वी से उपग्रह पर प्रहार करनेवाला कोई भी आयुध विकसित नहीं हुआ था। सन् 1960 में जब अमेरिकी पायलट गैरी पावर्स के जासूसी विमान यू-2 को रूस ने अपनी सैम (SAM) मिसाइल द्वारा धराशायी कर दिया तब अमेरिकी रक्षा नीति-निर्धारकों ने निर्णय लिया कि शत्रु क्षेत्र पर जासूसी करने के लिए उपग्रहों का अधिकाधिक उपयोग किया जाएगा। तब से अनेक देशों ने, जिनमें अमेरिका तथा सोवियत संघ अग्रणी रहे हैं, सहस्रों छोटे-बड़े जासूसी उपग्रहों को अंतरिक्ष में प्रस्थापित किया है जिनकी सहायता से वे इलेक्ट्रॉनिकी सूचना संग्रह (Electronic Support Measures, ECM) करते रहे हैं। इन जासूसी उपग्रहों में उच्च विभेदक कैमरे (High Resolution Cameras) तथा इलेक्ट्रॉनिकी उत्सर्जनों (Electronic Emissions) को अभिलिखित (record) करने के लिए विशेष उपकरण लगे होते हैं। इन उपकरणों में शत्रु क्षेत्र से उत्सर्जित तथा संप्रेषित हो रहे समस्त संचार तथा राडार संकेतों को अभिलिखित कर लिया जाता है तथा उन्हें संहिताबद्ध (codify) कर तत्काल ही अपने संग्राहकों तक प्रेषित कर दिया जाता है, जहाँ उनका विश्लेषण कर वास्तविक समय (real time) सूचना प्राप्त की जाती है। ये जासूसी उपग्रह निश्चित ग्रहपथ पर निश्चित कालावधि के लिए ही प्रस्थापित किए जाते हैं तथा अपना मिशन पूरा करने के पश्चात् इन्हें नष्ट कर दिया जाता है।

अमेरिका ने प्रारंभिक वर्षों में ही उपग्रह तथा प्रक्षेपास्त्र प्रेक्षक तंत्र सैमोस (Satellite and Missile Observation System, SAMOS) नामक उपग्रहों की शृंखला, प्रतिमाह एक की दर पर, सोवियत संघ के आकाश पर स्थापित किए। ये उपग्रह सोवियत सेना के संचार, राडार तथा मिसाइल द्वारा संप्रेषित अथवा उत्सर्जित समस्त विद्युत्-चुंबकीय ऊर्जा को कैसेटों में संगृहीत कर प्रतिदिन एक निश्चित समय पर पैराशूट के द्वारा प्रशांत महासागर पर गिरा देते थे जहाँ अमेरिकी युद्धपोत उनको उठाने के लिए तत्पर रहते थे।

सैमोस उपग्रहों के अतिरिक्त अमेरिका ने मिडास (MIDAS) उपग्रह को भी जासूसी कार्य के लिए स्थापित किया। इन उपग्रहों में अवरक्त संवेदित्र (Infra Red Sensors) लगे थे जो सोवियत प्रायोगिक बैलिस्टिक मिसाइल द्वारा निष्कासित

अवरक्त ऊर्जा का संग्रहण कर उनसे आसूचना प्राप्त करते थे।

इसके पश्चात् अमेरिका ने ग्यारह टन वजन के बिग-बर्ड नामक एक उपग्रह की स्थापना अंतरिक्ष में की जिसकी सहायता से फाकलैंड युद्ध के समय अर्जेंटीनी सेना के तमाम ठिकानों के चित्र ब्रिटेन को दिए तथा उन्हें फाकलैंड में सान-कार्लोस में उतरने में मार्गदर्शित किया।

अंतरिक्ष इलेक्ट्रॉनिकी तथा शीत युद्ध

अमेरिका ने इलेक्ट्रॉनिकी आसूचना प्राप्त करने के लिए एलिंट (Elint)नामक एक भू-स्थिर उपग्रह सोवियत संघ के प्रायोगिक मिसाइल रेंज (Experimental Missile Range) से छत्तीस हजार कि.मी. की ऊँचाई पर प्रस्थापित कर रखा था। इस उपग्रह में अनेकों अवरक्त संवेदित्र तथा इलेक्ट्रॉनिकी संग्राहक एवं कैमरे आदि लगे थे जिनकी सहायता से यह उपग्रह सोवियत संघ के त्युराताम रेंज (जहाँ से मिसाइल प्रक्षेपित की जाती थी)से कामचाट्का (जहाँ मिसाइल गिरती थी) तक, अर्थात् प्रायोगिक मिसाइल की आदि से अंत तक की सारी तकनीकी जानकारियाँ प्राप्त कर लेता था। इसके अतिरिक्त अमेरिका ने कम्यूनिस्ट चीन से समझौता कर, चीन की कोरला तथा किताई पहाड़ियों में 'केवल सुनने की चौकी (listening post only)' भी स्थापित कर रखी थी, जिनसे सोवियत संघ द्वारा प्रक्षेपित किए गए प्रायोगिक प्रक्षेपास्त्रों के टेलीमीटर संकेतों का संग्रहण किया जाता था। इन संकेतों से सोवियत प्रक्षेपास्त्रों के महत्त्वपूर्ण प्राचलों (parameters) को प्राप्त किया जाता था।

अमेरिकी सेना की वस्तु-सूची (inventory) में पूर्व चेतावनी वर्ग के उपग्रह (early warning satellite) भी सूचीबद्ध हैं, जिनका मुख्य उद्देश्य शत्रु के आकस्मिक आक्रमण (surprise attack) की अधिकतम पूर्व सूचना देकर अपनी तथा मित्र सेना को अचंभित रह जाने से बचाना है। इन उपग्रहों में लगे हुए संवेदित्र निम्नलिखित कार्य करते हैं :

- विश्व के किसी भी स्थान पर किए गए न्यूक्लीय धमाके को अभिलिखित करना,
- अंतरमहाद्वीपीय बैलिस्टिक मिसाइल (ICBM) के प्रक्षेपित किए जाने का संसूचन (detection) करना,
- अवरक्त किरण मार्गदर्शित मिसाइलों (IR Guided Missiles) का संसूचन करना,
- महासागरों की चौकसी (surveillance) करना, तथा

❑ छद्म औद्योगिक कारखानों (Decoy Industrial Units) का पता लगाना।

अमेरिका की भाँति ही दूसरी महाशक्ति, (तत्कालीन) सोवियत संघ ने भी अपने खुफिया उपग्रहों का संजाल फैला रखा था जिनसे वह अपने शत्रुओं तथा मित्रों, दोनों की सैनिक तथा अन्य गतिविधियों की जानकारी प्राप्त करता रहता था। उसके समस्त सैनिक उपग्रह कॉस्मॉस (Cosmos) कहलाते थे। सन् 1971 के भारत-पाक युद्ध के समय उसने दो कॉस्मॉस उपग्रह विशेष रूप इन दोनों देशों की जासूसी के लिए अंतरिक्ष में प्रस्थापित किए थे। इसी प्रकार सन् 1973 के यौम किप्पूर (अरब-इज्रायल) युद्ध के समय भी उसने दो विशेष कॉस्मॉस उपग्रह प्रस्थापित किए थे। तदुपरांत यह पता लगाने के लिए कि इज्रायल युद्ध विराम की शर्तों के अनुसार अपनी सेना हटा रहा है अथवा नहीं, उसने चार अन्य कॉस्मॉस उपग्रह अंतरिक्ष में भेजे। नाटो (NATO) गुट के राडारों के इलेक्ट्रॉनिकी उत्सर्जनों का पता लगाने के लिए सोवियत संघ ने सौ से अधिक कॉस्मॉस उपग्रहों का उपयोग किया था। अमेरिका की ही भाँति सोवियत संघ अपने कुछ उपग्रहों का उपयोग प्रशांत महासागर, अंधमहासागर तथा भूमध्यसागर स्थित क्रमशः सातवें, दूसरे तथा छठे अमेरिकी जहाजी बेड़ों की निरंतर टोह लेने के लिए करता रहता था ताकि युद्ध होने की स्थिति में इनपर घातक प्रहार किए जा सकें। इन उपग्रहों में न्यूक्लीय शक्तिचालित राडार लगे होते थे। ईरान में इसलामी क्रांति से पूर्व कुछ वर्षों तक सोवियत संघ के कॉस्मॉस उपग्रह ऐसे ग्रह-पथ पर प्रस्थापित किए जाते रहे जिनसे ईरान की गतिविधियों की इलेक्ट्रॉनिकी जासूसी की जाती थी। इसी प्रकार सोवियत संघ ने कुछ कॉस्मॉस उपग्रहों को ऐसे ग्रह-पथ पर प्रस्थापित किया जो कैलिफोर्निया (अमेरिका) के रक्षा उद्योग में नित नए विकसित उच्च इलेक्ट्रॉनिकी तकनालॉजी पर आधारित युद्ध के उपकरणों के विषय में स्रोत से ही जानकारी लेते थे। सैन फ्रांसिस्को, कैलिफोर्निया में सोवियत कांसुलेट (Consulate) में शक्तिशाली संग्राहक लगे हुए थे। इन संग्राहकों में क्षीणतम रेडियो संकेतों को भी अधिग्रहण करने की क्षमता थी। कांसुलेट से कुछ मील दूर नगर के दक्षिणी भाग में एक माइक्रोवेव टावर लगा था, जिसकी सहायता से अमेरिकी रक्षा उद्योग अपने अन्वेषणों, विकसित उपकरणों, उनके परीक्षणों तथा उत्पादनों आदि के विषय में नवीनतम सूचनाओं का आदान-प्रदान करते थे। इन सूचनाओं को उपरिलिखित सोवियत संग्राहक के साथ लगे अभिलेखित्रों (recorders) में संगृहीत कर लिया जाता था। तदुपरांत इन सूचनाओं के आँकड़ों को सोवियत खुफिया संगठन के जी बी (KGB) के एजेंट वहनीय संप्रेषकों (Portable Transmitters) की सहायता से पूर्व

निर्धारित समय पर सीधे कॉस्मॉस उपग्रहों को प्रेषित कर दिया करते थे। इलेक्ट्रॉनिकी सूचना संग्रह (ESM) के क्षेत्र में यह सोवियत संघ की एक बड़ी उपलब्धि मानी गई है।

आज कंप्यूटर संचार (Computer Communication) एक अत्यंत उपयोगी विधा सिद्ध हो रही है तथा अन्य क्षेत्रों की भाँति सैनिक क्षेत्रों में भी इसका व्यापक प्रयोग किया जा रहा है। इस माध्यम से रक्षा औद्योगिक परिसर भी अपने उत्पादों की अनेक समस्याओं तथा उनके निदानों की सूचनाओं का आपस में आदान-प्रदान करते हैं। इस माध्यम में डाटा लिंक के रूप में उपग्रहों का व्यापक उपयोग किया जाता है। इस उपग्रह संचार के संकेतों का अपरोधन (interception) कर प्रायः ऐसी सूचनाएँ प्राप्त होती रहती हैं जो अत्यंत महत्त्वपूर्ण भी हो सकती हैं।

उपग्रह का सैनिक महत्त्व

उपग्रहों का तीन महत्त्वपूर्ण सैनिक कार्यों में उपयोग किया जाता है :

1. सैनिक कमान, नियंत्रण तथा संचार (Control, Command and Communication, C3) के क्षेत्रों में उपग्रह अनेक कार्यों में सहायक हो सकता है :

- उपग्रहों के माध्यम से सैनिक कमान तथा नियंत्रण केंद्रों को आँकड़े प्रेषित करना।
- भू-स्थित कमान तथा नियंत्रण मुख्यालयों एवं सैनिक इकाइयों के बीच सुचारु तथा व्यापक संचार व्यवस्था स्थापित करने एवं निरंतर बनाए रखने में सहायता करना।
- संचार उपग्रहों के माध्यम से वायुसेना, नौसेना तथा चलित थलसेना के बीच संचार व्यवस्था स्थापित करना।
- संचार उपग्रहों के माध्यम से सैनिक तथा नागरिक अधिकारियों के मध्य संचार व्यवस्था स्थापित करना।

2. मौसम संबंधी सूचना किसी भी सैनिक अभियान में अत्यंत आवश्यक होती है क्योंकि कोई भी अभियान मौसम के कारण बन अथवा बिगड़ सकता है। उदाहरणार्थ, किसी फोटोग्राफी अथवा बमबारी मिशन के लिए उस स्थान के ऊपर एकत्रित हो रहे बादलों तथा उनके परिवर्तनीयता की दिशा तथा गति आदि का ज्ञान होना अति आवश्यक है। मौसम संबंधी जानकारी हमें उचित आयुधों के चुनाव तथा मिसाइल एवं रॉकेट जैसे आयुधों को प्रक्षेपित करने के समय को निश्चित करने में भी सहायक होती है। मौसम ज्ञात करने के लिए विशेष प्रकार के उपग्रह होते हैं।

ऐसे उपग्रहों का अपना एक अभिलाक्षणिक ग्रह-पथ (Characteristic Orbit) होता है। सूर्य तुल्यकारिक ग्रह-पथ (Sun Synchronous Orbit) ऐसा ही एक ग्रह-पथ है। इस ग्रह-पथ की विशेषता यह है कि इसपर चक्कर काट रहे उपग्रह उत्तरी तथा दक्षिणी ध्रुवों के ऊपर लगभग आठ-नौ सौ किलोमीटर की ऊँचाई पर प्रत्येक सौ मिनट के अंतराल से गुजरते हैं। इस प्रकार ये उपग्रह किसी स्थान विशेष के ऊपर से प्रतिदिन उन्हीं समयों पर अनेकों बार गुजरते हैं, तथा उस स्थान पर मौसम में हो रहे परिवर्तन की जानकारी प्राप्त करते व भेजते रहते हैं।

3. सुदूर संवेदन (Remote Sensing) एक अति महत्त्वपूर्ण सैनिक कार्य-कलाप है जिसमें उपग्रहों के विकास ने सराहनीय योगदान किया है। फोटोग्राफी अथवा इलेक्ट्रॉनिकी सूचना-संग्रह के मिशन के अतिरिक्त महासागरीय निरीक्षण (Ocean surveillance), पूर्व चेतावनी प्राप्ति, दिक्चालन (Navigation) तथा भूमंडलीय स्थिति निर्धारण (Global positioning) आदि कार्य सुदूर संवेदन के अंतर्गत ही आते हैं।

एक आकलन के अनुसार पिछले पच्चीस वर्षों में अंतरिक्ष में प्रस्थापित किए गए सैनिक उपग्रहों में से चालीस प्रतिशत उपग्रह मुख्यतः फोटोग्राफी द्वारा सूचना एकत्रित करने का कार्य करते हैं। इस कार्य के लिए छाया तथा टी.वी. कैमरों के अतिरिक्त सूक्ष्मतरंग राडार (Microwave Radar), अवरक्त संवेदित्र (Infra Red Sensor), विद्युत्-प्रकाशीय संवेदित्र (Electro Optical Sensor) तथा बहु-वर्णक्रमित क्रमवीक्षण तंत्र (Multispectral Scanner System, MSS) आदि का प्रयोग भी किया जाता है। इनसे प्राप्त आसूचनाओं (intelligence) द्वारा शत्रु की सैनिक तथा असैनिक क्षमताओं का मूल्यांकन किया जाता है; अपने एवं मित्रों के भू-आधारित पारंपरिक एवं न्यूक्लीय शस्त्रों द्वारा लक्ष्य भेद में सहायता दी जाती है; तथा अपने राष्ट्रीय संकटों एवं विरोधों के अनुवीक्षण (monitoring of crises and conflicts) आदि कार्यों में भी सहायता प्राप्त होती है।

इलेक्ट्रॉनिकी आसूचना प्राप्त करने के लिए उपग्रहों में ऐसे विशेष उपकरण लगाए जाते हैं जो सैनिक कार्यों के लिए उत्सर्जित रेडियो तथा राडार संकेतों का संसूचन कर सकें। सैनिक कमानों के परस्पर संचार संकेत, पूर्व-सूचना राडार, वायु-प्रतिरक्षा राडार तथा मिसाइल राडार द्वारा उत्सर्जित ऊर्जा तथा संकेतों को ग्रहण कर उन उपकरणों की क्षमता का पता ऐसे उपग्रहों द्वारा ही लगाया जाता है।

सागर तल पर तथा उसके गर्भ में तैर रहे युद्धपोतों, व्यापारिक जलपोतों तथा पनडुब्बियों आदि के निरीक्षण कार्य (surveillance) के लिए अनेक उपग्रहों के एक समूह का प्रयोग किया जाता है। ऐसे उपग्रहों में प्रतिबिंबन (imaging) क्षमता

युक्त कृत्रिम द्वारक राडार (Synthetic Aperture Radar, SAR) का उपयोग किया जाता है। इस राडार का सुचारु रूप से उपयोग करने के लिए अधिक विद्युत् शक्ति (Electric power) की आवश्यकता होती है जिसे न्यूक्लीय पदार्थ युक्त होने के कारण ये उपकरण वायुमंडल तथा भू-तल को हानि पहुँचा सकते हैं।

उपग्रह की सहायता से किसी बैलिस्टिक मिसाइल के छोड़े जाने के तुरंत बाद ही पूर्व चेतावनी प्राप्त करने के लिए उपग्रह में अवरक्त संवेदित्र लगाए जाते हैं जो रॉकेट से उत्सर्जित होते हुए ताप को ग्रहण कर उसकी उपस्थिति की सूचना प्राप्त कर लेते हैं तथा उसको भू-स्टेशन तक पहुँचा देते हैं। भू-स्टेशन इस सूचना को मुख्यालयों तक पहुँचा देते हैं। यहाँ इनका विश्लेषण कर तीन सौ सेकंडों में ही यह स्थापित कर लिया जाता है कि प्रक्षेपित की गई मिसाइल केवल परीक्षण के लिए है अथवा आक्रामक है और तदनुसार कार्यवाही की जाती है। तीन सौ सेकंड का समय अंतरमहाद्वीपीय मिसाइल के उड़ान समय से कम ही है।

आधुनिक युद्धों में टैंक, विमान, युद्धपोत, पनडुब्बी तथा मिसाइल आदि ऐसे चलित आयुध (mobile weapons) हैं जिनकी भौतिक स्थिति निरंतर परिवर्तित होती रहती है। इन लक्ष्यों पर अचूक प्रहार करने के लिए प्रतिपल इनकी सही स्थिति का ज्ञान होना आवश्यक है। शताब्दियों से यह कार्य तारों तथा नक्षत्रों की स्थिति देखकर किया जाता रहा है जो निश्चय ही अतिविश्वसनीय नहीं रहा है। अब उपग्रहों की सहायता से यह कार्य सरलतापूर्वक तथा अधिक विश्वसनीयता के साथ किया जाने लगा है। किसी भी चलित लक्ष्य की सही स्थिति ज्ञात करने के लिए कम-से-कम तीन उपग्रहों की आवश्यकता पड़ती है। इसलिए अनेक देशों के बहुत से उपग्रह हर समय अंतरिक्ष में पृथ्वी का चक्कर काटते रहते हैं। अमेरिका का नवस्टार ग्लोबल पोजीशनिंग सिस्टम (Navstar Global Positioning System) तथा रूस का ग्लोबल नैविगेशन सैटेलाइट सिस्टम (Global Navigation Satellite System, GLONASS) ऐसे संयंत्र हैं जो बहुचर्चित रहे हैं।

रक्षा उपग्रह की विशेषताएँ

रक्षा उपग्रह में अनेक विशेषताएँ होती हैं। इनमें से कुछ हैं :

- उपग्रह संचार व्यवस्था संकुलन (jammings), अपरोधन (interception), धोखा (spoofing), तथा अंतरिक्ष एवं भू-स्थित उपकरण आदि प्रत्येक प्रकार की बाधाओं से सुरक्षित हो।
- विभिन्न प्रकार के परिदृश्यों में भी यह संचार माध्यम विश्वसनीय रहे।
- भिन्न-भिन्न प्रकार के उपभोक्ताओं को सेवा प्रदान करने की

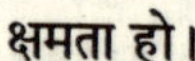

क्षमता हो।

- अन्य संजालों तथा संचार माध्यमों के अनुरूप (compatible) हो।
- भिन्न अधिकार-क्षेत्र वाले उपग्रह संचार के साथ कार्य करने की अनुरूपता हो।
- बड़ी संख्या में चलित उपभोक्ताओं (mobile users) द्वारा एक साथ उपयोग कर पाने की क्षमता हो।

रक्षा उपग्रह संचार व्यवस्था में एक ही ट्रांसपॉन्डर को विभिन्न क्षमतावाले अंतकों (terminals) द्वारा एक ही समय पर उपयोग करने की आवश्यकता पड़ती है। इनकी आवश्यकता कितने समय तक रहेगी यह भी निश्चित नहीं रहता है। इसलिए डिमांड-असाइन व्यवस्था (demand-assign scheme) नामक एक विशेष तकनीक द्वारा इस आवश्यकता को पूरा किया जाता है।

रक्षा उपग्रह संचार प्राय: दो वर्गों के होते हैं—स्ट्रैटजिक तथा टैक्टिकल। स्ट्रैटजिक संचार बड़े तथा स्थायी भू-स्टेशनों से तथा टैक्टिकल संचार छोटे तथा चालित अंतकों द्वारा स्थापित किए जाते हैं। रक्षा उपग्रह संचार में टैक्टिकल संचार तथा छोटे चालित अंतकों की विशेष आवश्यकता पड़ती है। इसके अतिरिक्त रक्षा संचार में ध्वनि (speech)का नियंत्रण प्राय: अंकीय (digital) होता है ताकि उनको संहिताबद्ध कर सुरक्षित बनाया जा सके।

अंतरिक्ष आयुधों का वर्गीकरण

अंतरिक्ष आयुधों को चार वर्गों में रखा जा सकता है :

- आयुध जो वायुमंडल से अंतरिक्ष में प्रहार करते हैं,
- आयुध जो अंतरिक्ष से अंतरिक्ष में प्रहार करते हैं,
- आयुध जो अंतरिक्ष से वायुमंडल तथा भू-तल के लक्ष्यों पर प्रहार करते हैं, तथा
- आयुध जो वायुमंडल से अंतरिक्ष में प्रवेश कर अपनी अधिकतर यात्रा अंतरिक्ष में पूरी कर पुन: वायुमंडल में प्रवेश कर भू-स्थित लक्ष्यों पर प्रहार करते हैं।

एक मत के अनुसार अंतरिक्ष आधारित ऐसे उपकरण जो दूरसंचार, दिक्-चालन, मौसम आदि की जानकारी के लिए पिछले दो दशकों से भी अधिक समय से उपयोग में लाए जा रहे हैं, आयुध की परिभाषा से बाहर हैं, भले ही इनसे सैनिक क्षमता में वृद्धि होती हो। एक अन्य मतानुसार उपग्रहों के सैनिक कार्यों में उपयोग का अर्थ ही अंतरिक्ष का सैनिकीकरण कहा जाएगा। इसलिए मिसाइलों तथा उपग्रहों

पर प्रहार करने के लिए अंतरिक्ष आधारित सुविधाओं का सैनिक कार्यों में उपयोग करना भले ही केवल एक छोटा कदम बढ़ाना ही कहा जाए, किंतु यह एक अति महत्त्वपूर्ण कदम होगा। भारत, नाइजीरिया तथा निर्गुट दल के अन्य सदस्य देशों के अनुसार (निरस्त्रीकरण कॉन्फ्रेंस 12 अगस्त, 1986), न्यूक्लीय शस्त्रों तथा अंतरिक्ष शस्त्रों में एक बहुत गहरा संबंध है। इसलिए, नाइजीरिया के अनुसार, अंतरिक्ष को हथियाने की चूहा-दौड़ को रोकने से पहले यह आवश्यक है कि न्यूक्लीय परीक्षण को पूरी तरह से समाप्त करने की संधि पर हस्ताक्षर किए जाएँ।

यह भी एक विवाद का विषय है कि अंतरिक्ष आधारित आक्रामक तथा रक्षात्मक शस्त्रों में क्या अंतर है? इसका एक सीधा तथा सरल उत्तर तो यह है कि जो अंतरिक्ष-शस्त्र शत्रु के सैनिक, आर्थिक अथवा अन्य किसी पूँजी के विरुद्ध शांतिकाल में प्रयोग किया जाए वह आक्रामक शस्त्र कहलाएगा। इसी प्रकार जो अंतरिक्ष-शस्त्र शत्रु के आयुधों को लॉन्च किए जाने के पश्चात् उन्हें नष्ट करने के लिए प्रयोग किया जाए वह रक्षात्मक शस्त्र कहलाएगा। किंतु यह अंतर बताना भी एक कठिन कार्य है क्योंकि वे सभी अंतरिक्ष-शस्त्र जो 'आक्रामक शस्त्र' की परिभाषा में आते हैं, रक्षा के लिए भी उपयोग किए जाते हैं। इसी प्रकार अनेक रक्षात्मक शस्त्रों का उपयोग आक्रामक शस्त्रों की भाँति भी किया जा सकता है।

बैलिस्टिक मिसाइल अपने आपमें एक अनूठा उदाहरण है। एक अंतरमहाद्वीपीय बैलिस्टिक मिसाइल अपनी यात्रा का लगभग अस्सी प्रतिशत भाग अंतरिक्ष में ही व्यतीत करती है, किंतु फिर भी इसे अंतरिक्ष-शस्त्र नहीं कहा जाता। वैसे, यदि ऐसी मिसाइलों को अंतरिक्ष-शस्त्र की श्रेणी में मनोनीत कर दिया जाए तो इसे अंतरिक्ष आयुधों की मानी गई परिभाषा का अतिक्रमण भी नहीं माना जाएगा।

प्रति-उपग्रह उपग्रह

उपग्रहों के तकनीकी विकास, युद्ध में उनके नित नए उपयोग तथा उनसे उत्पन्न नए खतरों को देखते हुए आक्रामक उपग्रहों को अंतरिक्ष में ही नष्ट कर देने के लिए आवश्यक तकनीकों पर अनुसंधान तथा प्रयोग किए जाने लगे। उपग्रहों का एक कार्य अंतरमहाद्वीपीय बैलिस्टिक मिसाइल का संसूचन कर उनकी पूर्व-सूचना प्राप्त करना था। इसलिए ऐसे उपग्रहों का विकास करने की ओर ध्यान दिया गया जो पूर्व-सूचना उपग्रहों (Early Warning Satellites) को पहचान सकें। ऐसे उपग्रहों को नष्ट करने अथवा उन्हें प्रभावहीन बनाने के लिए विशेष तकनीक पर आधारित जिन उपग्रहों का विकास किया गया उन्हें प्रति-उपग्रह उपग्रह (Antisatellite Satellite, ASATSAT) कहते हैं। इस विशेष तकनीक में प्रति-

उपग्रह उपग्रह को शत्रु के उपग्रह के निकट लाकर धमाके के साथ विस्फोट कर दिया जाता है। इस तरह प्रति-उपग्रह उपग्रह के बड़े-बड़े टुकड़े अति तीव्र गति के साथ शत्रु के उपग्रह से जा टकराते हैं तथा उन्हें नष्ट कर देते हैं। उपग्रहों को इस तरह नष्ट होने से बचाने के लिए उनके कवच (outer shell) को सुदृढ़ किया गया। तब ऐसे कवचों को प्रभावहीन करने के लिए एक नवीन तकनीक विकसित की गई जिसमें लेजर तथा इलेक्ट्रॉनिकी अवरोधन उपायों (Electronic Counter Measures, ECM) द्वारा उपग्रह के संकेतों को संकुलित कर दिया जाता है। इस प्रकार के उपायों की सहायता से शीत-युद्ध के समय महाशक्तियाँ अमेरिका तथा सोवियत संघ एक दूसरे के उपग्रहों के संकेतों को प्रायः ही संकुलित करते रहे।

एक अन्य विशेष तकनीक में इलेक्ट्रॉनिकी अवरोधन उपाय के प्रयोग द्वारा प्रति-उपग्रह उपग्रह की सहायता से शत्रु के सैनिक उपग्रह को छद्म संकेतों द्वारा उनके अंतरिक्ष ग्रह-पथ से वायुमंडलीय ग्रह-पथ पर आने के लिए बाध्य किया जाता है जहाँ वह स्वयं जलकर भस्म हो जाता है। किंतु अब ऐसे इलेक्ट्रॉनिकी अवरोध अवरोधन उपाय (Electronic Counter Counter Measures, ECCM) ढूँढ़ लिये गए हैं जिसमें पृथ्वी से उपग्रह को भेजे जानेवाले कमान संकेतों को संहिताबद्ध (coded) किया जाने लगा है ताकि उनके स्थान पर भेजे गए छद्म संकेत कारगर न हो सकें।

प्रति-उपग्रह उपग्रह की तकनीकों में नित नए सुधारों के लिए (तत्कालीन) सोवियत संघ ने कॉस्मॉस शृंखला के सौ से भी अधिक प्रयोग किए। इस भय से कि वास्तविक युद्ध में सेवियत संघ इन नवीन इलेक्ट्रॉनिकी तकनीकों का प्रयोग कर सकता है, अमेरिका ने अनेकों सक्रिय संकुलकों (Active Jammers) का विकास किया। किंतु सक्रिय संकुलकों के अंतरिक्ष में प्रयोग करने में अनेकों तकनीकी कठिनाइयाँ पाई गईं। इसलिए अंततः इलेक्ट्रॉनिकी भूसा (Chaff) तथा अवरक्त ज्वाला (IR Flares) जैसे निष्क्रिय संकुलकों (Passive Jammers) को ही प्रयोग में लाने का निश्चय किया गया, जो प्रति-उपग्रह उपग्रह को भ्रमित कर पाने में समर्थ पाए गए। इस प्रकार के लुका-छिपी के खेल में कौन कब आगे निकल जाएगा इसका उत्तर तो समय ही दे सकता है।

उपग्रहों के साथ-साथ बैलिस्टिक प्रक्षेपास्त्र अपनी यात्रा काल में अंतरिक्ष के माध्यम का उपयोग करते हैं। ये प्रक्षेपास्त्र न्यूक्लीय वार-हेड से लैस होते हैं जो इतने शाक्तिशाली होते हैं कि विश्व में अनेकों हिरोशिमा बना सकते हैं। इन प्रक्षेपास्त्रों को पथभ्रष्ट करने के लिए वही इलेक्ट्रॉनिकी अवरोधन उपाय (ECM) की तकनीक प्रयोग की जाती है जो पृथ्वी के वायुमंडल स्थित राडार अथवा अवरक्त मागदर्शन

(IR Guidance) के लिए प्रयोग की जाती है। इस दिशा में छद्म संकुलन (Deception Jamming) की तकनीक बहुत उपयोगी सिद्ध हुई है।

अंतरमहाद्वीपीय बैलिस्टिक प्रक्षेपास्त्रों से सुरक्षा प्रदान करने में पूर्व-चेतावनी उपग्रहों का बहुत महत्त्वपूर्ण स्थान है। इसलिए इनकी सुरक्षा के लिए इनमें उपयुक्त राडार तथा अवरक्त चेतावनी संग्राहक लगाए जाते हैं जो किसी अग्रसर होती हुई मिसाइल की पूर्व-सूचना प्राप्त कर उसे भू-स्थित नियंत्रण कक्ष तक पहुँचाते रहते हैं। यदि कभी इन उपग्रहों की सुरक्षा असंभव हो जाती है तो अनेक आरक्षित उपग्रहों में से एक को अंतरिक्ष में शीघ्रातिशीघ्र प्रस्थापित कर दिया जाता है ताकि शत्रु के आक्रमण की पूर्व-सूचना से सदैव अवगत रहा जा सके।

नक्षत्र युद्ध (STAR WAR)

अमेरिका तथा (तत्कालीन) सोवियत संघ, दोनों ही महाशक्तियों की अंतरिक्ष में प्रतिद्वंद्विता सन् '70 के दशक में चरम सीमा पर पहुँच रही थी। अमेरिका को प्रतीत हो रहा था कि अंतरिक्ष युद्ध में इलेक्ट्रॉनिकी के अनुप्रयोग में सोवियत संघ अधिकतर क्षेत्रों में उससे कहीं आगे बढ़ चुका है। उदाहरणार्थ, लेजर किरणों की सहायता से सोवियत संघ ने अमेरिका के खुफिया उपग्रहों को अनेकों बार दो से चार घंटों तक निष्क्रिय बना देने में सफलता प्राप्त कर ली थी। लेजर तकनालॉजी के अतिरिक्त सोवियत संघ ने आवेश-कण किरणपुंज (Charged Particle Beam) नामक शस्त्र पर अंतरिक्ष में अनेक सफल प्रयोग भी कर लिये थे। किंतु सन् 1981 में जब अमेरिका ने कोलंबिया नामक अंतरिक्ष शटल को सफलतापूर्वक प्रक्षेपित किया तब वह अंतरिक्ष दौड़ में सोवियत संघ के समकक्ष आ पहुँचा। कोलंबिया शटल अनेक भारी-भरकम इलेक्ट्रॉनिकी उपकरणों को अंतरिक्ष तक पहुँचा सकने में सक्षम था।

सन् 1983 में अमेरिकी राष्ट्रपति रोनाल्ड रीगन ने अंतरिक्ष इलेट्रॉनिकी युद्ध की एक नवीन रणनीति की घोषणा की जिसे नक्षत्र युद्ध (Star Wars) का नाम दिया गया। इस रणनीति द्वारा भविष्य के युद्ध में इलेक्ट्रॉनिकी की सहायता से अंतरिक्ष में प्रस्थापित उपग्रहों के व्यापक प्रयोग की बात कही गई। चित्र 5.9 में भविष्य के नक्षत्र युद्ध की एक सरल परिकल्पना प्रस्तुत की गई है जिसमें भू-स्थित केंद्र पर पूर्व-चेतावनी उपग्रह द्वारा शत्रु के अंतरमहाद्वीपीय बैलिस्टिक मिसाइल प्रक्षेपित किए जाने की सूचना प्राप्त होने पर उपग्रह की सहायता से भू-स्थित ऊर्जा स्रोत (लेजर, आवेशित कण आदि) से विकिरण करे तथा निम्न ग्रह-पथ के उपग्रह से उन्हें मिसाइल पर केंद्रित कर उसे नष्ट किया गया है। सन् 1991 के खाड़ी युद्ध

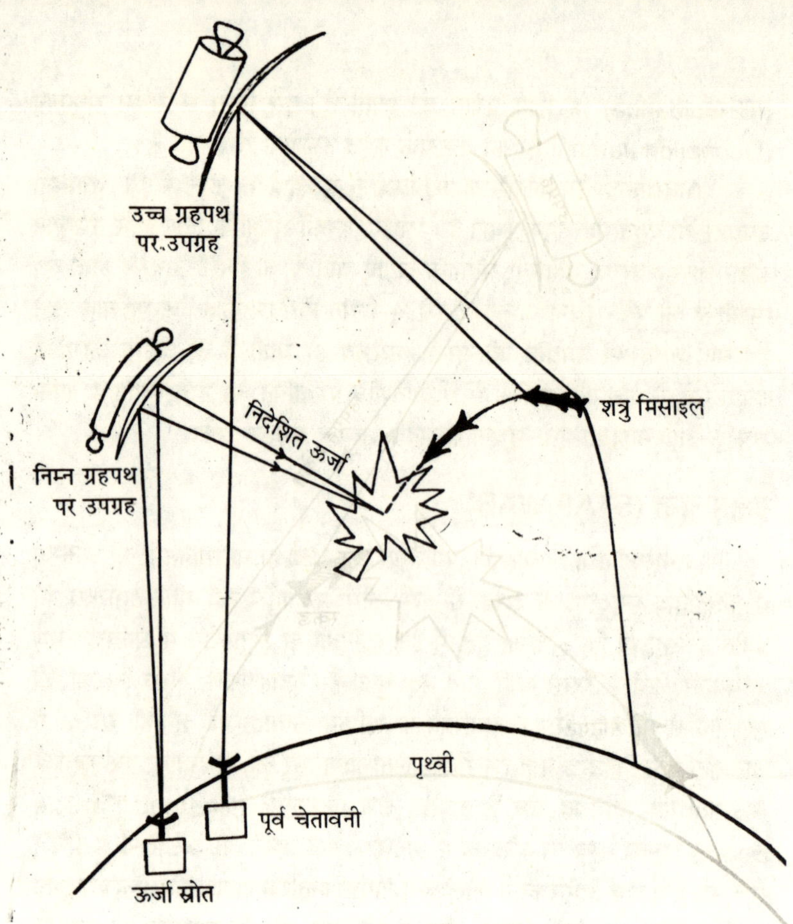

चित्र 5.9 : भविष्य का नक्षत्र युद्ध : एक परिकल्पना

में इराकी स्कड मिसाइल को अमेरिकी पैट्रियट मिसाइल से नष्ट करने में उपग्रहों ने निश्चय ही एक महत्त्वपूर्ण भूमिका निभाई (चित्र 5.10)। रीगन ने इस नक्षत्र युद्ध को एक सुरक्षात्मक उपाय बताया था, जिसके अनुसार अमेरिका न्यूक्लीय युद्ध से शांति स्थापित करने (जैसा द्वितीय विश्व युद्ध में जापान पर दो परमाणु बम फेंककर किया था) के पुराने उपाय के स्थान पर शत्रु के न्यूक्लीय मिसाइलों को उपग्रहों की सहायता से नष्ट करने अथवा प्रभावहीन बनाने की नवीन रणनीति अपनाएगा। इस रणनीति में उपग्रहों के साथ-साथ लेजर अथवा उच्च ऊर्जा के शस्त्रों का विशेष महत्त्व होगा। अमेरिकी रक्षा वैज्ञानिकों से सहयोग का आवाहन करते हुए रीगन ने उन्हें एक ऐसा प्रति-मिसाइल प्रतिरक्षा तंत्र (Anti Missile Defence System) विकसित करने के लिए कहा जो शत्रु के न्यूक्लीय शस्त्रों को निष्क्रिय कर सके।

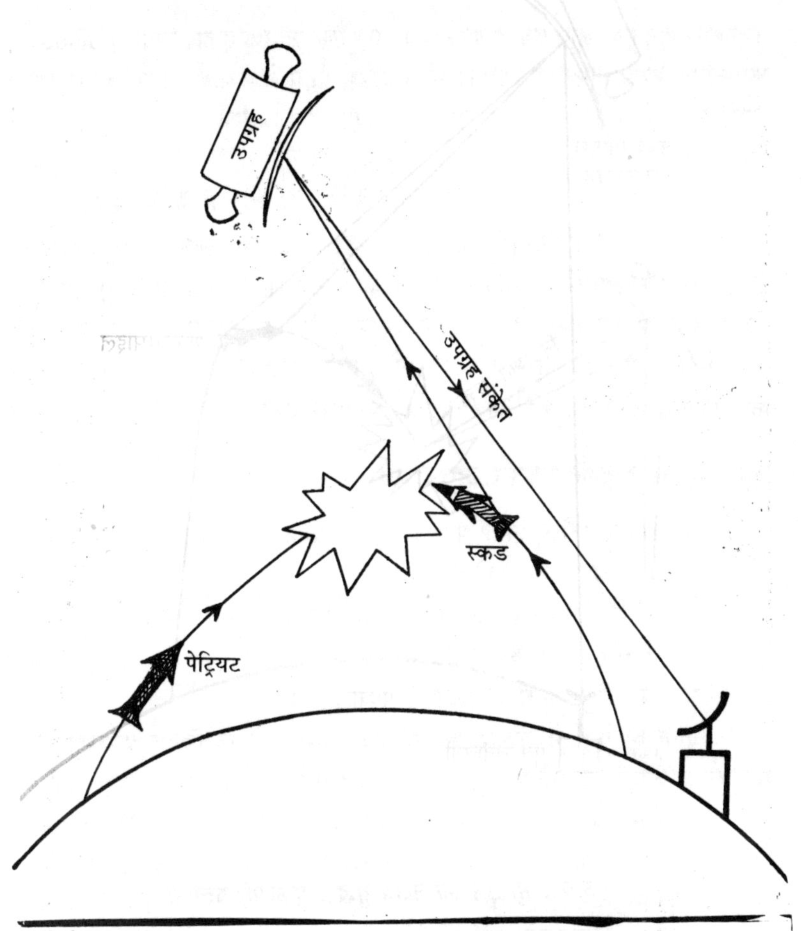

चित्र 5.10 : खाड़ी युद्ध–1991 : उपग्रहों की महत्त्वपूर्ण भूमिका

रक्षा विशेषज्ञों के अनुसार नक्षत्र युद्ध परियोजना का प्रारूप कुछ इस प्रकार का है :

इस परियोजना में अठारह अंतरिक्ष स्टेशन विशेष ग्रह–पथों पर प्रस्थापित किए जाएँगे। प्रत्येक स्टेशन पर लेजर तथा उच्च ऊर्जा के आयुध होंगे। प्रत्येक स्टेशन की प्रहार शक्ति का परास आठ हजार किलोमीटर तक होगा। उनमें शत्रु के लगातार तथा सामूहिक आक्रमणों को विफल करने की क्षमता होगी। प्रत्येक स्टेशन पर अत्याधुनिक लक्ष्य संसूचक (Target Detectors), एक अति उच्चशक्ति का लेजर जनित्र (High Power Laser Generator), लेजर किरणों को लक्ष्य का पथानुसरण (tracking) करने के तथा उसपर लक्ष्य साधने के उपकरण लगे होंगे।

प्रत्येक स्टेशन एक साथ एक हजार लक्ष्यों पर लेजर के एक हजार स्पंदों (pulses) को केंद्रित करने की क्षमता रखेगा। अपने प्रत्येक प्रहार में केवल दस सेकंडों में दस मेगावाट (1 मेगावाट=10^6 वाट) शक्ति तक की लेजर किरणों को केंद्रित करने की क्षमता होगी।

नक्षत्र युद्ध के विकास में अमेरिका ने चैलेंजर शृंखला के अनेक मानव-चालित अंतरिक्ष यानों (Manned Space Shuttle) की सहायता से अंतरिक्ष स्टेशन प्रस्थापित करने में सफलता प्राप्त की। स्टार वार्स (Star Wars) नामक फिल्म में देखे गए दृश्य भले ही उस समय दर्शकों को फंतासी, स्वप्न अथवा कल्पनातीत लगे हों, किंतु अब वे धीरे-धीरे वास्तविक होते जा रहे हैं। सन् 1996 की फिल्म आई-डी-4 भी नक्षत्र युद्ध की भीषणता दर्शाती है।

अंतरिक्ष में इलेक्ट्रॉनिकी अवरोधन

अंतरिक्ष के इलेक्ट्रॉनिकी युद्ध में प्रायः दो प्रकार के इलेक्ट्रॉनिकी अवरोधन उपाय (ECM) प्रयोग किए जाते हैं :

1. अंतरिक्ष स्टेशन (space station), जिन्हें अंतरिक्ष प्लेटफॉर्म भी कहा जाता है, के विरुद्ध उपाय,
2. मार्गदर्शित ऊर्जा के शस्त्रों के विरुद्ध उपाय।

दोनों ही वर्गों में शत्रु के राडार, लेजर तथा अवरक्त किरण के स्रोत के संसूचन के लिए खतरे की पूर्व चेतावनी देनेवाले संग्राहकों का होना आवश्यक है।

अंतरिक्ष स्टेशनों के विरुद्ध पृथ्वी पर प्रयोग किए जाने वाले इलेक्ट्रॉनिकी अवरोधकों में संकुलक (Jammers), इलेक्ट्रॉनिकी भूसा (Chaff), अवरक्त ज्वालाएँ (IR Flares) आदि प्रयोग में लाए जा सकते हैं, जबकि अंतरिक्ष में लेजर किरण के विरुद्ध छद्म लेजर (Decoy Laser), दर्पण अथवा कोई विद्युत्-प्रकाशीय अवरोधक उपाय (Electro Optical Counter Measures, EOCM) आदि प्रयोग में लाए जा सकते हैं। इस प्रकार करोड़ों अथवा अरबों रुपयों की लागत से बने हुए अंतरिक्ष शस्त्रों को उनसे बहुत कम मूल्य के अवरोधक उपायों की सहायता से बेकार किया जा सकता है। कम-से-कम मूल्य के अधिक-से-अधिक प्रभावशाली लेजर तथा विद्युत्-प्रकाशीय अवरोधकों की खोज में विश्व के अनेक रक्षा वैज्ञानिक कार्य कर रहे हैं।

भारत की उपलब्धियाँ

भारत ने भी अंतरिक्ष के क्षेत्र में महत्त्वपूर्ण उपलब्धियाँ अर्जित की हैं।

15 अक्तूबर, 1994 को भारत के अंतरिक्ष वैज्ञानिकों ने 44 मीटर लंबे तथा 804 किलोग्राम भार के भारतीय सुदूर संवेदी ध्रुवीय उपग्रह-2 (Indian Remote Sensing Polar Satellite-2) को 820 कि.मी. की ऊँचाई के ग्रह-पथ पर स्थापित करने में सफलता प्राप्त की। इस अंतरिक्ष यान को बनाने में हिंदुस्तान एरोनॉटिक्स लिमिटेड (HAL) नामक सार्वजनिक उपक्रम ने महत्त्वपूर्ण योगदान किया। इस अंतरिक्ष यान का ग्रह-पथ सूर्य-तुल्यकालिक (Sun-synchronous) है। ध्रुवीय उपग्रह शृंखला में यह दूसरी पीढ़ी (2nd generation) का उपग्रह है। भारतीय अंतरिक्ष के भेजे हुए छायाकृति (Imageries) गुणवत्ता में बहुत श्रेष्ठ हैं। इन छायाकृतियों की सहायता से हमें सागर तथा नदियों के मुहानों की विस्तृत जानकारी प्राप्त होगी तथा इनके प्रबंधन में सहायता मिलेगी। इनकी सहयता से हमें अपनी प्राकृतिक संपदाओं, वनों, जल स्रोतों आदि के प्रबंधन में भी काफी सहायता प्राप्त होगी। इनके अतिरिक्त हमें अंतरिक्ष तथा वायुमंडल के अनेक रहस्यों का भी पता चल सकेगा।

अमेरिका के दबाव से जब रूस से आयात होनेवाले क्रायोजेनिक इंजिन हमें न मिल सके तो हमारे अंतरिक्ष वैज्ञानिकों ने इस दिशा में भी महत्त्वपूर्ण तकनीक विकसित की है। अंतरिक्ष संचार (Space Communication) के क्षेत्र में भारत ने उपग्रह तकनालॉजी का समुचित विकास किया है। इनसैट शृंखला के उपग्रहों की सहायता से रेडियो संजाल (Radio Networking) का व्यापक कार्यक्रम सुचारु रूप से चल रहा है। इस समय इनसैट-1 तथा इनसैट-2 भू-स्थिर उपग्रह अंतरिक्ष में स्थापित किए जा चुके हैं जो एस, सी, एक्सटेंडेड-सी तथा केयू बैंड (S,C, Extended-C and Ku band) की आवृत्तियों (frequencies) पर संचार संकेत (Communication Signals) दे रहे हैं। नेशनल इंफॉरमेटिक सेंटर (National Informatic Centre) का निकनेट (NICNET) नामक संजाल अति लघु द्वारक अंतक (Very Small Aperture Terminal, VSAT) की सहायता से देश की सभी राजधानियों, जिला मुख्यालयों तथा केंद्रीय सरकारी विभागों को जोड़ चुका है। इस संजाल में 450 सूक्ष्म अंतक (Microterminals) लगे हैं। निकनेट के साथ-साथ अन्य अनेकों संजालों की सहायता से राष्ट्रीय सूचना मार्ग (National Information Highways) की स्थापना की जा चुकी है जिसके समुचित उपयोग से निश्चय ही दूरगामी सामाजिक, राजनीतिक तथा आर्थिक प्रभाव पड़ेंगे। इस राष्ट्रीय सूचना मार्ग द्वारा सूचनाओं के आदान-प्रदान के लिए जिस तकनालॉजी का उपयोग किया जाता है उसे इलेक्ट्रॉनिकी डाक (Electronic Mail) अथवा संक्षिप्त में ई-मेल (E-mail) कहते हैं। इस राष्ट्रीय सूचना संजाल में अनुच्च कक्षा में

प्रस्थापित उपग्रहों का महत्त्वपूर्ण योगदान है।

आज विश्व में 'कभी भी, कहीं भी संचार' (anytime, anywhere communication) की धूम मची हुई है। भारत भी इससे अछूता नहीं रहा है। कोष्ठिकीय चल दूरभाष जाल (Cellular Mobile Telephone Network) अब बहुत व्यापक रूप से भारत में प्रवेश कर चुका है। अनुच्च भू-ग्रहपथ (Low Earth Orbit, LEO) पर प्रस्थापित उपग्रहों का इस प्रकार के संचार संजाल में बहुत महत्त्वपूर्ण योगदान है। भारतीय स्पेस कमीशन के सदस्य पंत के अनुसार (Journal of Spacecraft Technology Vol.4, No.2, July 94) भारत की सेनाओं तथा अन्य सुरक्षा एजेंसियों के लिए उपग्रह-आधारित संचार व्यवस्था तथा सूचना स्थानांतरण (Satellite based communication and information transfer) की विशेष आवश्यकताओं के अनुसार उनकी योजनाओं को बनाने की दिशा में भी कार्य होना आवश्यक है। पंत के अनुसार, अनुसंधान तथा विकास के इक्कीसवीं शताब्दी के प्रथम दशक (सन्.2001 से 2010 तक) के लिए सन् 2000 तक हुए कार्यों तथा उपलब्ध तकनालॉजी का आकलन कर, उसके अनुसार कार्यक्रम की योजना बनाना उपयोगी सिद्ध होगा। 28 दिसंबर, 1995 को भारत ने अपना एक और दूरस्थ संवेदी उपग्रह 1-सी (IRS-IC) अंतरिक्ष में प्रक्षेपित कर दिया। यह उपग्रह 817 किलोमीटर की अनुच्च (lower) कक्षा में पृथ्वी का चक्कर लगाएगा। इसी प्रकार 20 मार्च, 1996 को पी-3 दूरस्थ संवेदी उपग्रह ध्रुवीय उपग्रह प्रक्षेपण यान (PSLV) की सहयता से श्रीहरिकोटा से सफलतापूर्वक प्रक्षेपित कर दिया। यह उपग्रह 807 कि.मी. सूर्य-तुल्यकालिक कक्षा (Sun-synchronous Orbit) में चक्कर लगाएगा। अंतरिक्ष संगठन के अध्यक्ष के अनुसार अब भारत श्रीहरिकोटा से प्रतिवर्ष चार यानों का प्रक्षेपण किसी भी देश के लिए व्यावसायिक रूप से कर सकता है। इक्कीसवीं शताब्दी प्रारंभ होने से पूर्व भारत ने अन्य दूरस्थ संवेदी उपग्रहों को प्रक्षेपित करने का कार्यक्रम बना रखा है। तालिका 5.1 में भारत के दूरस्थ संवेदी उपग्रहों की सूची दी गई है।

तालिका 5.1
भारत के दूरस्थ संवेदी उपग्रह

उपग्रह	*प्रक्षेपण तिथि*	*वाहन*	*परिणाम*
अब तक किए जा चुके प्रक्षेपण			
आर्यभट्ट	19.4.75	इंटरकॉस्मॉस	सफल
भास्कर-1	7.6.79	इंटरकॉस्मॉस	सफल

उपग्रह	प्रक्षेपण तिथि	वाहन	परिणाम
भास्कर-2	20.11.81	इंटरकॉस्मॉस	सफल
आई.आर.एस.-1-ए	17.3.88	वॉस्टॉक	सफल
आई.आर.एस.-1-बी	29.8.91	वॉस्टॉक	सफल
आई.आर.एस.-1-ई	20.9.93	पी.एस.एल.वी.	असफल
आई.आर.एस.-पी-2	15.10.94	पी.एस.एल.वी.	सफल
आई.आर.एस.-1-सी	28.12.95	मॉलनीया	सफल
आई.आर.एस.-पी-3	20.3.96	पी.एस.एल.वी.	सफल
सन् 2000 से पूर्व प्रस्तावित प्रक्षेपण			
आई.आर.एस.-1 डी	1997	मॉलनीया	-
ओशनस्टैट-पी-4	1997	पी.एस.एल.वी.	-
कार्टोस्टैट-पी-5	1998	पी.एस.एल.वी.	-
एनवाइरोस्टैट-पी-6	1999	पी.एस.एल.वी.	-

(इसरो से साभार)

संदर्भ (Reference)

1. Christopher Lee : War in Space.
2. Pant : J. of IETE : Special Issue on Satellite Communication, Vol. 36, No.1, Jan-Feb 94.
3. Pant : J. of Spacecraft Technology; Vol. 4, No. 2, Jul 94.
4. Nuclear War-Scientists' perception; International Institute for Asia-Pacific Studies, Continental Publshing House.
5. डॉ. मनमोहन बाला : विज्ञान और तकनालॉजी शिखर की ओर; उपहार, स्वतंत्र भारत, 2 जनवरी, 1995।
6. Toms Ivall : Satellite Fundamentals.
7. Robert A. Bomgell : Super High Frequency Tactical Satellite Communication Comes of Age.
8. Surendra Pal : Satellite Communication Technology for Defence Application; Electronics Today, Feb 94.
9. Dr. ML Bala : Communicating through Satellites; Invention and Intelligence; Oct 92.

□

अध्याय-6

न्यूक्लीय, रासायनिक एवं जैविक शस्त्र

अधिकतर देशों, समाजों एवं महत्त्वपूर्ण व्यक्तियों की धारणा है कि न्यूक्लीय, रासायनिक तथा जैविक युद्धों की कमान तथा उनका नियंत्रण सेना के हाथ में न होकर देश की सरकार के सर्वोच्च स्तर पर होना चाहिए। इसको एक विडंबना कहना चाहिए कि जिन न्यूक्लीय, रासायनिक एवं जैविक शस्त्रों को युद्ध के निवारण (deterrence) के लिए बनाया गया था उन्हें ही आज इन शस्त्रों के धारक देश युद्ध की धमकी देने के काम में ला रहे हैं। जब तक सोवियत संघ का अस्तित्व रहा, उसके एवं अमेरिका के बीच शक्ति का संतुलन (balance of power) केवल न्यूक्लीय शस्त्रों के आतंक के आधार पर बना रहा। सोवियत संघ के विघटन के पश्चात् केवल अमेरिका, रूस, ब्रिटेन, फ्रांस, चीन तथा भारत आधिकारिक रूप से न्यूक्लीय विस्फोट कर अपनी न्यूक्लीय शक्ति का प्रदर्शन कर चुके हैं। किंतु इनके अतिरिक्त कनाडा, इटली, इज्रायल, दक्षिण अफ्रीका तथा पाकिस्तान को भी न्यूक्लीय शस्त्रों के उत्पादन में समर्थ माना जा सकता है। हाल ही में पाकिस्तान को चीन से चोरी-छिपे न्यूक्लीय मिसाइल एम-11 प्राप्त हो चुकी है, जिससे वह भारत को आतंकित करने की योजना बना चुका है। भारत अनेकों बार आधिकारिक रूप से यह कथन स्पष्ट दोहरा चुका है कि वह न्यूक्लीय शक्ति का दुरुपयोग नहीं करेगा, अपितु अपनी इस शक्ति का प्रयोग केवल शांतिपूर्ण कार्यों में ही करेगा। किंतु पाकिस्तान के इस आक्रामक रवैये से शायद न्यूक्लीय शक्ति के इस प्रयोग की नीति पर पुनर्विचार करना पड़ेगा। भारत के न्यूक्लीय पावर स्टेशनों का ब्यौरा परिशिष्ट 6.1 में दिया गया है।

अमेरिका तथा रूस ने आधिकारिक रूप से यह स्वीकार किया है कि उनके पास रासायनिक शस्त्र हैं। रासायनिक शस्त्रों के उत्पादन में बहुत कम लागत आने के कारण इसे 'गरीब देशों का शस्त्र' भी कहा जाता है। अनेक देशों

ने रासायनिक शस्त्रों का भंडारण भी कर रखा है, किंतु इस तथ्य को वे सभी देश अस्वीकार करते हैं।

जैविक शस्त्रों के उत्पादन में बहुत अल्प व्यय होता है। इसलिए जैविक शस्त्रों को भी 'गरीब देशों का शस्त्र' माना जाता है। किंतु जैविक शस्त्रों का दुष्प्रभाव अत्यंत भयावह होगा, यह जानकर इसकी क्षमताओं पर परदा पड़ा रहना ही उचित माना गया है तथा एक विशेष संधि के द्वारा, जिसपर सभी देशों ने हस्ताक्षर किए हैं, इसके उत्पादन पर निषेधाज्ञा लगा दी गई है। किंतु फिर भी ऐसा विश्वास किया जाता है कि कुछ देश इस निषेधाज्ञा की परवाह न कर चोरी-छिपे इसका उत्पादन कर रहे हैं।

इसमें संदेह नहीं कि इन तीनों प्रकार के शस्त्रों से युद्ध का पासा पलटा जा सकता है। द्वितीय विश्व युद्ध में परमाणु बम का प्रयोग दो बार (क्रमशः हिरोशिमा तथा नागासाकी पर) किया गया और इसके शीघ्रगामी परिणाम देखने को मिले जब जापान ने घुटने टेक दिए। किंतु इन परमाणु बमों के दीर्घकालिक दुष्प्रभाव पचास वर्षों के पश्चात् भी सामने आ रहे हैं। रासायनिक तथा जैविक शस्त्रों के परिणाम भी शीघ्रगामी होते हैं। वे अल्पकालिक तथा दीर्घकालिक दोनों ही प्रकार के हो सकते हैं।

न्यूक्लीय युद्ध

न्यूक्लीय शस्त्रों द्वारा उत्पन्न प्रभावों का वर्णक्रम (spectrum) अत्यंत व्यापक तथा विविधतापूर्ण ही नहीं, अत्यंत वीभत्स भी है। न्यूक्लीय शस्त्रों का मुकाबला करने के अनेक सुझावों तथा उपायों पर विचार करने के पश्चात् यह सारांश निकाला गया है कि न्यूक्लीय शस्त्रों से बचाव का फिलहाल कोई कारगर उपाय नहीं है। शत्रु द्वारा न्यूक्लीय शस्त्रों से आक्रमण करने का दुस्साहस भी न किया जाए इसके लिए आवश्यक है कि इस दुस्साहस का उत्तर भी न्यूक्लीय शस्त्रों द्वारा ही दिया जाए। इस प्रत्युत्तर से शत्रु न्यूक्लीय शस्त्रों से आक्रमण करने से डरेगा और उसका यही डर एक न्यूक्लीय युद्ध को रोक सकेगा।

न्यूक्लीय शस्त्रों का युद्ध पर प्रभाव : युद्ध में किसी न्यूक्लीय शस्त्र के विस्फोट से युद्ध में लड़ रहे सैनिक तथा उसके उपकरण, दोनों पर ही विस्फोट से उत्सर्जित विकिरणों तथा उससे उत्पन्न ताप का प्रभाव पड़ेगा। सैनिक पर कुछ मिनटों पश्चात् अवशिष्ट विकिरण (residual radiation) का तथा उसके उपकरण पर विस्फोट के तुरंत बाद विद्युत्-चुंबकीय स्पंद (Electro Magnetic Pulse, EMP) एवं उपकरण की इलेक्ट्रॉनिकी पर क्षणिक विकिरणों का प्रभाव (Transient

Radiation Effect on Electronics, TREE) पड़ेगा और वे निष्क्रिय हो जाएँगे।

यदि हम भूमि पर उस बिंदु (स्थान) को जिसके ऊपर न्यूक्लीय विस्फोट होना है, 'भूमि-शून्य' (ground zero) मान लें तो उस बिंदु के चारों ओर हुए न्यूक्लीय प्रभाव की मात्रा इस तथ्य पर निर्भर करेगी कि विस्फोट 'भूमि-शून्य' बिंदु से कितनी ऊँचाई पर हुआ है।

कोई न्यूक्लीय शस्त्र जब भूमि पर फटता है तो इसे ग्राउंड बर्स्ट (ground burst) कहते हैं। भूमि-शून्य से ऊपर हवा में न्यूक्लीय शस्त्र के फटने को एअर बर्स्ट (air burst) कहते हैं। किसी विस्फोट के प्रभाव तीन प्रकार के होते हैं : धमाके (blast) का प्रभाव, ताप (heat) का प्रभाव, तथा विकिरणों (radiations) का प्रभाव। न्यूक्लीय प्रभाव को नापने की इकाई किलोटन (Kiloton, KT) है। एक किलोटन में एक हजार टन टी.एन.टी (Trinitrotoluene, TNT) के विस्फोट के बराबर शक्ति होती है। नागासाकी पर एक विमान द्वारा डाला जानेवाला परमाणु बम बाईस किलोटन का था, अर्थात् इस बम का प्रभाव बाईस हजार टन टी.एन.टी. के विस्फोटक प्रभाव के बराबर था। यदि बाईस हजार टन टी.एन.टी. को दस टन प्रति ट्रक के हिसाब से एक स्थान से दूसरे स्थान पर ले जाया जाए तो इसके लिए दस टन वाले बाईस सौ ट्रकों की आवश्यकता पड़ेगी। किंतु नागासाकी पर डाले गए केवल तीन मीटर लंबे बम में ही इतना विस्फोटक पदार्थ समा गया।

न्यूक्लीय धमाके के प्रभाव : किसी न्यूक्लीय विस्फोट में उत्सर्जित ऊर्जा की लगभग पचास प्रतिशत ऊर्जा न्यूक्लीय धमाके के रूप में होती है। इसका अर्थ यह हुआ कि किसी न्यूक्लीय विस्फोट का मुख्य प्रभाव उसके न्यूक्लीय धमाके के कारण होता है। न्यूक्लीय धमाके से उत्पन्न ऊर्जा की तरंगें (energy waves) एक गोले के खोल (sphere) के आकार में विस्फोट के केंद्र से बाहर की ओर फैलती हैं। भूमि से टकराने पर ये तरंगें प्रतिबिंबित होकर धमाके की प्रारंभिक तरंगों के साथ सम्मिश्रित होकर वायुमंडलीय अति-दबाव एवं तेज हवाओं के साथ पुनः भूमि की ओर अग्रसर होती है। यह सम्मिश्रित तरंग कितने बल के साथ भूमि से टकराएगी यह इस बात पर निर्भर करता है कि विस्फोट भूमि-शून्य से कितनी ऊँचाई पर हुआ है (चित्र 6.1)।

न्यूक्लीय विस्फोटक के प्रभाव (किलोटन) के आधार पर विस्फोट की इष्टतम (optimum) ऊँचाई से प्राप्त न्यूक्लीय शस्त्र की लब्धि (yield) तथा उसके द्वारा प्रभावित दूरियों के आलेख (graphs) प्रस्तुत किए जाते हैं (तालिका 6.1), जिनका उपयोग भविष्य के न्यूक्लीय शस्त्रों के विनिर्माण में किया जा सकता है।

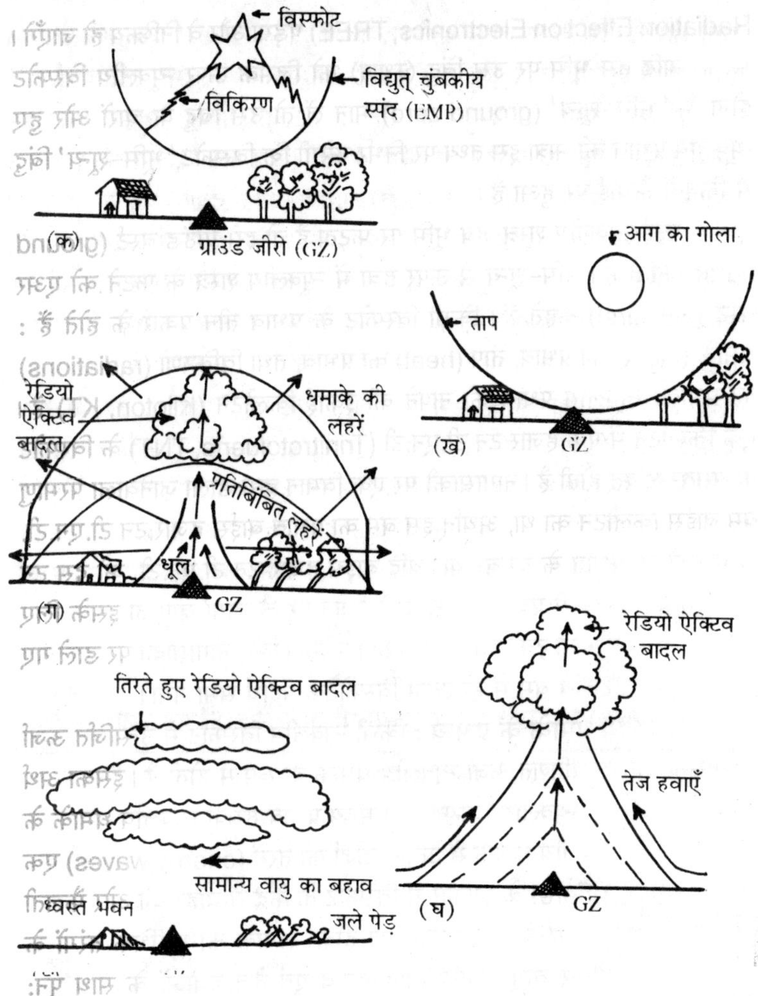

चित्र 6.1 : न्यूक्लीय एयर बर्स्ट का चित्रित वर्णन

धमाके से उत्पन्न तरंगें जब लक्ष्य के ऊपर से गुजरती हैं तब उसपर विभिन्न प्रकार के प्रभाव डालती हैं। उस लक्ष्य के निकट स्थित भवन आदि इस धमाके की तरंगों के अति-दबाव (over pressure) के कारण ध्वस्त हो जाएँगे और वहाँ विस्फोट के कारण बह रही तेज हवाओं से उस स्थान का मलबा भी तुरंत उड़ जाएगा। इसके तुरंत बाद ही विस्फोट केंद्र के चारों ओर वायुमंडल की पुनर्स्थापना होने पर इसमें उपस्थित अधिकतर वायु विस्फोट केंद्र की ओर चुसकर (sucked)

चली आएगी। इस कारण वायुमंडलीय दबाव में आकर विस्फोट स्थल की ओर तेज हवाएँ बहने लगेंगी। किंतु इस भवन में उपस्थित सैनिकों पर इससे तुरंत कोई हानि नहीं पहुँचेगी, यद्यपि ये प्रभाव इन सैनिकों को दृष्टिगोचर अवश्य होंगे। इस विस्फोट से सैनिकों की हानि निम्न प्रकार से होगी। जब वायुमंडलीय दबाव बढ़कर सामान्य से सात से पंद्रह पौंड प्रति वर्ग इंच अधिक (अति-दबाव) पहुँचता है तो इन सैनिकों के कान के परदे फट जाएँगे। किंतु इससे उनके लड़ने की सामर्थ्य में कोई कमी नहीं आएगी। जब वायु का अति-दबाव बढ़कर चालीस पौंड तक पहुँचेगा तब उनके शरीर के अन्य अंगों को क्षति पहुँचेगी। जब वायु की गति तेज तूफान (hurricane) की गति से भी लगभग तीन गुना पहुँचेगी तब सैनिक का शरीर क्षत-विक्षत हो जाएगा। तालिका 6.1 में वे दूरियाँ दिखाई गई हैं जहाँ पर एक किलोटन (1,000 टन) तथा एक मेगाटन (10,00,000 टन) की न्यूक्लीय युक्तियों (devices) के विभिन्न ऊँचाइयों पर हुए विस्फोट द्वारा सैनिक उपकरण इतने अधिक खराब हो जाएँगे कि बिना उचित मरम्मत के उन्हें उपयोग में नहीं लाया जा सकेगा। इसी प्रकार वे दूरियाँ भी दी गई हैं जहाँ तक उपस्थित सैनिक भी युद्ध करने योग्य नहीं रह जाएँगे।

तालिका : 6.1

न्यूक्लीय धमाके का युद्ध सामग्री तथा सैनिकों पर प्रभाव

उपकरण	एक किलोटन युक्ति			एक मेगाटन युक्ति		
	धमाके की इष्टतम ऊँचाई (मीटर)	दूरी (मीटर)	अति दबाव (पौंड प्रति वर्ग इंच)	धमाके की इष्टतम ऊँचाई (मीटर)	दूरी (मीटर)	अति-दबाव (पौंड प्रति वर्ग इंच)
हलकी गाड़ियाँ	170	300	18	1900	4800	9
खुले क्षेत्र में तोप	170	200	30	1900	3200	17.5
टैंक	150	170	45	1800	2700	22
खुले क्षेत्र में सैनिक	200	355	15	2500	5700	7

तालिका 6.1 के विश्लेषण से ज्ञात होता है कि यद्यपि एक किलोटन (10^3 टन) युक्ति की तुलना में एक मेगाटन (10^6 टन) युक्ति का प्रभाव अधिक व्यापक है किंतु सौ गुना नहीं, यद्यपि विस्फोट का बल सौ गुना है। इस तालिका के विश्लेषण से यह भी ज्ञात होता है कि एक किलोटन की युक्ति की तुलना में एक मेगाटन की युक्ति का विस्फोट दस से बारह गुना अधिक ऊँचाई (इष्टतम) पर करना चाहिए। इसी प्रकार एक मेगाटन की युक्ति द्वारा क्षति पहुँचाने के लिए एक किलोटन की

तुलना में लगभग आधे अतिदबाव से ही काम चल जाता है, क्योंकि एक मेगाटनवाले धमाके की तरंगें लक्ष्य के ऊपर अधिक समय तक उपस्थित रहती हैं।

न्यूक्लीय धमाके का एक अन्य प्रभाव भूमि के नीचे पड़ता है जहाँ इसके कारण आघात तरंगें (shock waves) उत्पन्न हो जाती हैं। इन तरंगों के कारण उसी प्रकार की क्षति पहुँचती है जैसी किसी भू-कंपन (earthquake) के कारण हो सकती है, अर्थात् इनसे भूमिगत ढाँचे (underground structure), भवनों की नींव, भूमिगत नाले (underground sewers) आदि टूट जाते हैं।

किसी बीस किलोटन न्यूक्लीय युक्ति (जैसाकि नागासाकी पर डाला गया था) के धमाके से प्राथमिक तथा गौण प्रभाव द्वारा होनेवाली समस्त क्षति की पैंतीस प्रतिशत तक क्षति पहुँचती है। पचास प्रतिशत क्षति का उत्तरदायित्व तापीय प्रभाव (ताप तथा प्रकाश) पर है। उनका विवरण नीचे दिया गया है।

तापीय तथा प्रकाशीय प्रभाव : यदि आपने न्यूक्लीय विस्फोट की कोई फिल्म देखी है तो आपने देखा होगा कि विस्फोट होते ही आँखों को चकाचौंध करनेवाली एक अति-तीव्र चमक उत्पन्न होती है। इसके साथ ही आग का एक गोला पृथ्वी की धूल को अपने साथ खींचता हुआ तेजी से ऊपर की ओर उठता है जिससे कुंभी (mushroom) के आकार का एक बादल बन जाता है। किंतु इस विस्फोट से उत्पन्न ताप को तथा चमक को अच्छे-से-अच्छे संवेदित्रों में भी कैद करना लगभग असंभव है। इस आग के गोले का तापक्रम लगभग दस लाख डिग्री सेल्सियस (10,00,000°C) तथा इसकी चमक भीषण गरमी के तपते सूर्य की चमक से भी कई गुना अधिक आँकी गई है। तापीय ऊर्जा विस्फोट से दूरी के वर्ग के विपरीत अनुपात (inversely proportion) से घटती है अर्थात्, जब दूरी दोगुनी हो जाती है तब ऊर्जा चौथाई रह जाती है।

इस विस्फोट की चमक का प्रभाव निम्न बातों पर निर्भर करता है :

- विस्फोट दिन में हुआ है अथवा रात्रि में।
- विस्फोट के समय आकाश साफ है अथवा धुंध भरा।
- विस्फोट के समय वर्षा हो रही है अथवा नहीं।
- विस्फोट लक्ष्य (भूमि-शून्य) से कितनी ऊँचाई पर हुआ है।
- विस्फोट की चमक कितने काल तक बनी रही है।
- जहाँ विस्फोट हुआ है वहाँ की प्राकृतिक संरचना कैसी है, अर्थात् वहाँ पहाड़ हैं, मैदान हैं अथवा मरुस्थल हैं।

सामान्य रूप से जिन व्यक्तियों ने दिन के समय इस चमक को देखा है उन्हें लगभग दो मिनट तक कुछ भी दिखाई नहीं दिया। रात्रि के समय इसकी चमक

देखनेवाले को यह अस्थायी अंधापन लगभग दस मिनट तक रहा। इस चमक की तीव्रता से लगभग 0.1 प्रतिशत (अर्थात् एक हजार में से एक) व्यक्ति अपनी एक अथवा दोनों आँखों की रोशनी स्थायी तौर पर गँवा सकते हैं। कुछ विशेष सैनिकों (जैसे पायलट) के लिए तो यह अस्थायी अंधापन जानलेवा बन जाता है। अब ऐसे विशेष शीशों के चश्मे (polaroid glasses) बनाए गए हैं जो प्रकाश की तीव्रता के अनुसार गहरे काले अथवा क्षणिक अपारदर्शी (transclucent) हो जाते हैं।

न्यूक्लीय विस्फोट का तापीय प्रभाव सैनिक तथा उसके उपकरण पर, उनकी विभिन्न स्थितियों के अनुसार, निर्भर करता है। सर्वप्रथम तो यह विस्फोटक (warhead) की लब्धि (yield) पर निर्भर करता है क्योंकि इससे उत्पन्न आग के गोले का आकार इसी लब्धि के अनुसार होगा। एक किलोटन विस्फोटक द्वारा उत्पन्न आग के गोले का व्यास लगभग एक सौ चालीस मीटर, तथा एक मेगाटन विस्फोटक के आग के गोले का व्यास लगभग बाईस सौ मीटर का होगा। इस आग के गोले की परिधि (circumference) में आनेवाला प्रत्येक पदार्थ, चाहे वह सैनिक हो अथवा उसका उपकरण, दस लाख डिग्री के ताप से फौरन भस्म हो जाएगा। इस आग के गोले के बाहर स्थित पदार्थों को इससे निकली हुई एक्स-किरणें (X-rays), अवरक्त किरणें (Infrared rays), पराबैंगनी किरणें (Ultraviolet rays) तथा प्रकाश किरणें (Light rays) प्रभावित करती हैं। ये सभी किरणें अतितीव्र गति (तीन लाख किलोमीटर प्रति सेकंड) से बाहर की ओर आगे बढ़ती हैं। यदि कोई व्यक्ति एक किलोटन विस्फोट केंद्र से आठ सौ बीस मीटर दूर किसी खुले मैदान में खड़ा होगा तो उसका शरीर इतना जल जाएगा कि उसे दूसरे डिग्री का जलना (second degree burn) कहा जाएगा, अर्थात् उसकी कुछ खाल तो एकदम नष्ट हो जाएगी तथा शेष खाल पर फफोले पड़ जाएँगे तथा उसे ठीक होने में प्राय: तीन से चार सप्ताह तक लग जाएँगे। यदि विस्फोटक एक मेगाटन का है तो ऐसे ही प्रभाव उन्नीस किलोमीटर दूर खड़े व्यक्ति पर पड़ेंगे। किंतु इन व्यक्तियों तथा विस्फोट केंद्रों के बीच कपड़े , कागज, पेड़ के पत्तों का व्यवधान होने पर वे व्यक्ति जलने से बच जाएँगे। इसलिए ऐसे न्यूक्लीय विकिरणों से बचने का श्रेष्ठ उपाय है अपने को किसी वस्तु से ढककर उलटा लेट जाना।

यदि वह व्यक्ति खुले स्थान के बजाय किसी जंगल में अथवा किसी पहाड़ी स्थान पर है तो उसपर इन विकिरणों के प्रभाव कम पड़ेंगे। इसी प्रकार यदि उस स्थान पर धुँध पड़ रही हो अथवा वर्षा हो रही हो तब भी न्यूक्लीय तापीय एवं प्रकाशीय प्रभाव क्षेत्र छोटे हो जाएँगे।

जो न्यूक्लीय विकिरण विस्फोट के समय से प्राय: एक मिनट तक सक्रिय

रहता है उसे तत्काल विकिरण (Immediate Radiation) कहते हैं। एक मिनट के पश्चात् होनेवाले विकिरणों को अवशिष्ट विकिरण (Residual Radiation) कहा जाता है।

तत्काल विकिरण

किसी रेडियोधर्मी (radioactive) परमाणु के टूटने पर उसके टूटे हुए कणों (particles) के निकलने से तत्काल विकिरण प्रारंभ होता है। ये टूटे हुए कण मुख्यत: अल्फा (alpha) कण, बीटा (beta) कण, गामा (gamma) विकिरण तथा न्यूट्रॉन (neutron) विकिरण होते हैं। एक परमाणु के मूल संघटक चित्र 6.2 में दिखाए गए हैं।

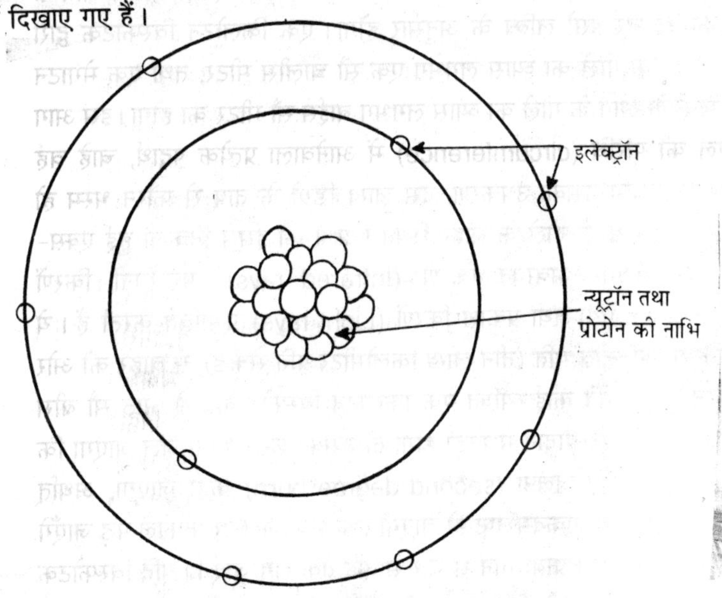

चित्र 6.2 : परमाणु तथा उसके मूल संघटक

किसी परमाणु के मूल संघटक इलेक्ट्रॉन, प्रोटोन तथा न्यूट्रॉन होते हैं। परमाणु के दो नाभिकीय (nuclear) न्यूट्रॉन एवं दो नाभिकीय प्रोटोन मिलकर अल्फा कण बनाते हैं जो परमाणु की नाभि से निकलते तो बहुत तेजी से हैं, किंतु इनका परास बहुत छोटा होता है। इनका प्रभाव-क्षेत्र बहुत कम होता है। इसके अतिरिक्त इनके प्रभाव को किसी कागज की चादर (paper sheet) से भी सरलतापूर्वक रोका जा सकता है। इसलिए अल्फा कण का कोई विशेष सैनिक महत्त्व नहीं होता है।

परमाणु के विघटन से तीव्र गति से बाहर की ओर जाते हुए इलेक्ट्रॉन बीटा कण कहलाते हैं। इनका परास अल्फा कण की तुलना में कुछ अधिक होता है तथा ये खाल को झुलसा पाने की सामर्थ्य भी रखते हैं; किंतु ये प्राणघाती नहीं होते, इसलिए बीटा कणों का भी युद्ध में कोई विशेष महत्त्व नहीं होता है।

विघटित परमाणु की नाभि से न्यूट्रॉन विकिरण की एक नियमित तरंग उत्सर्जित होने लगती है। विघटित परमाणु से इस प्रकार निकले विद्युत्-चुंबकीय तरंगों को गामा विकिरण कहते हैं। इन तरंगों की लंबाई (wave length) रेडियो तरंगों (radio waves) एवं एक्स-किरणों (X-rays) की लंबाई से कम होती है, यद्यपि इनकी संरचना उसी प्रकार की होती है। ये तरंगें सैनिक महत्त्व की होती हैं क्योंकि एक तो ये तरंगें घातक प्रभाव छोड़ती हैं, दूसरे ये वायु द्वारा कई किलोमीटर तक ले जाई जा सकती हैं।

इन विकिरणों को नापने की इकाई रैड (Rad) कहलाती हैं। दो सौ रैड तक के विकिरण प्रायः निरापद माने जाते हैं। यदि दो सौ से पाँच सौ रैड की विकिरणों का खुराक किसी व्यक्ति पर एक सप्ताह तक पड़ती रहे तो इससे वह व्यक्ति कार्य करने में अयोग्य तो हो ही जाता है, उसकी मृत्यु भी संभावित है। यदि खुराक की मात्रा पाँच सौ से एक हजार रैड की है तो व्यक्ति केवल चार दिनों में ही अयोग्य बन जाएगा अथवा उसकी मृत्यु हो सकती है।

इन विकिरणों की खुराक संचयी (cumulative) भी होती है अर्थात् यदि किसी व्यक्ति को प्रथम दिन चार सौ पचास रैड की खुराक पहुँचती है और अगले दिन सौ रैड की खुराक मिलती है तो उसकी कुल खुराक पाँच सौ पचास रैड की हो जाती है जो उसके लिए प्राणघातक हो जाती है।

अवशिष्ट विकिरण दो कारणों से उत्पन्न होता है : ग्राउंड बर्स्ट के समय पृथ्वी पर तथा न्यूक्लीय कुंभियों (mushrooms) में उपस्थित धूल के बादलों से। अवशिष्ट विकिरण अस्थायी होता है और अधिक समय तक नहीं रह पाता है। धमाका होने के पश्चात् एक घंटे में ही यह विकिरण प्रायः दो हजार रैड प्रति घंटे की दर से कम हो जाता है। अगले सात घंटों तक घटने की यह दर प्रायः दो सौ रैड प्रति घंटा हो जाती है। उसके पश्चात् अगले दो दिनों तक यह विकिरण बीस रैड प्रति घंटे की दर से तथा अगले दो सप्ताहों तक यह दो रैड प्रति घंटे की दर से कम होता है।

एटम बम

द्वितीय विश्व युद्ध के अंतिम चरण (1945) में अमेरिका ने जापान के

हिरोशिमा तथा नागासाकी नगरों पर क्रमशः एक-एक एटम बम गिराया था। अमेरिकी वैज्ञानिकों नें मैनहट्टन प्रॉजेक्ट के अंतर्गत दिसंबर 1941 से प्रारंभ कर लगभग तीन वर्ष सात महीनों में इन बमों को बनाया था। हिरोशिमा पर डाले गए बम में यूरेनियम-235 (235-यू) का उपयोग किया गया था। इसका कूट नाम 'लिटिल ब्वाय' रखा गया था। यह तीन मीटर लंबा था तथा इसका व्यास सात सौ सेंटीमीटर था। इसका भार चार टन था। नागासाकी पर डाले जानेवाले बम का कूट नाम 'फैट मैन' था। इसमें प्लूटोनियम-239 का उपयोग किया गया था। यह बम साढ़े तीन मीटर लंबा था तथा इसका व्यास डेढ़ मीटर था। इसका भार साढ़े चार टन था।

विस्फोट होने पर लिटिल ब्वाय से साढ़े बारह किलोटन टी.एन.टी. के बराबर तथा फैट मैन से बाईस किलोटन टी.एन.टी. के बराबर ऊर्जा निकली थी। बीस किलोटन ऊर्जा के विकिरण के लिए केवल एक किलोग्राम 235-यू की आवश्यकता होती है। यदि बीस किलोटन टी.एन.टी. को आकाश में ले जाना हो तो उसके लिए चार हजार बी-29 विमानों की आवश्यकता पड़ती है। किंतु लिटिल ब्वाय अथवा फैट मैन एटम बमों के लिए एक बी-29 विमान ही पर्याप्त था।

परमाणु शस्त्र, विश्व शांति और भारत

आधिकारिक रूप से विश्व के पाँच देश—अमेरिका, रूस, ब्रिटेन, फ्रांस तथा चीन परमाणु हथियारों से लैस माने जाते हैं तथा अमेरिका द्वारा प्रस्तावित परमाणु अप्रसार संधि (Nuclear Non-proliferation Treaty, NPT) के अनुसार भविष्य में भी इन पाँच देशों का परमाणु परीक्षणों का वर्चस्व बना रहेगा। किंतु अन्य देश इस संधि पर हस्ताक्षर करने के पश्चात् न तो परमाणु बम बना सकेंगे और न ही परमाणु परीक्षण कर सकेंगे। अमेरिका के अनुसार यह संधि विश्व-शांति स्थापित करने में एक बड़ा महत्त्वपूर्ण प्रयास होगा। उसके अनुसार यदि कोई देश इस शांति को भंग करने की न्यूक्लीय चेष्टा करेगा तो उपरिलिखित पाँच देशों में से कोई भी एक अथवा कुछ, या सब देश मिलकर विश्व-शांति की रक्षा के प्रयास करेंगे क्योंकि उन्हींके पास न्यूक्लीय वर्चस्व रहेगा। भारत इस नीति को पक्षपातपूर्ण मानता है और इसलिए उसने इस संधि पर हस्ताक्षर नहीं किए हैं।

सन् 1948, 1965 तथा 1971 में पाकिस्तान ने तथा सन् 1962 में चीन ने भारत पर आक्रमण किए। सन् 1974 में भारत ने अपना एकमात्र न्यूक्लीय परीक्षण थार मरुथल के पोखरन नामक स्थान पर किया। इसके पश्चात् समय-समय पर भारत सरकार पर परमाणु बम बनाने के अनेक बाह्य कारणों (जैसे पाकिस्तान द्वारा चीन तथा अन्य देशों से न्यूक्लीय आयुध तथा वाहन आदि पाने के समाचार) तथा

राजनीतिक पार्टियों एवं रक्षाविदों के आंतरिक दबाव पड़ते रहे, किंतु उसने परमाणु शक्ति का केवल शांतिपूर्ण उपयोग करने की अपनी पूर्वघोषित नीति को जारी रखा। भारत द्वारा परमाणु परीक्षण किए जाने के पश्चात् अमेरिका, कनाडा तथा अनेक यूरोपीय देशों ने भारत को परमाणु ऊर्जा के क्षेत्र में अनुसंधान तथा विकास कार्यों के लिए (शांतिपूर्ण कार्यों के लिए) सहायता देना बंद कर दिया। इस परीक्षण के इक्कीस वर्षों के पश्चात् भी भारत अपनी पूर्वघोषित नीति (परमाणु ऊर्जा का शांतिपूर्ण उपयोग) का दृढ़तापूर्वक पालन कर रहा है। विदेशी सहायता तथा सहयोग न मिलने के कारण भारतीय वैज्ञानिकों ने अनेक स्वदेशी तकनीकें विकसित कर इस क्षेत्र में अपने को लगभग आत्मनिर्भर कर लिया है। इतनी आत्मनिर्भरता के बाद भी अमेरिका भारत को एक गैर-परमाणु राष्ट्र की संज्ञा देकर उसे आपात्काल में भी परमाणुशस्त्र विकसित करने की क्षमता से वंचित रखना चाहता है।

इसी बीच इज्रायल, ईरान तथा पाकिस्तान भी परमाणु शस्त्र के विकास में कार्य कर रहे हैं। अमेरिका द्वारा इज्रायल को तथा चीन द्वारा पाकिस्तान को हर प्रकार का सहयोग तथा प्रशिक्षण प्राप्त होता रहा है, भले ही यह चोरी-छिपे हुआ है। स्वयं पाकिस्तानी नेताओं तथा वैज्ञानिकों ने यह स्वीकार किया है कि पाकिस्तान न केवल परमाणु शस्त्रों को बनाने की क्षमता रखता है, अपितु वह परमाणु बम से लैस भी हो चुका है। चीन की सहायता से पाकिस्तान द्वारा चोरी-छिपे परमाणु बम बनाने की आशंका के कारण ही पूर्व अमेरिकी राष्ट्रपति जॉर्ज बुश ने पाकिस्तान को प्रेसलर संशोधन के अंतर्गत शस्त्रास्त्र भेजने पर प्रतिबंध लगा रखा था। किंतु विकासशील देशों द्वारा परमाणु तथा अंतरिक्ष विज्ञान के क्षेत्रों में किए जा रहे शांतिप्रिय प्रयास भी कुछ देश सहन नहीं कर पा रहे हैं। इसलिए वे शीघ्रताशीघ्र ही समग्र परमाणु परीक्षण प्रतिबंध संधि (Complete Test Ban Treaty, CTBT) लागू कर विकासशील देशों को इसके पाश में बाँध देना चाहते हैं। यही नहीं, वह भारत द्वारा इस संधि के प्रस्ताव को विश्व संस्था के सम्मुख रखवाना चाहते हैं। भारत इसके लिए सहमत भी है यदि अमेरिका तथा परमाणु तकनालॉजी के अन्य विकसित देश यह लिखित भरोसा दें कि सन् 2010 तक सभी देश अपने समस्त परमाणु शस्त्रों को पूर्णत: नष्ट कर देंगे।

सन् 1995 में अमेरिकी सेनेट (Senate) ने अमेरिकी कानून में ब्राउन संशोधन पारित कर अमेरिका द्वारा पाकिस्तान को युद्ध सामग्री देने की स्वीकृति प्रदान कर दी है। निश्चय ही इससे दक्षिण एशिया क्षेत्र में युद्ध-सामग्री जुटाने की एक नई चूहा-दौड़ प्रारंभ हो जाएगी।

भारतीय परमाणु ऊर्जा आयोग (Atomic Energy Commission) के

अध्यक्ष डॉ. आर चिदंबरम के अनुसार भारत विश्व का अकेला विकासशील देश है जिसने परमाणु ऊर्जा कार्यक्रम के लिए परमाणु सामग्री के खनन (mining) से लेकर ईंधन तक का विकास तथा परमाणु बिजलीघरों की स्थापना की है। यही नहीं, इन बिजलीघरों में प्रयोग किए जानेवाले गुरु-जल (heavy water) का निर्यात करना भी भारत ने प्रारंभ कर दिया है। भारत ने अनेक प्रकार के परमाणु ईंधन बनाने में भी दक्षता प्राप्त कर ली है।

वर्तमान काल में भारत पर पड़नेवाले दबावों के कारण अनेक रक्षा विशेषज्ञों का मत है कि भारत को अपनी परमाणु नीति पर पुनर्विचार करना चाहिए। उनके अनुसार भारत को अपने परमाणु परीक्षण पुनः प्रारंभ कर देना चाहिए और यदि परमाणु ऊर्जा संपन्न देश स्पष्ट रूप से समग्र प्रतिबंध की घोषणा न कर दें तो भारत को भी परमाणु शस्त्र बनाने की दिशा में कार्य करना प्रारंभ कर देना चाहिए।

विश्व में परमाणु शस्त्रों की संख्या

सन् 1990 में शीत युद्ध समाप्त हो जाने के पश्चात् सामरिक शस्त्र परिसीमन वार्त्ता (Strategic Arms Limitation Talks, SALT) संपन्न हुई। ऐसा विश्वास है कि इससे विश्व के परमाणु आयुधों के जखीरे में कमी आएगी।

शीत युद्ध की समाप्ति के समय विश्व में अनुमानतः पचास हजार परमाणु शस्त्र मौजूद थे। इनमें से केवल अमेरिका तथा तत्कालीन सोवियत संघ के पास क्रमशः बीस हजार तथा नौ हजार परमाणु शस्त्र थे। अर्थात् इन दो महाशक्तियों के पास ही लगभग उनतीस हजार (विश्व के कुल जखीरे के पचास प्रतिशत से अधिक) परमाणु शस्त्र थे। इसके अतिरिक्त इन महाशक्तियों के पास हजारों रणनीतिक हथियार भी थे। सॉल्ट संधि के अंतर्गत इस शताब्दी के अंत तक अमेरिका तथा रूस प्रत्येक के पास पैंतीस सौ परमाणु शस्त्र रह जाएँगे।

ब्रिटेन के पास सन् 1994 तक दो सौ परमाणु शस्त्र थे जिनमें से सौ शस्त्रों को विमानों से तथा अन्य सौ को पनडुब्बियों से छोड़ा जा सकता है। ब्रिटेन द्वारा विकासाधीन न्यूक्लीय पनडुब्बी ट्राइडेंट (Trident) से एक साथ अनेक न्यूक्लीय प्रक्षेपास्त्र भिन्न-भिन्न दिशाओं में छोड़े जा सकने की क्षमता है।

सन् 1980 के दशक के अंत तक फ्रांस के पास पाँच सौ चालीस परमाणु शस्त्र थे। सन् 1995-96 में फ्रांस ने पाँच परमाणु परीक्षण करने का लक्ष्य बनाया तथा तमाम विरोधों के पश्चात् भी उसे अमल किया। फ्रांस का कहना है कि इन सफल परीक्षणों के पश्चात् वह परमाणु संधि पर हस्ताक्षर कर देगा। इन परीक्षणों से ऐसा प्रतीत हो रहा है कि फ्रांस अपने पुराने किस्म के परमाणु शस्त्रों को हटाकर

उनके स्थान पर उच्च तकनालॉजी के परमाणु शस्त्रों को अपने भंडार में जोड़ने की व्यवस्था कर रहा है।

चीन ने अपने परमाणु शस्त्र कार्यक्रमों को परम गोपनीय (Top Secret) रखा है, किंतु रक्षा अध्ययन एवं विश्लेषण के क्षेत्र में स्टॉकहोम, स्वीडन स्थित अंतरराष्ट्रीय संस्थान सीपरी (SIPRI) के अनुसार चीन के पास सन् 1984 तक बारह सौ पैंतालीस परमाणु शस्त्र थे। इनके अतिरिक्त चीन के पास विमानों से गिराए जानेवाले एक सौ पचास परमाणु बम, भूमि से वार करनेवाले एक सौ दस परमाणु प्रक्षेपास्त्र तथा पनडुब्बी से वार करनेवाले चौबीस परमाणु प्रक्षेपास्त्र भी थे। इन दस वर्षों में निश्चय ही इनकी गुणनशीलता (quality) तथा संख्या (quantity) में वृद्धि हुई होगी।

एक अमेरिकी आकलन के अनुसार पाकिस्तान ने अब तक चोरी-छिपे दस से पंद्रह तक की संख्या में परमाणु बम बना लिये हैं। इसके अतिरिक्त पाकिस्तान ने दो एफ-16 लड़ाकू विमानों को परमाणु बम के वाहन के रूप में तैयार कर रखा है, जिन्हें चार घंटों की अग्रिम सूचना पर न्यूक्लीय कार्य के योग्य बनाया जा सकता है।

रासायनिक तथा जैविक युद्ध

संयुक्त राष्ट्र संघ की एक रिपोर्ट के आधार पर रासायनिक तथा जैविक युद्ध की परिभाषा इस प्रकार से की जा सकती है :

रासायनिक युद्ध : जब युद्ध के समय किसी जीव पर, चाहे वह मनुष्य, पशु अथवा वनस्पति हो, किसी गैस, तरल अथवा ठोस पदार्थ के प्रयोग किए जाने से विषैला प्रभाव पड़ता हो जिससे या तो उसे अस्थायी अथवा स्थायी हानि हो या, जो उसके लिए घातक सिद्ध हो, तब उस युद्ध को रासायनिक युद्ध कहा जाता है।

जैविक युद्ध : जब किसी जीवधारी रचना अथवा उससे प्राप्त संक्रामक सामग्री का इस आशय से युद्ध के समय प्रयोग किया जाए जिससे मनुष्य, पशु अथवा वनस्पति का विनाश अथवा मृत्यु हो, तथा जिसका दुष्प्रभाव मनुष्य, पशु अथवा वनस्पति में पुनरोत्पादन द्वारा बढ़ता ही जाए अथवा बढ़ने की संभावना हो, तब उस युद्ध को जैविक युद्ध कहते हैं।

जिन रासायनिक अथवा जैविक पदार्थों का इस प्रकार के युद्धों में प्रयोग किया जाता है, उन्हें क्रमशः रासायनिक एजेंट तथा जैविक एजेंट कहा जाता है।

इतिहास : प्राचीन अभिलेखों से पता लगता है कि रासायनिक तथा जैविक एजेंटों का युद्ध में उपयोग बहुत प्राचीनकाल से होता रहा है। ब्रिटेन द्वारा अमेरिकन

इंडियंस पर तथा जापान द्वारा मंचूरिया पर चेचक से संक्रमित कंबलों का प्रयोग किया गया था। किंतु आधुनिक युद्ध में इनका समुचित विकास तथा अनुप्रयोग प्रथम विश्व युद्ध के समय दोनों पक्षों ने खुलकर किया जिससे लाखों सैनिक तथा नागरिक काल-क्रवलित हुए। ऐसा विश्वास है कि इस युद्ध में दो लाख टन से भी अधिक रासायनिक तथा जैविक एजेंटों का प्रयोग किया गया। प्रथम विश्व युद्ध से कुछ समय पूर्व ही यूरोप में औद्योगिक क्रांति हुई थी जिसके फलस्वरूप औद्योगिक क्लोरीन गैस के प्रचंड तथा घातक गुणों का पता लग चुका था। फिर तो रसायन उद्योग ने नए-नए रासायनिक एजेंटों का आविष्कार कर डाला जिनका व्यापक प्रयोग प्रथम विश्व युद्ध के समय किया गया।

प्रथम विश्व युद्ध के पश्चात् सन् 1928 ई. में 'जेनेवा प्रोटोकॉल' के माध्यम से युद्ध के समय रासायनिक तथा जैविक शस्त्रास्त्रों पर प्रतिबंध लगा दिया गया, किंतु अमेरिका तथा कुछ अन्य देशों ने सन् 1975 तक इस प्रतिबंध को मानने से इनकार किया। इस बीच प्रत्येक देश में गुप्त रूप से नए रासायनिक तथा जैविक एजेंटों का पता लगाने के लिए अनुसंधान कार्य चलता रहा तथा इसके लिए नवीन प्रयोगशालाएँ एवं कारखाने आदि, फसलों को हानिकारक कीड़ों से बचाने के छद्म नाम से, खोले गए। सन् '30 के दशक में जर्मनी ने ताबुन (G-A) नामक अति-विषैली नर्व-गैस की खोज की। इसी कालावधि में जापान ने मंचूरिया के विरुद्ध युद्ध में अनेक रासायनिक एवं जैविक एजेंटों का प्रयोग किया। अब तक अनेक विकसित देशों ने आंथ्राक्स, ताऊन (प्लेग), गैस-गैंग्रीन, एंसेफेलाइटिस, टाइफस, टायफॉयड, हैजा, चेचक तथा ऐसे ही अनेकों जैविक एजेंटों की खोज कर ली थी जो कहीं भी सरलतापूर्वक महामारी का प्रकोप फैलाने में समर्थ थे। द्वितीय विश्व युद्ध के प्रारंभ होने तक दोनों ही पक्ष रासायनिक एवं जैविक युद्ध के लिए पूर्णरूप से तैयार थे। विश्वास किया जाता है कि कुल मिलाकर ऐसे पाँच लाख टन एजेंटों का भंडारण हो चुका था जो कहीं भी प्रलय की स्थिति उत्पन्न कर सकते थे। शायद इसी संभावित प्रलय के भय से द्वितीय विश्व युद्ध के समय इन एजेंटों का खुला प्रयोग नहीं हो पाया।

द्वितीय विश्व युद्ध के पश्चात् इन एजेंटों का सबसे व्यापक उपयोग अमेरिका ने वियतनाम युद्ध के समय किया जहाँ उन्होंने वियतकांग छापामारों के घने जंगलों में छिपे ठिकानों का पता लगाने के लिए समूचे देश को इन रासायनिक एजेंटों के प्रयोग से ठूँठ बना दिया। ईरान-इराक युद्ध के समय भी दोनों ही पक्षों ने, सन् '80 के दशक में, आठ वर्षों की अवधि में 'मस्टार्ड' नामक रासायनिक एजेंट का सीमित उपयोग किया। सन् 1991 के खाड़ी युद्ध के समय इराक के पास इन एजेंटों का एक

बड़ा भंडार था। किंतु इस भय से, कि इनके प्रयोग के पश्चात् जो संभावित तांडव इराक पर बहुराष्ट्रीय सेनाएँ कर सकती हैं, सद्दाम हुसैन ने इनको डब्बों में ही बंद रखा। अमेरिका ने भी इस युद्ध के समय, जिसे उसने 'रेतीला तूफान' का नाम दिया था, इराक के इस भंडार को नष्ट करने की भरसक चेष्टा की थी, किंतु वह इसमें सफल न हो सका।

रासायनिक एजेंट के गुण

अमेरिका के सैनिक दस्तावेज 'आर्मी टेक्निकल मैनुअल टी-एम 3-215' के अनुसार निम्नलिखित गुणों के आधार पर ही किसी रसायन को युद्ध के एजेंट की संज्ञा दी जा सकती है। ऐसे अतिविषैले पदार्थ,

- जिनका आवश्यकतानुसार भंडारण किया जा सके,
- जिनका आवश्यकतानुसार मात्रा में कच्चे माल से उत्पादन किया जा सके,
- जिनको युद्ध के समय किसी संभावित सैनिक साधन द्वारा शत्रु क्षेत्र में इस प्रकार छितराया जा सके जिससे मनचाहा परिणाम प्राप्त किया जा सके,
- जिनको किसी स्थापित व्यापारिक कारखाने द्वारा सरलतापूर्वक तथा आवश्यकतानुसार उत्पादित किया जा सके,
- जो व्यवहार में लाने तथा स्थानांतरित करने में सुरक्षित हों,
- जो भंडारण करने तथा व्यवहार में लाने के समय बरतन अथवा अन्य युद्ध सामग्री तथा साधनों पर विपरीत एवं नष्ट करनेवाला प्रभाव न डालें,
- जिनका शारीरिक अथवा मानसिक प्रभाव पड़ने से पहले शत्रु को पता न चल सके,
- जिनसे शत्रु तत्काल अपनी रक्षा न कर सके,
- जिनसे रक्षा के उपाय प्रयोगकर्त्ता को मालूम हों,
- जिनके दुष्प्रभावों के निदान अथवा उपचार के उपाय प्रयोगकर्त्ता को मालूम हों,

युद्ध के रासायनिक एजेंट कहलाते हैं।

युद्ध रासायनिक एजेंट के वर्ग

युद्ध रासायनिक एजेंट के मूलतः दो वर्ग होते हैं :

क. क्लेश अथवा संताप देनेवाले एजेंट, तथा

ख. अयोग्य बनानेवाले एजेंट

क. क्लेश तथा संताप देनेवाले एजेंट

इस वर्ग के युद्ध रासायनिक एजेंट प्रायः संवेदात्मक संताप देते हैं। ये प्राणघातक तभी होते हैं जब इनकी संकेंद्रिता (concentration) बहुत अधिक होती है। ये प्रायः बहुत शीघ्रता से अपना कार्य करते हैं, किंतु इनका दुष्प्रभाव भी शीघ्रता से ही समाप्त होता है। इनमें से कुछ एजेंट अश्रु-प्रवाहक (lacrimaters) होते हैं, कुछ छींक अथवा खाँसी उत्तेजक (Stimulators) होते हैं, कुछ त्वचा पर खुजली अथवा दंश पैदा करनेवाले (articants) होते हैं तथा कुछ अन्य एजेंट वमन उत्पन्न करते हैं। अश्रु गैस (CN)अडमसाइट तथा ऑर्थोक्लोरो बेंजाइलडीन (CS) ऐसी गैसें हैं जो उपरिलिखित सभी दुष्प्रभाव डालने में सक्षम हैं। इनमें से (CS) गैस का प्रभाव अधिक विषाक्त है। इसका प्रभाव तुरंत होता है। छितराई गई खुराक के अनुसार यह गैस पहले आँखों में जलन, नाक में खुजली तथा सीने में तीव्र दर्द उत्पन्न करती है। इसके पश्चात् आँखों से अविरल आँसू बहने लगते हैं, खाँसी आने लगती है, नाक बहने लगती है तथा वमन होने लगता है।

उत्तेजक (stimulator) एजेंट मुख्य रूप से छींक अथवा खाँसी उत्पन्न करते हैं, जबकि खुजली तथा दंश उत्पन्न करनेवाले (articant) एजेंट मुख्यतः त्वचा को संताप देते हैं। फॉसजीन ऑक्साइड (डाइक्लोरो फारमाक्सीन) (CX) एक अतिप्रबल युद्ध रासायनिक एजेंट है। त्वचा के संपर्क में आने पर यह एजेंट न केवल फफोले उत्पन्न करता है, अपितु अधिक संकेंद्रिता होने पर यह रसायन त्वचा में प्रवेश कर रक्त की धारा के साथ फेफड़ों तक प्रवाहित होकर प्राणघातक भी हो सकता है। इस रासायनिक एजेंट को प्रायः आतंकवादियों, गुरिल्ला सैनिकों तथा राष्ट्रद्रोहियों को उनके ठिकानों से बाहर निकालने के लिए प्रयोग में लाया जाता है। विश्वास है कि सोवियत संघ ने अफगानी राष्ट्रद्रोहियों के विरुद्ध इसका व्यापक प्रयोग किया था।

ख. अयोग्य बनानेवाले एजेंट

युद्ध रासायनिक एजेंटों का दूसरा वर्ग अयोग्य बनानेवाले युद्ध रसायनों का है। इनके दो उपवर्ग हैं :

- शारीरिक रूप से अयोग्य बनानेवाले फीजियो रसायन (physio chemicals),

❑ मानसिक रूप से अयोग्य बनानेवाले साइको रसायन (psycho chemicals)।

ये रसायन शरीर के भीतरी भागों पर अपना प्रभाव डालते हैं। इनके प्रभाव काफी हद तक परस्पर व्याप्ति हैं। अमेरिका द्वारा युद्ध रसायन के रूप में मानक प्राप्त एजेंट (BZ) एक ऐसा ठोस पदार्थ है जिसे एरोसौल (aerosol) के रूप में छितराया जा सकता है। यह एजेंट आधे घंटे के अंदर ही अपना प्रभाव दिखाने लगता है। प्रथम चार घंटों में ही पीड़ित व्यक्ति का मुँह, गला एवं नाक सूख जाते हैं, त्वचा रूखी हो जाती है, सिर में भयानक पीड़ा होने लगती है, वमन बाहर आने लगता है, आँखों के सामने धुँधलापन छा जाता है तथा चक्कर आने लगते हैं। उसकी आवाज लड़खड़ाने लगती है तथा वह स्वयं भी स्थिर खड़ा नहीं रह सकता। अगले चार घंटों में ही वह काल्पनिक भय से भयभीत होने लगता है तथा उसे मूर्च्छा आने लगती है और वह संज्ञाहीन हो जाता है। किंतु रासायनिक युद्ध की परिभाषा के अनुसार इस एजेंट में एक अवगुण है। पीड़ित व्यक्ति का संज्ञाहीन होना यद्यपि अस्थायी होता है, किंतु यह अस्थायीपन निरंतर कई दिनों तक की कालवधि तक हो सकता है। इन कारणों से (BZ) रासायनिक एजेंट को युद्ध के लिए अनुपयुक्त माना गया है और इसका प्रयोग निषेध है।

शरीर पर फफोले उत्पन्न करनेवाले रसायन (vesicant), जिनका प्रथम विश्व युद्ध में व्यापक प्रयोग किया गया था, बहुत सफल युद्ध रासायनिक एजेंट माने गए हैं। मानव शरीर की किसी भी कोशिका पर प्रभाव डालने में सक्षम ये वेसीकैंट रसायन मुख्य रूप से आँखों तथा त्वचा पर आक्रमण कर उनमें जलन, फफोले तथा अस्थायी (प्राय: एक दिन से एक सप्ताह तक) अंधापन भी उत्पन्न कर सकते हैं। जिस क्षेत्र में ये रसायन छितराए जाते हैं इनका प्रभाव दीर्घकालिक होता है क्योंकि ये अवाष्पीय हैं। अधिक संकेंद्रिता में छितराए जाने पर ये वेसीकैंट एजेंट प्राणघातक भी सिद्ध हो सकते हैं।

वेसीकैंट एजेंट के मुख्यत: दो वर्ग हैं :

❑ मस्टार्ड वर्ग, तथा

❑ आर्सेनिकल (लेविसाइट तथा डाइक्लोरो आर्साइन) वर्ग।

यदि रसायन (L) कोशिकाओं में प्रवेश कर जाएँ तो यह एक व्यवस्थित विष के रूप में कार्य करता है। यह एजेंट मस्टार्ड की तुलना में विषैला भी अधिक है, किंतु अन्य आर्सेनिकलों की भाँति यह एजेंट एक तीव्र गंध उत्पन्न करता है तथा आँखों में तत्काल ही जलन उत्पन्न करने लगता है। किसी भी युद्ध रासायनिक एजेंट के लिए इन्हें अवगुण माना गया है, क्योंकि इनके कारण शत्रु को इस एजेंट की

उपस्थिति का भान भी तत्काल ही हो जाता है तथा वह अवरोधक एवं रक्षात्मक उपायों का प्रयोग कर सकता है जिससे यह प्रभावहीन हो जाता है। इसके अतिरिक्त यह रसायन जल में घुलनशील भी होता है। इसलिए नमी की अवस्था में अथवा पानी के छिड़काव से यह प्रभावहीन हो जाता है।

इसके विपरीत मस्टार्ड रसायन लगभग गंधहीन होता है, जल में देर से घुलता है तथा विभिन्न वस्तुओं जैसे कपड़े, चमड़े, प्लास्टिक एवं भवन की दीवारों आदि में सरलता से प्रवेश कर सकता है। यह एजेंट गरमी तथा आर्द्रता (humidity) वाले क्षेत्रों में अत्यधिक प्रभावशाली होता है। हलकी गीली अथवा हलकी गरम त्वचा पर इसका प्रभाव अत्यंत पीड़ाजनक होता है। इसलिए जननेंद्रिय तथा बगलों (armpit) आदि पर इसका आक्रमण बहुत तीव्र तथा पीड़ादायक होता है। लेविसाइट जैसे रासायनिक एजेंट के साथ मिलाकर प्रयोग करने से यह रसायन शीतकाल में भी अपना प्रभाव डालता है। नाइट्रोजन मस्टार्ड तथा इसके दो यौगिक (compounds), जो (Q) एवं (T) के नाम से विख्यात हैं, का वाष्पीकरण बहुत कम होता है। इसलिए ऐसे भूमि प्रदेशों में, जहाँ मनुष्य कठिनाई से प्रवेश कर पाता है, इस एजेंट का छिड़काव कर देने से यह गैस बहुत दीर्घकालीन प्रभाव डालती है तथा छिपे हुए शत्रुओं को इन भूमि प्रदेशों से बाहर निकलने के लिए बाध्य कर देती है। इन कारणों से मस्टार्ड गैस को 'युद्ध गैसों की सरताज' माना जाता है। द्वितीय विश्व युद्ध में इस गैस का सीमित प्रयोग किया गया था,जबकि आठ वर्षीय ईरान-इराक युद्ध (1980-88) में इसका व्यापक प्रयोग किया गया था।

जी-परिवार की नर्व गैसें : जर्मन वैज्ञानिकों ने ताबून (GA), सारीन (GB), तथा सोमान (GD) नामक ऐसी गैसों की खोज करने में सफलता प्राप्त की जो सीधे नाड़ी तंतु (nerve) पर प्रहार करती हैं, इसलिए इन्हें 'नर्व गैस' कहते हैं। इनके नाम में 'जी' अक्षर जुड़े होने के कारण इन्हें जी-परिवार की गैस भी कहा जाता है। इस परिवार की सभी गैसें अत्यधिक स्थायी होती हैं। इनको सरलतापूर्वक छितराया जा सकता है। ये सभी गैसें लगभग गंधहीन होती हैं, किंतु ये सभी बहुत विषैली भी होती हैं। त्वचा में प्रवेश करने के पश्चात् इनका विष अतिशीघ्र सारे शरीर में फैल जाता है। इसी गुण के कारण ये गैसें रासायनिक युद्ध में बहुत उपयोगी पाई गई हैं। इन गैसों की बहुत छोटी खुराकें भी नाक बहने, सीने में जलन पैदा करने, आँख का धुँधलापन तथा आँख की पुतली फैलाने जैसे कष्ट देती हैं। यदि इसकी खुराक थोड़ी अधिक हो जाए तो साँस लेने में कठिनाई, अत्यधिक पसीना आना, जी मिचलाना, वमन करना, शरीर में ऐंठन होना, अनैच्छिक मूत्र तथा मल निकल आना, कँपकँपी आना, सिरदर्द होना, घबराहट होना, अत्यधिक नींद आना, बेहोश होना, झटके लगना

जैसी पीड़ाएँ हो सकती हैं तथा अंततः मृत्यु तक हो सकती है।

वी-परिवार रासायनिक एजेंट : जी-परिवार से कहीं अधिक विषैले वी-परिवार के रसायनों की खोज सन् 1950 के दशक में ब्रिटेन में हुई। वी-एजेंट की विशेषता यह है कि ये छोटी खुराक में ही अत्यधिक प्रभावशाली होते हैं। त्वचा के द्वारा शरीर में इनका प्रवेश भी त्वरित गति से होता है। एरोसॉल के रूप में इनका छिड़काव करने पर वी-परिवार के ये एजेंट भूमि, वनस्पति तथा उपकरण, प्रत्येक वस्तु को क्षति पहुँचाने में समर्थ हैं, क्योंकि इनका वाष्पीकरण बहुत धीमा होता है। मानव की त्वचा के संपर्क में आने पर वी-परिवार का एजेंट वी-एक्स या तो प्राणघातक सिद्ध होता है या शरीर को अयोग्य बना देता है। इस रासायनिक एजेंट में योद्धा के कपड़ों एवं बूट में घुसकर भी त्वचा के संपर्क में आने की क्षमता होती है। बहुत बारीक एरोसॉल के रूप में छितराए जाने पर वी-एक्स एजेंट से दम घुटने लगता है। यदि वी-एक्स एजेंट की तीन सौ किलोग्राम मात्रा लगभग एक वर्ग किलोमीटर पर छितरा दी जाए तो मौसम के अनुसार, यह गैस, कुछ दिनों से लेकर कुछ सप्ताह तक अपना दुष्प्रभाव बनाए रख सकती है। अतिविषैली होने के कारण नर्व एजेंट प्राणघातक एजेंटों में सबसे अग्रणी है। साथ ही, इसकी थोड़ी-सी मात्रा भी एक बहुत बड़े क्षेत्र पर अपना व्यापक प्रभाव डाल सकती है। □

टॉक्सिन

रासायनिक युद्ध का एक अन्य प्रभावशाली एजेंट टॉक्सिन है। यद्यपि टॉक्सिन एजेंट का स्रोत एक जैविक पदार्थ है फिर भी इन्हें रासायनिक एजेंट की श्रेणी में माना जाता है; क्योंकि ये स्वयं प्राणहीन होते हैं तथा अपनी संख्या को बढ़ा नहीं सकते हैं, अर्थात् इनमें पुनरोत्पादन (reproduction) की क्षमता नहीं होती है। टॉक्सिन एजेंट सूक्ष्मजैविक एजेंटों से भी अधिक त्वरित गति से अपना दुष्प्रभाव डालते हैं। इसके अतिरिक्त प्रयोगकर्त्ता द्वारा इनका नियंत्रण भी सरलतापूर्वक किया जा सकता है। इसलिए सैनिक कार्यों में ऐसे टॉक्सिन अधिक उपयोगी सिद्ध हुए हैं। प्रकृति में ऐसे अनेकों विषैले पदार्थ हैं जिन्हें बैक्टीरिया, काई, विषैले पौधों, विषैले सर्पों एवं बिच्छुओं तथा कीड़ों-मकोड़ों आदि से प्राप्त किया जा सकता है। किंतु सन् 1972 में हुए बायोलॉजिकल एंड टॉक्सिन वेपन्स कन्वेंशन के अनुसार टॉक्सिन एजेंट का विकास, उत्पादन एवं भंडारण करना निषेध कर दिया गया है।

एंटीप्लांट एजेंट

रासायनिक युद्ध में वनस्पति को नष्ट करने अथवा उन्हें हानि पहुँचानेवाले

कुछ रसायन एंटीप्लांट एजेंट की भाँति प्रयोग में लाए गए हैं। वियतनाम युद्ध में अमेरिका ने वियतनामी ठिकानों का पता लगाने के लिए घने जंगलों का सफाया जिन एंटीप्लांट एजेंटों द्वारा किया था उनमें 2, 4-डी तथा 2, 4, 5-टी नामक एंटीप्लांट रसायन विशेष रूप से सफल हुए हैं, क्योंकि ये एजेंट पत्तियों के माध्यम से पौधों में त्वरित गति से प्रवेश कर उनका बढ़ना रोक देते हैं। वियतनाम युद्ध में ही एक अन्य रसायन, पिक्लोरैम, पत्तियों तथा जड़ों दोनों ही माध्यमों में सरलता से प्रवेश कर उनको नष्ट कर देता था। कुछ परिस्थितियों में पिक्लोरैम रसायन भूमि को बंजर बनाने की सामर्थ्य भी रखता है।

इस प्रकार हम यह निष्कर्ष निकाल सकते हैं कि रासायनिक युद्ध के एजेंटों का मनुष्य, पशु अथवा पौधों अर्थात् प्राणियों पर प्रभाव अनेक गुणों के संयोग से होता है। ये गुण हैं,

- एजेंट के विषैलेपन का परिणाम,
- शरीर में प्रवेश कर जानेवाली खुराक,
- प्रवेश कर पाने की दर,
- उस मार्ग के गुण तथा विशेषताएँ जिससे इन रासायनिक एजेंटों का विष प्रवेश करता है, तथा
- लक्ष्य के संग्राहकत्त्व की क्षमता।

इनके अतिरिक्त वायुमंडल एवं स्थलाकृति का भी युद्ध रासायनिक एजेंटों की कार्यक्षमता पर काफी प्रभाव पड़ता है। रासायनिक एजेंट पीड़ित मनुष्य, पशु अथवा पौधों पर या तो अस्थायी प्रभाव डालते हैं, या स्थायी शारीरिक अथवा मानसिक रूप से प्रभाव डालते हैं। विशेष परिस्थितियों में ये रासायनिक एजेंट प्राणघातक भी सिद्ध हो सकते हैं।

जैविक युद्ध

जैविक युद्ध की परिभाषा अध्याय के प्रारंभ में ही दी जा चुकी है। परिभाषा के अनुसार इस समूह में वे प्राणी तथा उनसे प्राप्त होनेवाली वे संक्रामक सामग्री सम्मिलित हैं जो शरीर में प्रवेश कर उसकी बीमारी अथवा मृत्यु का कारण बनें। मनुष्य, पशु तथा वनस्पति के रोगों की उत्पत्ति के स्रोतों को भी जैविक एजेंटों की श्रेणी में रखा जाता है। ये जैविक एजेंट पीड़ित के शरीर में भी पुनरोत्पत्ति करने में समर्थ होते हैं। ये एजेंट किसी पीड़ित लक्ष्य से किसी स्वस्थ शरीर पर आक्रमण करने की सामर्थ्य रखते हैं, यदि स्वस्थ शरीर द्वारा पहले से अपने आपको उस आक्रमण के प्रति सावधान न रखा गया हो। यही

नहीं, आन्थ्रॉक्स जैसे जैविक एजेंट अनेक वर्षों (यह संख्या दशकों में भी हो सकती है) तक सुप्त तथा शिथिल अवस्था में अपने लक्ष्य के शरीर में वास करने के पश्चात् उसके सावधानी की अवधि समाप्त होते ही, पुनः प्रहार करने के लिए सक्रिय हो सकते हैं।

जैविक एजेंट के गुण

किसी आदर्श जैविक एजेंट के गुण निम्नलिखित हैं :

- ये पर्यावरण में पुष्ट होते हैं तथा पलते-बढ़ते हैं,
- ये अतिसंक्रामक होते हैं,
- ये कुछ समय तक निष्क्रिय रहकर पुनः सक्रिय हो सकते हैं,
- इन एजेंटों से एक बार ग्रसित हो जाने के पश्चात् ओषधियाँ तथा टीके भी पूर्णतः स्वस्थ नहीं कर पाते हैं,
- ये एजेंट आक्रमण के क्षेत्र में प्राकृतिक तथा स्वाभाविक रूप से उपस्थित रहते हैं,
- इन एजेंटों का उत्पादन बहुत बड़ी मात्रा में एक साथ किया जा सकता है,
- इन एजेंटों में पुनरोत्पादन की क्षमता होती है,
- ये एक पीड़ित शरीर से स्वस्थ शरीर पर प्रहार कर सकते हैं,
- ये एजेंट अत्यधिक त्रास देनेवाले होते हैं।

जिन जैविक एजेंटों का युद्ध प्रयोग किया गया है, उनमें प्रमुख हैं आन्थ्रॉक्स, बोटुलिनियम टॉक्सिन-ए, रिसिन एवं सैक्सी टॉक्सिन।

रासायनिक एवं जैविक युद्ध एजेंट : एक तुलनात्मक अध्ययन

रासायनिक एवं जैविक युद्ध एजेंट जहाँ कुछ गुणों में समान हैं वहीं कुछ अन्य गुणों में विपरीत हैं।

दोनों प्रकार के एजेंट वायुमंडल में एरोसॉल के रूप में छितराए जा सकते हैं तथा दोनों हवा के द्वारा एक ही प्रकार से एक स्थान से दूसरे स्थान तक ले जाए जा सकते हैं। दोनों एजेंट प्रत्येक उस क्षेत्र में पहुँच सकते हैं, जहाँ हवा पहुँच सकती है। दोनों एजेंट मुख्यतः जीवित सृष्टि को एक ही प्रकार से प्रभावित करते हैं चाहे वे मनुष्य हों, पशु हो अथवा वनस्पति हों। मनुष्य पर दोनों का ही प्रभाव रक्षात्मक कवच, रक्षात्मक कपड़ों एवं रक्षात्मक उपायों (चित्र 6.3) से कम किया जा सकता है।

निम्नलिखित गुणों में रासायनिक एवं जैविक युद्ध एजेंट एक-दूसरे से भिन्न हैं :

- रासायनिक युद्ध एजेंट अपना पुनारोत्पाद नहीं कर सकते इसलिए उनके प्रभाव का क्षेत्र सीमित होता है। प्रभाव-क्षेत्र की सीमा बढ़ाने के लिए रासायनिक एजेंट की मात्रा बढ़ानी पड़ती है। इसके विपरीत जैविक युद्ध एजेंट अपना उत्पादन पुनः-पुनः कर सकते हैं; इसलिए जैविक एजेंट की छोटी मात्रा ही एक अतिविशाल क्षेत्र को प्रभावित कर सकती है। वास्तव में जैविक एजेंट का प्रभाव-क्षेत्र एवं भौगोलिक सीमा से परे हो सकता है।
- रासायनिक एजेंट पर पर्यावरण के प्राचलों (parameters), जैसे धूप, तापक्रम आदि का कोई विशेष प्रभाव नहीं पड़ता है और लगभग प्रत्येक परिस्थिति में उनकी संकेंद्रिता वैसी ही बनी रहती है। इसकी तुलना में जैविक एजेंट पर पर्यावरण प्राचलों का निश्चित प्रभाव है, जिससे जैविक एजेंट अपनी प्रचंडता खो सकते हैं।
- प्रयोग करने के पश्चात् तुरंत ही रासायनिक एजेंट अपना प्रभाव शत्रु क्षेत्र पर डालने लगता है, जबकि जैविक एजेंट का प्रभाव प्रयोग करने के कुछ समय के पश्चात् प्रारंभ हो पाता है।
- रासायनिक युद्ध एजेंट का प्रभाव अल्पकालिक होता है। मस्टार्ड तथा नर्व गैस जैसे कुछेक रासायनिक एजेंट ही ऐसे हैं जो कुछ अधिक समय तक प्रभावशाली रह पाते हैं। इसके विपरीत जैविक युद्ध एजेंट का प्रभाव दीर्घकालिक होता है। वास्तव में, पर्यावरण प्राचलों के कारण अपनी प्रचंडता खोने के पश्चात् लंबे समय तक निष्क्रिय तथा सुप्त रहने के पश्चात्, अनुकूल स्थिति प्राप्त होते ही जैविक एजेंट पुनः सक्रिय होने की क्षमता रखते हैं।
- रासायनिक एजेंट केवल उन्हीं प्राणियों को त्रास दे पाता है जिनको लक्ष्य बनाकर इसका प्रयोग किया गया है तथा जो इन एजेंटों के संपर्क में आते हैं। इसके विपरीत जैविक एजेंट का प्रभाव एक साथ बहुत से प्राणियों पर पड़ता है तथा यह महामारी का दृश्य उत्पन्न कर सकता है।
- रासायनिक एजेंट संक्रामक नहीं होते, इसलिए अपने लक्ष्य को पीड़ित करने के पश्चात् इनका प्रभाव समाप्त हो जाता है। इसके विपरीत, संक्रामक होने के कारण जैविक एजेंट का दुष्परिणाम उनको भी प्राप्त हो सकता है जो इसका प्रयोग करते हैं, भले ही ऐसा लंबे समय के पश्चात् हो।

वर्तमान स्थिति एवं भविष्य

अन्य युद्ध कौशलों की तुलना में आर्थिक रूप से रासायनिक एवं जैविक युद्ध सबसे सस्ता युद्ध है। इसलिए प्राय: इन्हें 'गरीब व्यक्तियों का युद्ध' भी कहा जाता है। इसके परिणाम अत्यंत भयानक होते हैं। न्यूक्लीय शस्त्र भी शायद इतना भयानक तथा इतना व्यापक प्रभाव इतने कम मूल्य में नहीं डाल सकते। किंतु साथ ही इन रासायनिक तथा जैविक एजेंटों का प्रभाव उन प्राणियों को भी त्रास देता है, अथवा दे सकता है जो युद्ध में भाग नहीं ले रहे हैं।

आज विश्व के प्रत्येक देश के पास विभिन्न रासायनिक एवं जैविक युद्ध एजेंटों के छोटे-बड़े भंडार हैं। साथ ही कीटाणुनाशक दवाओं एवं जेनेटिक इंजीनियरिंग की आड़ में इनपर व्यापक अनुसंधान कार्य चल रहा है। सन् 1975 में आयोजित जैविक एवं रासायनिक शस्त्रों के समागम (Biological and Chemical Weapons Convention) में पारित एक प्रस्ताव में यों तो इन एजेंटों का शस्त्रों के रूप में विकास, उत्पादन एवं इनको अन्य स्रोतों से प्राप्त करने पर प्रतिबंध लगाया गया था पर साथ ही इनके रक्षात्मक उपयोगों की अनुमति भी दी गई थी। कुछ विकसित देश मनुष्य की भलाई के लिए किए जा रहे जेनेटिक इंजीनियरिंग में हो रहे अनुसंधान के कुछ पहलुओं को जैविक युद्ध में स्थानांतरण करना चाह रहे हैं, क्योंकि उनको इसमें अनेकों संभावनाएँ दृष्टिगोचर हो रही हैं। सामान्यत: निरीह तथा रोगरहित जीवाश्मों में थोड़ा संशोधन कर उन्हें ऐसे विषैले एवं रोग-संक्रमण करनेवाले एजेंटों में रूपांतरित किया जा सकता है जिनका फिलहाल कोई निदान नहीं है। वैसे जेनेटिक वैज्ञानिक इस विषय में एकमत नहीं हैं। कुछ वैज्ञानिकों के अनुसार आन्थ्रॉक्स जैसे जैविक शस्त्रों की तुलना में जेनेटिक इंजीनियरिंग द्वारा प्राप्त जैविक शस्त्र हलके ही पड़ेंगे।

हाल के वर्षों में द्वि-आधारी (binary) नर्व युद्ध सामग्री के क्षेत्र में हुए आविष्कारों ने पुन: सैनिक नीति-निर्धारकों की रुचि इस ओर उत्पन्न की है। इसमें दो निष्क्रिय तथा सर्वथा भिन्न रासायनिक यौगिकों (compounds) को आपस में मिलाने से ऐसे प्रभाव उत्पन्न करने में सफलता प्राप्त की जा सकी है जो वमन से लेकर मृत्यु तक के कारण बन सकते हैं। इसके अतिरिक्त, जैविक विज्ञान तथा जैविक तकनालॉजी में अनेकों नई तकनीकों का विकास किया गया है जिनके द्वारा स्वाभाविक एजेंटों से जैविक युद्ध एजेंट जैसे प्रभाव उत्पन्न करने में सफलता प्राप्त हुई है। माइक्रोबैक्टीरियम ट्यूबरकुलोसिस तथा कौक्सीडिऑयड्स जैसे कुछ ऐसे एजेंटों की भी खोज की गई है जो रंगभेद नीति के समर्थक हैं। ये एजेंट अपना

प्रभाव गौरवर्ण से अधिक श्यामवर्ण के प्राणियों पर डालते हैं।

25 अगस्त, 95 के 'दि पायोनियर' समाचार-पत्र में छपे एक समाचार के अनुसार बगदाद ने हाल ही में यह स्वीकार किया कि खाड़ी युद्ध-91 में इराक ने जैविक शस्त्रों को विकसित कर स्कड तथा अन्य मिसाइलों में भरकर प्रयोग में लाने के लिए तैयार रखा हुआ था। 20 अक्तूबर, 95 के इंटरनेशनल हैराल्ड ट्रिब्यून समाचार-पत्र के अनुसार इराक ने अपने जैविक शस्त्रों का परीक्षण भेड़ों, गधों तथा अन्य जानवरों पर करने के पश्चात् इनको चोरी-छिपे मिसाइलों में भर दिया था, परंतु किसी कारणवश उनको प्रयोग में नहीं लाया जा सका। इसी समाचार-पत्र के अनुसार अब इन हथियारों को नष्ट कर दिया गया है।

बायोकेमिकल शस्त्रों के विकास एवं उनके प्रभावों की भविष्यवाणी निरर्थक ही नहीं, खतरों से भरी हैं। अनुसंधान के क्षेत्र में इनके विकास की गति, दिशा तथा महत्त्व अभी भी धुँधले हैं। इसमें कोई संदेह नहीं कि कोई भी देश जो इसके वैज्ञानिक तथा तकनालॉजी के आधार निर्मित कर सकता है, बहुत शक्तिशाली होकर मानवता के लिए एक बड़ा प्रश्नचिह्न बन सकता है। सच क्या है, ये भविष्य के युद्ध ही बता पाएँगे।

संदर्भ (Reference)

1. Report of Secretary General, UNO Chemical and Biological Weapons and Effect of their possible uses, A/7575, 1 July, 69, Page 6.
2. J. Perry Robinson : Chemical and Biological Warfare.
3. Report of World Health Organisation 1970 : Chemical and Biological Warfare, Page 39.
4. SIPRI, Vol 2; The Problem of Chemical and Biological Warfare; Page 42-43.
5. Report of World Health Organisation : Health Aspects of Chemical and Biological Warfare, Page 40.
6. M. Meselson and J Perry Robinson : Chemical Warfare and Chemical Disarmament, Scientific American, 1980; Vol. 242, Page 35.
7. J.H. Rothschild : Tomorrow's Weapons; Page 32.
8. J.V. Tucker: Genes War, Foreign Policy, 1984, Page 63; SIPRI :

The Problem of Chemical and Biological Warfare, Vol.-2, Page 59-64.

9. Willam Kusewicz : Beyond Yellow Rain; The Threat of Genetic Engineering.
10. The Pioneer, 25 Aug, 1995.
11. The Internatonal Herald Tribune, 20 Oct, 95.

□

अध्याय-7

युद्ध तकनालॉजी का बदलता स्वरूप

जेम्स ब्लिश द्वारा सन् 1970 में लिखी एक वैज्ञानिक कहानी आर्मागेद्दॉन (Armageddon), मनुष्य की नारकीय दानवों के साथ लड़े गए एक लंबे तथा भीषण युद्ध की कहानी है। इसमें मनुष्य ने यंत्रमानवों (robot) तथा स्वचालित शस्त्रास्त्रों की सहायता से शैतान की सेना को पृथ्वी से खदेड़ दिया। यद्यपि ब्लिश की यह कहानी एच.जी. वेल्स की वैज्ञानिक कहानी 'द वार ऑफ द वर्ल्डस' (The War of the Worlds) जैसी वास्तविक नहीं लगती है, किंतु इसके यंत्र-मानव युद्ध की जिस भाषा तथा तकनीक का प्रयोग करते हैं वह आधुनिक युद्ध तकनालॉजी के बदलते स्वरूप के प्रतिनिधि हैं। वह भविष्य में लड़े जानेवाले युद्धों की भाषा तो लगती ही है, कुछ अर्थों में वर्तमान युद्धों में भी प्रयोग की जा रही है। उदाहरणार्थ, आर्मागेद्दॉन के मित्र अथवा शत्रु की स्वतः पहचान करने की योजना वर्तमान मित्र-शत्रु पहचान राडार (IFF Radar) का ही रूप है। इसी प्रकार आर्मागेद्दॉन में बुद्धिमान कंप्यूटर (Intelligent Computers) का व्यापक उपयोग दिखाया गया है, यंत्रमानवों द्वारा अंतरिक्ष की ओर स्वमार्गदर्शित अंतरमहाद्वीपीय बैलिस्टिक प्रक्षेपास्त्र (Self Guided ICBM) छोड़े जाने का वर्णन है तथा यंत्रमानव द्वारा अपने लक्ष्य का पता लगने पर केवल एक पुश बटन दबा देने से शस्त्र स्वतः प्रक्षेपित होकर लक्ष्य का अनुसरण (tracking) करता है तथा उसे नष्ट कर देता है। भविष्य की पीढ़ियों के सैनिक उपकरण आर्मागेद्दॉन के यंत्रमानव तो शायद न होंगे, किंतु उच्च तकनालॉजी के आयुध अवश्य होंगे जो यंत्रमानवों की सहायता से युद्ध की विविध प्रक्रियाओं में भाग लेंगे।

युद्ध तकनालॉजी के बदलते स्वरूप में उच्च तकनालॉजी के कारण 'मनुष्यों का युद्ध' धीरे-धीरे 'मशीनों का युद्ध' बनता जा रहा है। अब सैनिक शक्ति को इलेक्ट्रॉनिकी उपकरणों, न्यूक्लीय शस्त्रों तथा उपग्रहों से आँका जाने लगा है। अब

कमांडरों को युद्ध क्षेत्र में जाने की आवश्यकता नहीं है। वहाँ से मीलों दूर अपने मुख्यालय में बैठे-बैठे कुछ बटनों को दबाकर ही वह युद्ध-स्थिति जान सकता है और उसे बदल भी सकता है।

द्वितीय विश्व युद्ध के पश्चात्, अर्थात् पिछले पचास वर्षों में जिस गति से तकनालॉजी में निरंतर बदलाव आया है उसके कारण युद्ध तकनालॉजी में एक क्रांति आ गई है। पहले एक ही तकनालॉजी कुछ दशकों तक ही नहीं, अपितु कभी-कभी कई शताब्दियों तक भी प्रयोग में रहती थी, किंतु अब कोई भी युद्ध तकनालॉजी अधिक समय तक स्थिर नहीं रह पाती है। यदि किसी तकनालॉजी विशेष में आमूल-चूल परिवर्तन नहीं भी आ पाता है तो उसका एक उन्नत स्वरूप सामने आ जाता है। तकनालॉजी में इस निरंतर परिवर्तन के कारण अब प्रत्येक युद्ध का स्वरूप पिछले किसी युद्ध से भिन्न होने लगा है। इलेक्ट्रॉनिकी एवं कंप्यूटर क्रांति ने युद्ध के स्वरूप को बदलने में प्रमुख भूमिका निभाई है। इसका एक नमूना सन् 1991 में ऑपरेशन डेजर्ट स्टॉर्म के रूप में विश्व के सम्मुख प्रस्तुत हो चुका है। इस युद्ध में अनेक नवीन तथा अद्‌भुत दृश्य सामने आए जिनमें से कुछ निम्नलिखित हैं :

सन् 1990 तक सामान्यजनों की ही नहीं अपितु रक्षाविदों की भी यही धारणा थी कि कोई भी देश पराजित तभी माना जाएगा जब थलसेना उसकी भूमि पर अधिकार कर उसपर अपनी विजयपताका फहरा देगी। ऑपरेशन डेजर्ट स्टॉर्म ने इस धारणा को बदल दिया, क्योंकि इराक के विरुद्ध किए गए इस युद्ध में मुख्य भूमिका बहुराष्ट्रीय वायुसेना ने ही अदा की। बहुराष्ट्रीय थलसेना की भूमिका समूचे युद्ध में गौण रही। इतना ही नहीं, बहुराष्ट्रीय वायुसेना के भीषण प्रहारों के कारण इराकी थलसेना भी अपनी बहुचर्चित 'समस्त युद्धों की जननी' के जौहर दिखाने से पहले ही अस्त-व्यस्त कर दी गई।

इस युद्ध की दूसरी विशेषता थी, बहुराष्ट्रीय सेनाओं द्वारा लड़ा गया दूरस्थ नियंत्रित युद्ध। पायलटरहित विमान, क्रूज मिसाइल टॉमाहाक, उपग्रह नियंत्रित मिसाइल, आवाक्स विमान तथा शक्तिशाली संवेदित्रों की सहायता से इराक पर ऐसा भयंकर बहुतरफा दूरस्थ नियंत्रित आक्रमण किया गया कि युद्ध के मात्र प्रथम दस दिनों में ही लगभग संपूर्ण इराक के आकाश पर बहुराष्ट्रीय वायुसेना का आधिपत्य हो गया जिसके कारण इराक को शीघ्र ही घुटने टेकने पड़े।

इस युद्ध की तीसरी विशेष बात यह रही कि उन्नत तकनालॉजी की सहायता से किसी कुशल शल्य चिकित्सक (surgeon) की भाँति केवल चुने गए इराकी लक्ष्यों पर अचूक निशाने लगा पाने में सफलता मिली तथा निर्दोष नागरिकों के जान

व माल की न्यूनतम क्षति हुई। इस कार्य में लेजर, नाइट विजन, ऑप्टो इलेक्ट्रॉनिक्स, डिजिटल सिग्नल प्रोसेसिंग, युद्ध क्षेत्र का डाटा प्रबंधन जैसी उच्च तकनालॉजी के यंत्र-तंत्रों तथा तकनीकों ने महत्त्वपूर्ण योगदान दिया।

इस युद्ध की एक अन्य विशेषता थी युद्ध के वास्तविक दृश्यों को पायलटरहित विमान, उपग्रह संचार व्यवस्था अथवा आवाक्स विमानों की सहायता से युद्ध के कमांडरों द्वारा अपने ऑप्स रूम (Ops room) में देख पाना तथा उनकी सहायता से अपनी रणनीति में आवश्यक परिवर्तन कर पाना। यही नहीं, उपग्रह संचार की सहायता से इस युद्ध के कुछ दृश्यों को सामान्य नागरिकों को अपने ड्रॉइंगरूम में देखने का अवसर भी मिला।

इस प्रकार से सन् 1991 के इस खाड़ी युद्ध ने हमें भविष्य के युद्धों के बदलते स्वरूप की एक झलक दिखाई है जिसे आधार मानकर हम भविष्य के युद्धों में प्रयोग की जानेवाली उच्च तकनालॉजी की चर्चा कर सकते हैं।

इस तथ्य को निर्विवाद रूप से माना जा सकता है कि भविष्य के युद्धों में मानवों की अपेक्षा मशीनों का योगदान अधिक महत्त्वपूर्ण होगा। यह अवश्य है कि इन मशीनों को युद्धोपयोगी बनाने में मनुष्य के मस्तिष्क का अधिकाधिक उपयोग किया जाएगा। कृत्रिम बुद्धि (Artificial Intelligence) नामक नई विधा ने भी युद्ध तकनालॉजी के क्षेत्र में धीरे-धीरे प्रवेश करना प्रारंभ कर दिया है। इसके प्रयोग से अनेक निर्णय भी मशीनों द्वारा लिये जा सकेंगे। किंतु सेना के कमांडर अभी मशीनों द्वारा निर्णय लिये जाने की बात को स्वीकार नहीं कर पा रहे हैं। इसलिए कृत्रिम बुद्धि का प्रयोग युद्ध-क्षेत्र में अत्यंत सावधानी के साथ किया जा रहा है।

निकट भविष्य में जो अनेक उच्च तकनालॉजियाँ युद्ध-क्षेत्र में अपना स्थान बना चुकी हैं उनमें से प्रमुख निम्नलिखित हैं :

- ❑ पायलटरहित विमान (Pilotless Aircraft)
- ❑ रात्रि दृश्य तकनालॉजी (Night Vision Technology)
- ❑ लेजर तकनालॉजी (Laser Techology)
- ❑ कंप्यूटर युद्ध-अभ्यास (Computer Wargaming)
- ❑ चोरी-छुपी तकनालॉजी (Stealth Technology)
- ❑ क्रूज प्रक्षेपास्त्र तकनालॉजी (Cruise Missile Technology)
- ❑ हलका युद्धक विमान (Light Combat Aircraft)
- ❑ मुख्य युद्धक टैंक (Main Battle Tank)
- ❑ युद्ध में कृत्रिम बुद्धि (Artificial Intelligence in Battle Field)

- उपग्रह संचार तकनालॉजी (Satcom Technology)
- किरण-पुंज तकनालॉजी (Particle-Beam Technology)

निश्चय ही ऊपर दी हुई तकनालॉजियों की सूची संपूर्ण नहीं है। जिस द्रुत गति से तकनालॉजी का स्वरूप बदलता जा रहा है उसमें उन्नत तकनालॉजियों या उनपर आधारित आयुधों की पूरी सूची बना पाना शायद संभव भी नहीं होगा।

उच्च तकनालॉजी के युद्धों के संदर्भ में स्वाभाविक रूप से किरण-पुंज के शस्त्रों का एक अनूठा स्थान है। इन शस्त्रों की विशेषता यह है कि ये सैनिकों को हताहत करने के स्थान पर उनके शस्त्रास्त्रों को नष्ट करते हैं।

शस्त्रों का वर्गीकरण

परंपरा के अनुसार रक्षा विज्ञान उन्नत शस्त्रों को दो वर्गों में विभाजित करता है—स्ट्रैटेजिक शस्त्र एवं टैक्टिकल शस्त्र।

स्ट्रैटेजिक शस्त्र शत्रु के युद्ध करने की क्षमता को नष्ट करते हैं। व्यावहारिक रूप से इनका कार्य मुख्यत: शत्रु के आक्रमण करने की स्थिति में उसके लक्ष्यों पर प्रत्याक्रमण कर भयंकर तबाही मचा देना है। स्ट्रैटेजिक शस्त्रों के लक्ष्य भी पारंपरिक रूप से स्ट्रैटेजिक ही होते है। उदाहरणार्थ, रक्षा अधिष्ठापन (defence installations), संजाल (networks) तथा ऐसे भवनों के समूह इत्यादि जो देश की युद्ध करने की क्षमता बढ़ाने में महत्त्वपूर्ण होते हैं। स्ट्रैटेजिक लक्ष्यों में शत्रु के स्ट्रैटेजिक शस्त्र, जैसे जासूसी उपग्रह, न्यूक्लीय शस्त्र आदि को भी गिना जाएगा।

टैक्टिकल शस्त्र वे शस्त्र हैं जिनसे युद्ध-क्षेत्र में शत्रु के लक्ष्यों पर आक्रमण किया जाता है। सामान्यत: इनका प्रयोग भी तात्कालिक तथा अल्पावधि का ही होता है ताकि युद्ध-क्षेत्र में जल, थल अथवा नभ में हो रहे समाघातों (combats) में विजय प्राप्त की जा सके। टैक्टिकल शस्त्रों के उदाहरण हैं बंदूक, बम, टैंक, विमान, प्रक्षेपास्त्र आदि।

किरण-पुंज शस्त्र स्ट्रैटेजिक तथा टैक्टिकल दोनों ही वर्गों के हो सकते हैं। उदाहरणार्थ, लंबी परास के लेजर शस्त्रों (long range laser weapons) अथवा किरण-पुंज शस्त्रों को स्ट्रैटेजिक शस्त्रों की श्रेणी में रखा जाएगा। कम परास के किरण-पुंज शस्त्रों (short range beam weapons) को, जो युद्ध में जल, थल तथा नभ में उपयोग किए जाते हैं, टैक्टिकल शस्त्रों की श्रेणी में रखा जाएगा।

पायलटरहित विमान

सन् 1991 के खाड़ी युद्ध में पायोनियर नामक पायलटरहित विमान ने

बहुराष्ट्रीय सेना के लिए शत्रु क्षेत्र पर उड़ते हुए मूक रहकर ऐसे अनेक कार्य किए जिन्हें करने के लिए सामान्य रूप से कोई पायलट तैयार नहीं होता, क्योंकि ऐसे कार्यों में उसे प्राण गँवाने का खतरा निरंतर बना रहता है।

जैसाकि नाम से ही विदित होता है, इस विमान में कोई पायलट नहीं होता है। इस विमान को भू-स्थित एक दूरस्थ नियंत्रण केंद्र (Remote Control Centre) से नियंत्रित किया जाता है। यह एक छोटा विमान होता है जो प्रायः चार से पाँच घंटों तक एक छोटे-से इंजिन की सहायता से उड़ता है। इसकी पृष्ठभूमि (surface) ऐसी सामग्री की बनी होती है जो राडार की तरंगों तथा ऊर्जा को अवशोषित कर लेती है और वे प्रतिबिंबित नहीं हो पाती हैं। इसलिए इस विमान को शत्रु अपने राडार स्क्रीन पर देख पाने में भी असमर्थ रहता है। भू-स्थित केंद्र से संपर्क बनाए रखने के लिए विमान पर आवश्यक संप्रेषक तथा संग्राहक लगे होते हैं। दूरस्थ नियंत्रण केंद्र से प्राप्त निर्देशों का पालन विमान-वाहित माइक्रोप्रोसेसर की सहायता से किया जाता है। शत्रु क्षेत्र में हो रहे कार्य-कलापों की खोज-खबर रखने के लिए इस विमान पर विशेष कैमरे तथा इलेक्ट्रो-ऑप्टिकल संवेदित्र लगाए जाते हैं। इन यंत्रों द्वारा लिये गए चित्रों आदि को संहिताबद्ध (codify) करने के लिए विमान पर ही आवश्यक इलेक्ट्रॉनिकी संयंत्र लगाए जाते हैं। संचार संकेतों को शत्रु द्वारा संकुलित किए जाने से बचाने के लिए उन्हें संहिताबद्ध (codify) किए जाने के अतिरिक्त उन्हें स्प्रेड स्पेक्ट्रम अथवा फ्रीक्वेंसी हॉपिंग जैसी उच्च तकनीकों द्वारा सुरक्षित भी किया जाता है। ऐसा करने पर शत्रु द्वारा इन संकेतों का अपरोधन (intercept) कर पाना अथवा उन्हें संकुलित कर पाना लगभग असंभव हो जाता है। इस प्रकार युद्ध एवं शांतिकाल में शत्रु क्षेत्र पर निर्बाध रूप से विचरते हुए ये पायलटरहित विमान शत्रु के गुप्त कार्य-कलापों तथा उनकी सैनिक गतिविधियों को अपने विशेष कैमरों तथा संवेदित्रों द्वारा चित्रित कर भू-स्थित केंद्रों के जरिए अपनी सेना के कमांडरों को वास्तविक समय (real time) में चित्रों एवं सूचनाओं के रूप में अवगत कराते रहते हैं। इन 'लाइव' चित्रों एवं सूचनाओं के आधार पर ये अधिकारी अपनी व्यूहरचना अथवा रणनीति में आवश्यक टैक्टिकल परिवर्तन कर सकते हैं। इसी प्रकार शांतिकाल में भी पायलटरहित विमानों द्वारा प्राप्त सूचनाओं तथा चित्रों के आधार पर दूरगामी स्ट्रैटेजिक रणनीति बनाई जा सकती है।

सन् 1991 के खाड़ी युद्ध में पायलटरहित विमानों का उपयोग एक ऑप्स-रूम की भाँति भी किया गया। ऑप्स-रूम वह कक्ष होता है जहाँ से प्राप्त सूचनाओं के आधार पर युद्ध का संचालन किया जाता है। इस प्रकार के उपयोग के लिए इस विमान पर एक यंत्रमानव (robot) को अवस्थित किया गया। शत्रु के आक्रामक

विमानों, प्रक्षेपास्त्रों तथा थलसेना की टुकड़ियों के बारे में पल-पल की सूचना प्राप्त कर इस यंत्रमानव ने स्थिति के अनुसार अपने फाइटर विमानों को शत्रु से वायु समाघात (Air Combat) करने के लिए उन्हें सुविधाजनक स्थितियों में पहुँचाने का कार्य भी किया।

पायलटरहित विमान को हवा में उड़ान भरने के लिए किसी हवाईपट्टी की आवश्यकता नहीं पड़ती है। इसे या तो किसी प्रक्षेपक (launcher) की सहायता से प्रक्षेपित कर दिया जाता है या किसी मदर एयरक्राफ्ट की सहायता से आवश्यक ऊँचाई तक ले जाकर हवा में छोड़ दिया जाता है जहाँ पायलटरहित विमान का अपना इंजिन उसे विचरने में समर्थ बनाता है। अपने निर्देशित कार्य-कलापों को पूरा करने के लिए पायलटरहित विमान आवश्यकता के अनुसार चार भिन्न-भिन्न स्थितियों में उड़ाया जा सकता है। पहली स्थिति 'ऑपरेटर नियंत्रित उड़ान' की होती है। इस स्थिति में विमान को दूरस्थ संचार व्यवस्था से नियंत्रित किया जाता है। दूरस्थ केंद्र के ऑपरेटर कक्ष में एक वैसा ही कार्य-उत्तोलक (joy-stick) लगा होता है जैसाकि विमानों में पायलट के लिए होता है। इस कार्य-उत्तोलक के माध्यम से दूरस्थ संचार (telecommunication) की सहायता से दिए गए निर्देशों के अनुसार विमान में लगा माइक्रोप्रोसेसर क्रियाशील (activate) होकर पथ-निर्देश करता है।

दूसरी स्थिति 'पूर्व-क्रमादेशित उड़ान' (pre-programmed flight) की होती है। शत्रु क्षेत्र के ऊपर विचरते समय शत्रु द्वारा इस विमान के संचार संकेतों को संकुलित किए जानेवाले खतरों से बचाने के लिए विमान को पूर्व-क्रमादेशित विधि से उड़ाया जा सकता है। शत्रु के गुप्त ठिकानों के बारे में प्राप्त की गई पूर्व-सूचना के आधार पर विमान में लगे कंप्यूटर को उड़ान भरने से पहले भूमि पर ही पूर्व-क्रमादेशित कर दिया जाता है। इस स्थिति में विमान को भूमि से नियंत्रित नहीं किया जाता। पूर्व-क्रमादेशित कार्य पूरा हो जाने के बाद विमान और भू-केंद्र के मध्य दूरसंचार संबंध पुनः स्थापित कर दिया जाता है।

तीसरी स्थिति 'अनियंत्रित उड़ान' (loiter mode) कहलाती है। इस स्थिति का उपयोग तब किया जाता है जब विमान भू-केंद्र के ट्रैकिंग राडार की दृश्य-रेखा (line of sight) से ओझल हो जाता है। इस उड़ान के समय न तो भू-केंद्र से कमान भेजे जाते हैं, न ही विमान कोई पूर्व-क्रमादेशित उड़ान भरता है। ट्रैकिंग राडार की दृश्य-रेखा में आ जाने पर विमान पुनः भू-केंद्र के नियंत्रण में आ जाता है।

चौथी स्थिति 'यंत्रमानव उड़ान' कहलाती है। यह स्थिति तब आती है जब

युद्ध के समय इस विमान को एक ऑप्स-रूम की भाँति उपयोग में लाया जाता है। इसके लिए कृत्रिम बुद्धि से लैस एक यंत्रमानव को विमान में अवस्थित किया जाता है। यह यंत्रमानव युद्ध की पल-पल की स्थिति के अनुसार अपने फाइटर विमानों, मिसाइलों तथा एयर बेसों को निर्देश देता रहता है।

विमान किस समय किस प्रकार की उड़ान भरे, इसका निर्णय युद्ध-स्थिति के अनुसार कमांडर करता है; और इस निर्णय को भू-स्थित केंद्र में लगे यंत्र पर 'फ्लाइट मोड' स्विच की सहायता से विमान तक कमान द्वारा पहुँचाया जाता है।

भू-स्थित केंद्र (चित्र 7.1) पर लगे उपकरणों में विमान को हवा में भेजनेवाले प्रक्षेपक, दूरस्थ नियंत्रण के लिए आवश्यक इलेक्ट्रॉनिकी संयंत्र, विमान की पल-पल की स्थिति जानने के लिए प्लॉटर, कंप्यूटर आदि तथा विमान को वापस पृथ्वी पर उतारने के लिए एक मजबूत नायलॉन जाली तथा कुछ इलेक्ट्रॉनिकी संयंत्रों की आवश्यकता पड़ती है। भू-स्थित केंद्र एक वाहन पर अवस्थित रहता है जिससे उसे आसानी से एक स्थान से दूसरे स्थान पर ले जाया जा सकता है।

पायलटरहित विमानों के विकास में अमेरिका, इटली, जर्मनी, इज्रायल, कनाडा, ब्रिटेन आदि देश अग्रणी रहे हैं। भारतीय रक्षा वैज्ञानिकों द्वारा भी इस दिशा में लगभग दो दशकों से कार्य चल रहा है। सन् 1982 की गणतंत्र दिवस परेड में प्रदर्शित 'चकोर' नामक उपकरण पायलटरहित विमान का ही एक प्रारूप था। 'लक्ष्य' (चित्र 7.2) तथा 'फाल्कन' नामक विमानों का विकास भी इसी दिशा में

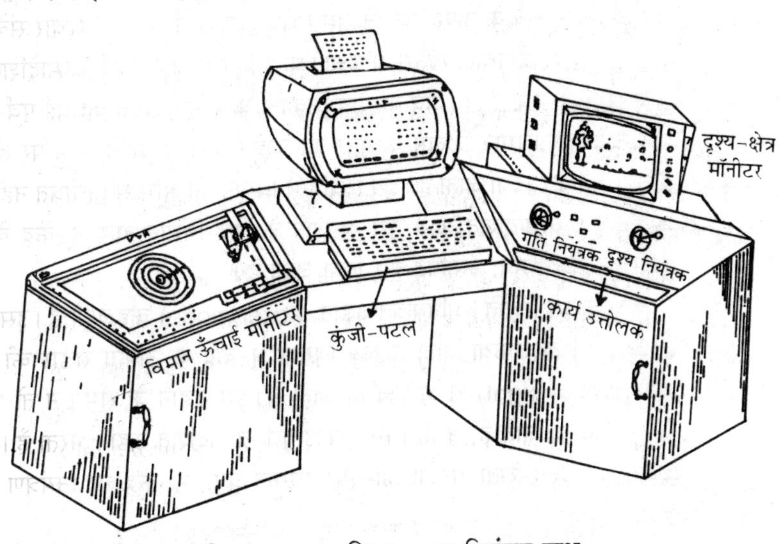

चित्र 7.1 : भू-स्थित दूरस्थ नियंत्रण कक्ष

किए गए प्रयास हैं। अगस्त 1996 में प्रथम भारतीय पायलटरहित विमान 'निशांत' का सफल परीक्षण भी पूरा हो गया है और अब सेना द्वारा इसके विभिन्न परीक्षण किए जाएँगे। विश्वास किया जाता है कि सन् 1998 तक पायलटरहित विमानों का व्यापक उपयोग भारतीय सेना में किया जाने लगेगा।

कंप्यूटर, माइक्रोप्रोसेसर, कृत्रिम बुद्धि, यंत्रमानव तथा अन्य उच्च तकनालॉजी की दूरसंचार व्यवस्था आदि का उत्तरोत्तर विकास होने के कारण पायलटरहित विमान का भविष्य बहुत उज्ज्वल है। आगामी युद्धों में निश्चय ही पायलटरहित विमानों की भूमिका अत्यंत महत्त्वपूर्ण होगी, यह निर्विवाद है।

नाइट विजन तकनालॉजी

रात्रि दृश्य उपकरण के रक्षा उत्पादन करनेवाली एक अंतरराष्ट्रीय कंपनी के मालिक का कहना है कि 'तुम्हारा शत्रु जो नहीं जानता है वह उसे नुकसान पहुँचा सकता है'। मनुष्य के नेत्र यथाकाल व्यवस्थित हो जानेवाले संवेदित्र हैं। किंतु अल्प प्रकाश में इनमें कुछ कमियाँ भी पाई गई हैं। उदाहरणस्वरूप, कम प्रकाश में इनकी सूक्ष्मग्राहिता तथा तीक्ष्णता (intensity) में बहुत कमी हो जाती है। इसके अतिरिक्त इनकी पारिमाणिक क्षमता में कमी आ जाती है तथा इनके द्वारा देखे जानेवाला वर्णक्रम भी सीमित हो जाता है।

इन कमियों को दूर करने के प्रयास अंततः आंशिक रूप से तब सफल हुए जब सन् 1984 में फोटो-इलेक्ट्रॉनिक संवेदित्रों का विकास किया गया। ये संवेदित्र निवेश (input) किए गए संकेत 'फोटॉन' को विद्युत्धारा में बदल सकते हैं तथा इलेक्ट्रॉनिकी आवेश (charge) को संचयित कर सकते हैं। इन संवेदित्रों के आधार पर इमेज कन्वर्टर, इमेज इंटेंसिफायर तथा वीडिकॉन ट्यूब जैसे अनेकों फोटो-इलेक्ट्रॉनिक उपकरणों का विकास किया गया जिनसे अंधकार में तथा रात में देख सकने की क्षमता में वृद्धि हुई।

सन् 1927 में प्रथम बार जे एल बेयर्ड ने लंदन में तथा सी एफ जेंकिन्स ने वाशिंगटन में टेलीविजन नामक उपकरण का प्रदर्शन किया था। दिन के प्रकाश में अथवा कमरों के अंदर तीव्र विद्युत् प्रकाश में चित्रित किए गए दृश्यों को देखने के लिए, प्रयोग किए जानेवाले टेलीविजन कैमरों द्वारा प्रकाशिक सूचनाओं (optical information) को विद्युत् संकेतों में परिवर्तित किया जाता है। यह परिवर्तन वीडिकॉन, आर्थीकॉन अथवा प्लंबीकॉन नामक नलिका (tube) की सहायता से किया जा सकता है। इन विद्युत् संकेतों को टी.वी. मॉनीटर तक या तो ब्रॉडकास्टिंग विधि द्वारा प्रेषित किया जा सकता है या क्लोज्ड सर्किट टी.वी. द्वारा भेजा जा सकता है।

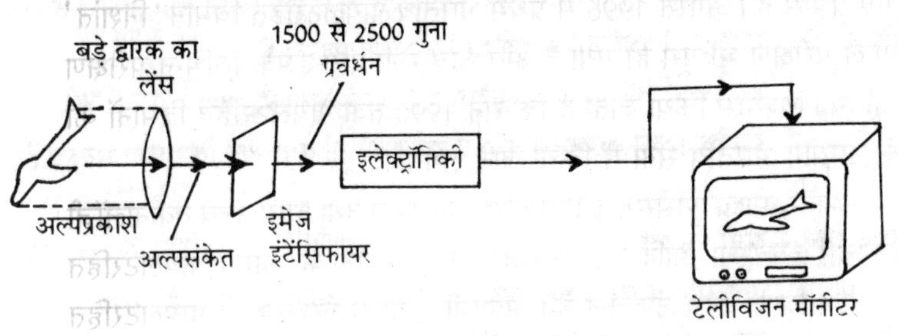

चित्र 7.3 : अल्प प्रकाश टेलीविजन संयंत्र

अल्प प्रकाश टेलीविजन (Low Light TV, LLTV)

अल्प प्रकाश टीवी अथवा एल एल टी वी भी एक प्रकार का बंद परिपथ टी.वी. (Closed Circuit TV) (सीसीटीवी) संयंत्र है (चित्र 7.3) जिसके कैमरे में बड़े द्वारक (aperture) का विशेष प्रकार का लेंस प्रयोग किया जाता है। यह लेंस अल्प प्रकाश में भी चित्रित किए जा रहे दृश्य से संबंधित अधिकतम सूचनाओं को एकत्रित कर सिलिकॉन इंटेंसिफायर टार्गेट ट्यूब (एस आई टी टी) पर फोकस करता है। एस आई टी टी की सुग्राहिता (सौ माइक्रो ऐंपियर) साधारण टी.वी. कैमरा ट्यूब की सुग्राहिता (दो सौ नैनो ऐंपियर) से काफी ज्यादा होती है। इस ट्यूब को नॉक्टीकॉन भी कहते हैं जो पंद्रह सौ से ढाई हजार गुना तक का प्रवर्धन (magnification) करते हैं। अब उन्नत नॉक्टीकॉन ट्यूब भी बनाई गई हैं जो पचास हजार गुना तक प्रवर्धन कर सकती हैं। इनकी सुग्राहिता 1.5 मिली ऐंपियर तक होती है।

एल एल टी वी आधारित संयंत्रों का उपयोग सेना में अनेक कार्यों के लिए किया जा रहा है जिनसे अल्प प्रकाश में भी युद्ध करने की संभावनाएँ बढ़ती जा रही हैं। नौसैनिक युद्धपोतों में तथा थलसेना के राडारों के साथ प्रयुक्त विमानभेदी तोपों में ऑप्ट्रॉनिक डायरेक्टर में एल एल टी वी के प्रयोग से ग्राउंड क्लटर प्रभावी नहीं हो पाते हैं और नीची उड़ान भरते हुए विमानों को भी राडार द्वारा देखा जा सकता है।

एल एल टी वी के लाभ

1. इसके द्वारा प्राप्त चित्र सुविधापूर्वक देखे जा सकते हैं,
2. केवल एक कैमरे द्वारा लिये गए चित्र एक से अधिक स्थानों पर एक साथ या अलग-अलग देखे जा सकते हैं,

3. प्रतिबिंबों को अभिलिखित कर उन्हें संचयित किया जा सकता है,
4. शत्रु इन चित्रों को संकुलित नहीं कर सकता है,
5. इन चित्रों की इमेज प्रॉसेसिंग की जा सकती है, तथा
6. इन चित्रों की ब्राइटनेस तथा कंट्रास्ट को सुव्यवस्थित किया जा सकता है।

एल एल संयंत्रों के दोष

1. एल एल कैमरे काफी भारी तथा बड़े आकार के होते हैं, तथा
2. वर्षा, कुहरे तथा मेघाच्छादित एवं प्रतिकूल वातावरण में इन कैमरों की क्षमता कम हो जाती है।

आवेश युग्मित युक्ति इमेजर्स (Charged Couple Device Imagers, CCD Imagers)

सन् 1969 में आवेश युग्मित युक्ति को दृश्य-तत्त्व (pixel) के रूप में प्रयोग किया गया। इस युक्ति में तीसरी पीढ़ी के इमेज इंटेंसिफायर के साथ युग्मित करने से यह एक हलके या कम भार के एल एल टी वी की भाँति कार्य करता है। इसके लाभ निम्नलिखित हैं :

1. ये कम भार तथा छोटे आकार के होते हैं,
2. ये झटके-रोधी (shock proof) तथा प्रकंपन-रोधी (vibration proof) होते हैं,
3. ये अनुच्च वोल्टता पर कार्य करते हैं,
4. ये अधिक विश्वसनीय तथा मजबूत होते हैं,
5. ये वर्णक्रम के काफी बड़े विस्तार (एक्स-रे से इंफ्रा-रेड तक) में कार्य करते हैं,
6. रव (noise) कम होने के कारण इनकी संकेत रव राशि (S/N Ratio) अधिक होती है, तथा
7. इनकी क्वांटम क्षमता अधिक होती है।

अपने श्रेष्ठ गुणों के कारण अपनी खोज के कुछ वर्षों के भीतर ही सी सी डी इमेजर्स ने ट्यूब इमेजर्स का स्थान ले लिया है।

थर्मल इमेजर्स

जिन प्रतिकूल वातावरण में ट्यूब, एल एल टी वी तथा सी सी डी इमेजर्स की अक्षमता के कारण इनका उपयोग नहीं किया जा सकता है, ऐसे वातावरण में

कार्य करने के लिए तापीय प्रतिबिंबक (Thermal Imagers) का विकास किया गया है। प्रत्येक पदार्थ से अवरक्त ऊर्जा (Infrared Energy) का विकिरण होता है, जिसमें ताप होता है। इसी तापीय ऊर्जा पर आधारित थर्मल इमेजर्स का विकास किया गया है। इंफ्रा-रेड क्षेत्र का संसूचन (detection) कर ये थर्मल इमेजर्स ऐसी आसूचनाएँ प्राप्त कर लेते हैं जो सामान्यतः प्रकाशिक (optical) कैमरे, राडार तथा इमेज इंटेंसिफाइड एल एल टी वी कैमरे भी नहीं प्राप्त कर सकते हैं। ऐसा ही एक स्वदेश निर्मित थर्मल इमेजिंग सिस्टम चित्र 7.4 में दिखाया गया है।

युद्ध में नाइट विजन उपकरणों का उपयोग

रक्षा क्षेत्र तथा युद्ध में नाइट विजन उपकरणों का बहुत व्यापक उपयोग किया जाने लगा है। सन् 1991 के खाड़ी युद्ध में भविष्य के युद्धों में प्रयोग किए जानेवाले ऐसे उपकरणों की केवल एक झलक-भर मिली है। भारतीय रक्षा वैज्ञानिकों ने भी इस दिशा में महत्त्वपूर्ण कार्य किए हैं। पिछले दो दशकों में देहरादून स्थित आई आर डी ई में इमेज इंटेंसिफायर आधारित अनेक युक्तियों का विकास किया गया है जिनका उपयोग लंबी दूरी तक प्रहार करनेवाली बंदूकों, वाहनचालन (driving) तथा पैट्रॉलिंग जैसे कार्यों में किया जा रहा है। एक स्वदेशनिर्मित थर्मल इमेजर कुहासे-भरी रात में भी चार किलोमीटर दूर तक देख पाने की क्षमता रखता है। धूल, आँधी, वर्षा तथा धुएँ-भरे वातावरण में भी ये प्रभावशाली रहते हैं। चित्र 7.5 में स्वदेश निर्मित टेलिस्कोपयुक्त नाइट विजन चश्मा दिखाया गया है।

भारतीय प्रयास

इलेक्ट्रॉनिकी, ऑप्टिकल तथा इलेक्ट्रोऑप्टिक्स के क्षेत्रों में नवीन उपलब्धियों के कारण भारत की विभिन्न रक्षा अनुसंधान एवं विकास प्रयोगशालाओं में अनेक नाइट विंजन तथा फोटॉनिक युक्तियों का विकास किया जा रहा है। ये युक्तियाँ इमेज कन्वर्शन, इमेज इंटेंसिफिकेशन, टेलीविजन तथा थर्मल इमेजिंग पर आधारित हैं। इन प्रयोगशालाओं में देहरादून स्थित इंस्ट्रूमेंट्स रिचर्स एंड डेवलपमेंट इस्टैब्लिशमेंट (IRDE) अग्रणी है। जिन युक्तियों का विकास हो चुका है अथवा जिनपर कार्य जारी है उनमें निम्नलिखित युक्तियाँ प्रमुख हैं :

1. उच्च यथार्थता (high accuracy) ($\lambda/8$ तथा उससे अधिक) के ऑप्टिकल संघटकों की अभिकल्पना एवं उनका संसाधन तथा विकास।
2. शिमट दोषसुधारक (correctors) एवं अगोलाकार (aspheric) ऑप्टिकल संघटकों की अभिकल्पना एवं संसाधन।

3. λ/4 यथार्थता (accuracy) के संघटकों की अभिकल्पना तथा संसाधन।
4. उच्च शुद्धता के बहुभुजी (polygonal) एवं सूच्याकार (pyramedial) स्कैनरों की संरचना।
5. प्रतिबिंबकारी दर्पणों को केंद्रीभूत (concentric) बनाए रखने के लिए उच्च शुद्धता के यांत्रिक (mechanical) संघटकों की संरचना।
6. संघटकों के उचित तालमेल के लिए कंप्यूटर एडेड डिजाइन (CAD) एवं कंप्यूटर एडेड मैन्युफैक्चर (CAM) की सुविधा।
7. उच्च दक्षता के 660 से 900 नैनोमीटर की चौड़ाई की पट्टियों के अ-प्रतिबिंबकारी (anti-reflective) कोटिंग का विकास।
8. जर्मेनियम धातु के संघटकों पर बहुसतही चौड़ी पट्टी (multi-layer wide band) की कोटिंग का विकास।
9. रवरहित (noiseless) प्री-ऐंप्लीफायर की अभिकल्पना एवं विकास।
10. स्कैन-कन्वर्टर्स, सिग्नल प्रोसेसर्स तथा डिस्प्ले मॉड्यूल्स की अभिकल्पना एवं विकास।
11. पूर्वनिर्णीत लक्ष्यों की स्वचालित ट्रैकिंग के लिए द्वारक (gated) वीडियो ट्रैकिंग परिपथों की अभिकल्पना एवं विकास।
12. अवरक्त संप्रेक्षण सामग्रियों के प्रत्यावर्तनांक (refractive index) में तापमान के साथ होनेवाले परिवर्तन को रोकने के लिए अ-थर्मलाइजेशन योजना/युक्ति का विकास।
13. विभिन्न क्षमताओंवाले उच्च कोटि के ऑप्टिकल शीशों का विकास।
14. विभिन्न नाइट विजन इलेक्ट्रॉनिकी युक्तियों में प्रयोग किए जानेवाले अतिवृहत् एकीकृत (VLSI) चिप का विकास।
15. इमेज कन्वर्टर एवं इमेज इंटेंसिफायर ट्यूब का विकास।
16. मुख्य युद्धक टैंक अर्जुन के लिए थर्मल इमेजर, लेजर रेंज-फाइंडर एवं कंप्यूटरीय फायर कंट्रोल युक्ति का विकास।
17. एकीकृत गाइडेड मिसाइल विकास कार्यक्रम (IGMDP) के अंतर्गत ऐसे तापीय-दर्श (thermal sight) का विकास जो चार किलोमीटर रेंज दे सके तथा जिसके साथ एक स्वदेशी कार्बन-डाइऑक्साइड लेजर रेंज फाइंडर एवं स्वदेशी आवेश युग्मित युक्ति कैमरा लगाने का प्रावधान भी हो।

उपरोक्त युक्तियों के अतिरिक्त अन्य अनेक नाइट विजन तथा फोटॉनिक

युक्तियों पर भारतीय प्रयास जारी हैं, जिनमें से विशेष उल्लेख सभी प्रकार के मौसमों में प्रयोग की जानेवाली युक्तियों के लिए थर्मल एवं मिलीमीटरिक वेव डिटेक्टर्स के दोहरे संवेदित्रों का किया जा सकता है।

इसमें कोई संदेह नहीं है कि भविष्य के युद्धों में नाइट विजन युक्तियों एवं उपकरणों का बहुत महत्त्व रहेगा क्योंकि इनके उपयोग से शत्रु को रात्रि में भी शांति से बैठने का मौका नहीं मिल पाएगा।

फोटॉनिक्स

डिजिटल इलेक्ट्रॉनिकी एवं ऐसी ही अन्य तकनालॉजियों के विकास के कारण आधुनिक युद्धों में सद्यः प्रक्रिया संगणना (real time computing) की गति बहुत अधिक हो गई है, जिससे युद्ध अधिक जटिल हो गया है। मिसाइल का मार्गदर्शन (guidance) तथा उनका स्वचालित अनुसरण (auto-tracking), लक्ष्य का स्वचालित अभिज्ञान (self-identification), संचार संजालों का नियंत्रण, एयर ट्रैफिक कंट्रोल, मौसम की भविष्यवाणी, प्रतिरक्षा के अर्ली वार्निंग निकाय तथा ऐसे ही अन्य निकाय हैं जिनमें अत्यधिक तेज गति से संगणना की आवश्यकता होती है। ये ऐसे क्षेत्र हैं, जो निश्चय ही निकट भविष्य में और अधिक विकसित होंगे। इनके कार्यों में बहुत बड़ी मात्रा में सूचना की तुरंत आवश्यकता होती है। यह सूचना पल-पल में बदलती भी रह सकती है। इसके तत्काल संसाधन की आवश्यकता होती है ताकि इसे तुरंत उपयोग में लाया जा सके। इस कार्य के लिए निम्नलिखित कार्यविधि की आवश्यकता होती है :

- **प्राप्ति (acquisition) :** इस कार्य के लिए संवेदित्र तकनालॉजी की आवश्यकता पड़ती है।
- **भंडारण (storing) :** यह कार्य स्मृति-चिप्स तथा ऑप्टिकल युक्तियों की सहायता से किया जाता है।
- **प्रसार करना (dissemination) :** लेजर लिंक्स, फाइबर ऑप्टिक्स तथा होलोग्राफी कनेक्शन जैसी विधियों से इस भंडारित सूचना का तेजी से प्रसार तथा प्रचार किया जाता है।
- **परिपाक करना (assimilation) :** इसके लिए सिग्नल प्रोसेसिंग तथा नाड़ी संबंधी संजालों का प्रयोग किया जाता है।

लेजर तकनालॉजी

पिछले लगभग चार दशकों में लेजर तकनालॉजी की खोज ने जिन अनेक

क्षेत्रों को प्रभावित किया है उनमें रक्षा एवं चिकित्सा विज्ञान के क्षेत्र प्रमुख हैं। सन् 1954 में अमेरिकी वैज्ञानिक सी एच टाउन्स तथा रूसी वैज्ञानिक-द्वय बासोव एवं प्रोखोरोव ने संयुक्त रूप से माइक्रोवेव ऐंप्लिफिकेशन बाई स्टिमुलेटेड एमिशन ऑफ रेडिएशन तकनालॉजी, जिसे संक्षिप्त रूप में मेजर (MASER) तकनालॉजी कहते हैं, की खोज की थी। लेजर (LASER) तकनालॉजी, जो लाइट ऐंप्लिफिकेशन बाई स्टिमुलेटेड एमिशन ऑफ रेडिएशन तकनालॉजी का संक्षिप्त नाम है, का प्रथम प्रदर्शन छह वर्ष बाद, 7 जुलाई, 1960 को ह्यूज रिसर्च लैबोरेट्रीज के वैज्ञानिक टी एच माइमन ने किया था। अपने प्रयोग में (चित्र 7.5) माइमन ने एक कृत्रिम (synthetic) बेलनाकार (cylindrical) रूबी क्रिस्टल की छड़ी (rod) का उपयोग किया था। इस बेलनाकार छड़ी की प्रत्येक बाह्य-आकृति (face) को चमकाकर (polish) एकदम समतल तथा सामानांतर बना दिया गया था। इसके दोनों सिरों को वाष्पित-रजत द्वारा इस प्रकार से चमकाया गया था कि एक सिरा तो पूर्णतः प्रतिबिंबन करने लगा था जबकि दूसरा सिरा केवल अंशतः प्रतिबिंबन (reflect) करता था। इस क्रिस्टल छड़ी को जेनान के एक वर्तुलाकार (spiral) फ्लैश लैंप पर जड़ा गया था। इस फ्लैश लैंप के चारों ओर एक प्रतिबिंबक (reflector) रखा गया था। जब लैंप के प्रकाश को क्रिस्टल की छड़ी पर फोकस किया गया तब पाया गया कि छड़ी के अंशतः प्रतिबिंबित करनेवाले सिरे से अत्यंत चमकदार लाल लेजर किरण-पुंज उत्सर्जित होने लगी। यही किरण लेजर कहलाई।

लेजर प्रकाश के विशेष गुण

परंपरागत प्रकाश की तुलना में लेजर प्रकाश की विशेषता उसकी संसक्तता (coherence) है। लेजर एक ऐसी ऊर्जा रूपांतरण युक्ति (energy transfer device) है जो प्रकाश, विद्युत् अथवा ताप की असंसक्त ऊर्जा को ऐसी प्रकाश ऊर्जा में रूपांतरित कर देती है जिसमें अत्यधिक तीव्रता (intensity), न्यूनतम विचलन (divergence) तथा उच्च एकरंगता (monochromatic) के गुण होते हैं। संसक्त होने के कारण लेजर किरण लगभग सीधी ही चलती है, झुकती नहीं है तथा अपने पथ से विचलित भी बहुत कम होती है। पृथ्वी से चंद्रमा की लंबी दूरी तक पहुँचने में भी लेजर किरण का विचलन केवल तीन किलोमीटर होता है जो लगभग नगण्य कहा जा सकता है। अतितीव्र एवं कम विचलन जैसे गुणों के कारण लेजर प्रकाश किरण को अति सूक्ष्म (micron) आकार की वस्तुओं पर फोकस कर उन्हें काटने, जोड़ने तथा उनमें छेद करने जैसे कार्यों के लिए भी प्रयोग किया जा सकता है। एकरंगता के कारण लेजर को स्पेक्ट्रॉस्कोपी में औजार की भाँति प्रयोग

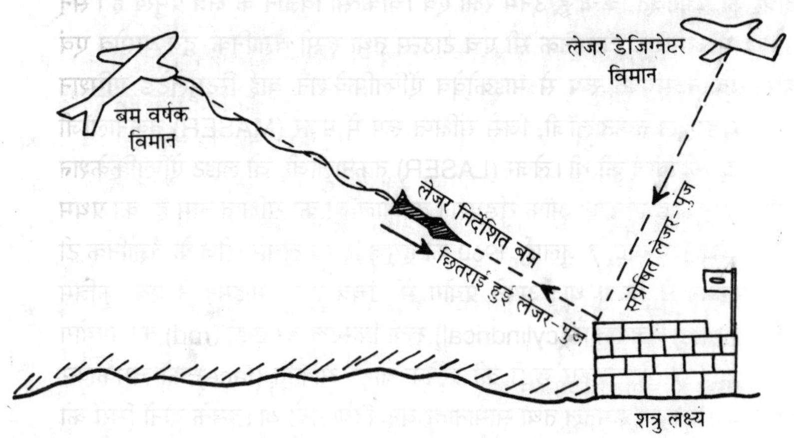

चित्र 7.6 (क) : लेजर डेजिग्नेटर की सहायता से बम-वर्षा

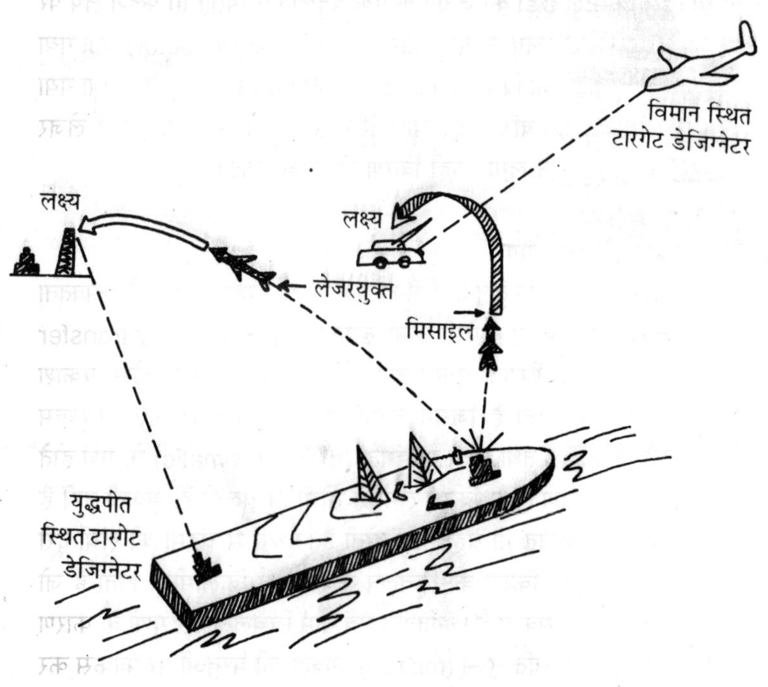

चित्र 7.6 (ख) : युद्ध में लेजर के अनुप्रयोग द्वारा शत्रु लक्ष्य की सही पहचान

में लाया जा सकता है।

प्रारंभिक पीढ़ियों के लेजर स्वयं तो आयुध की भाँति प्रयोग में न लाए जा सके; किंतु इनके सहयोग से पारंपरिक शस्त्र अपना काम अधिक दक्षता से करने लगे, क्योंकि लेजर की सहायता से उन्हें अपने लक्ष्य की एकदम सही स्थिति ज्ञात होने लगी। लेजर रेंजफाइंडर नामक एक युक्ति ने इस काम में बहुत सहायता की। लक्ष्य नामांद्दिष्टक (target designator) नामक एक अन्य युक्ति द्वारा (चित्र 7.6 क एवं ख) शस्त्रों को अपने सही लक्ष्य की पहचान में अत्यंत सहायता मिली। इस युक्ति द्वारा डाले गए संहिताबद्ध लेजर स्पंद (coded laser pulses) के कूट (code) को पहचानकर किसी बम अथवा मिसाइल को लक्ष्य तक पहुँचाना बहुत सरल हो गया। वियतनाम युद्ध में स्मार्ट बम (smart bombs) के रूप में सर्वप्रथम इस युक्ति का उपयोग किया गया (चित्र 7.7 क एवं ख)। इस प्रकार की युक्तियों को 'सन् '70 के दशक का अकेला सफल निवेश' कहकर सराहा गया।

अधिक शक्तिशाली लेजर

सन् '90 के दशक के प्रयासों में प्राप्त सफलता के कारण सैनिक नीति-निर्धारकों ने एक बार पुनः लेजर तकनालॉजी, विशेषतः कार्बन डाइऑक्साइड (CO_2) तथा रासायनिक लेजर, में अपनी रुचि दिखलाई। सन् 1967 में गैस-

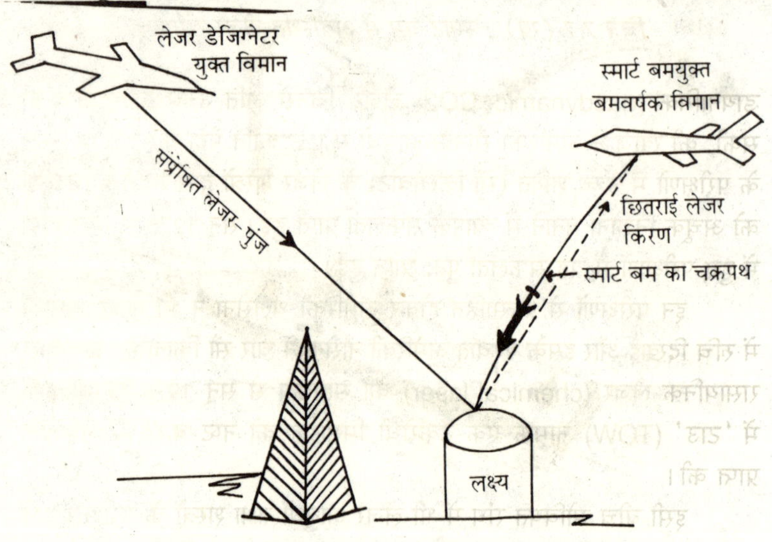

चित्र 7.7 (क) : लक्ष्य पर आक्रमण करता स्मार्ट बम

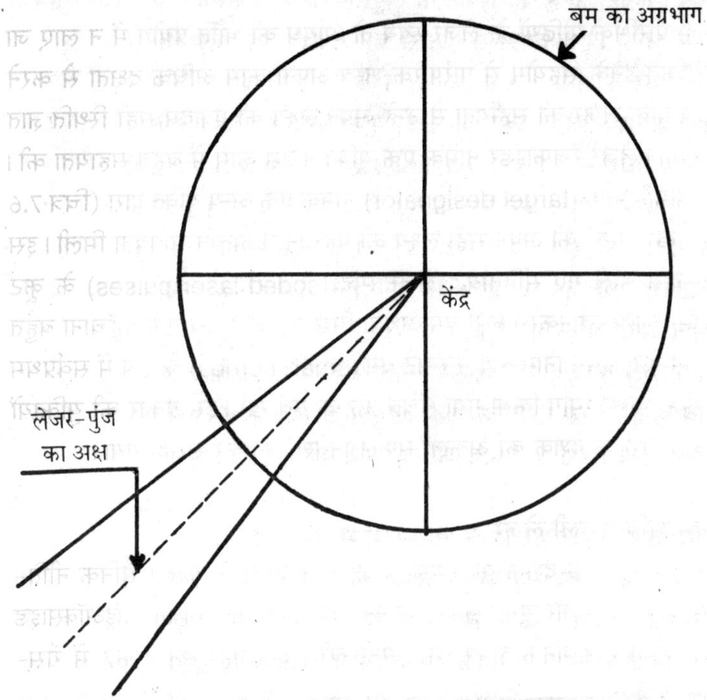

चित्र 7.7 (ख) : स्मार्ट बम में अवस्थित लेजर संग्राहक

डायनामिक (gasdynamic, CO2) लेजर, जिनसे अति उच्च ऊर्जा प्राप्त हो सकी, की खोज ने अमेरिकी सैनिक आयुधों में एक क्रांति पैदा कर दी। वायुसेना के परीक्षणों में उच्च शक्ति (सौ किलोवाट) के लेजर शस्त्रों द्वारा उड़ते हुए लक्ष्यों को अचूक निशाना बनाने में व्यापक सफलता प्राप्त हुई। सन् 1975 में अलाबामा में हुए परीक्षणों में यह सफलता पुनः प्राप्त हुई।

इन परीक्षणों से प्रोत्साहित होकर अमेरिकी थलसेना ने भी लेजर आयुधों में रुचि दिखाई और इसके पश्चात् अमेरिकी नौसेना ने चार सौ किलोवाट ऊर्जावाले रासायनिक लेजर (chemical laser) की सहायता से सन् 1978 के परीक्षणों में 'टाउ' (TOW) नामक एक टैंकरोधी मिसाइल को नष्ट करने में सफलता प्राप्त की।

इसी बीच सोवियत संघ में भी लेजर आयुधों तथा शस्त्रों के परीक्षण होते रहे एवं शीघ्र ही विश्व की दोनों महाशक्तियों ने दस से बारह मेगावाट के अत्यंत उच्चशक्ति के लेजरों का विकास कर लिया। अमेरिकी रक्षा विभाग द्वारा प्रकाशित

सोवियत मिलिट्री पावर की रिपोर्ट के अनुसार सोवियत सरकार का लेजर आयुध कार्यक्रम अमेरिकी कार्यक्रम से तीन से चार गुना अधिक बड़ा था।

लेजर को मिसाइल के मार्गदर्शन के लिए भी प्रयोग किया गया, जिससे मिसाइल की सफलता से प्रहार करने की शक्ति बहुत बढ़ गई। लेजर तथा राडार के पारस्परिक संबंध से 'लाडार' (Laser Detection and Ranging) नामक एक नवीन अनुप्रयोग किया गया जिसके युद्ध में अनेक ऐसे उपयोग पाए गए हैं जिन्हें केवल राडार की सहायता से नहीं प्राप्त किया जा सका था। इन उपयोगों में प्रोजेक्टाइलों तथा तोप के गोलों का मार्गदर्शन, उपग्रहों को स्थापित करना तथा नेविगेशन आदि सम्मिलित हैं।

पिछले कुछ वर्षों में जबसे न्यूक्लीय शस्त्रों (Nuclear Weapons) का प्रादुर्भाव हुआ है, ऐसे रक्षात्मक लेजर आयुधों का विकास करने में रुचि दिखाई गई है जो न्यूक्लीय शस्त्रों के प्रभाव को नष्ट कर सकें।

न्यूक्लीय तथा लेजर शस्त्रों के आक्रमण से प्रतिरक्षा

आजकल जब न्यूक्लीय आयुधों की होड़ लगी है, विश्व में शक्ति का संतुलन बनाए रखना अत्यंत दुष्कर कार्य होता जा रहा है। शांति बनाए रखने का जो सिद्धांत प्रतिपादित किया जा रहा है उसे अंग्रेजी में Mutual Assure Destruction (MAD) सिद्धांत का नाम दिया गया है। इस सिद्धांत के अनुसार कोई भी पक्ष इस डर से अपने शत्रु पर आक्रमण नहीं करेगा कि इस आक्रमण के पश्चात् भी शत्रु के पास इतनी न्यूक्लीय शक्ति बची रहेगी जो आक्रमणकारी का नामोनिशान तक मिटा सकने में समर्थ हो सकती है। न्यूक्लीय शस्त्रों से लैस मिसाइल के प्रभाव को नष्ट करने के लिए सन् 1979 में अमेरिकी सेनेटर मैल्कम वैलप के प्रस्ताव ने 'उपग्रह-आधारित लेजर प्रक्षेपास्त्र प्रतिरक्षा' (Satellite Based Laser Missile Defence) (चित्र 7.8) की संकल्पना को जन्म दिया।

लेजर का सेना में प्रयोग : मृत्यु किरण की खोज

सेना में लेजर का बहुत व्यापक प्रयोग किया जाता है। बीसवीं शताब्दी के आरंभ में जब तेसला नामक वैज्ञानिक ने एक ऐसे ट्रांसफार्मर की खोज की जो लाखों वोल्टता की हाई टेंशन (HT) उत्पन्न कर सकता था तो यह धारणा बनने लगी कि अब उच्च तकनालॉजी का एक ऐसा शस्त्र खोज लिया गया है जो सभी युद्धों में विजय दिला सकता है। यद्यपि यह धारणा निर्मूल सिद्ध हुई पर इसने रक्षा वैज्ञानिकों को मृत्यु किरण की खोज के लिए आवश्यक प्रोत्साहन दिया। सन् 1960

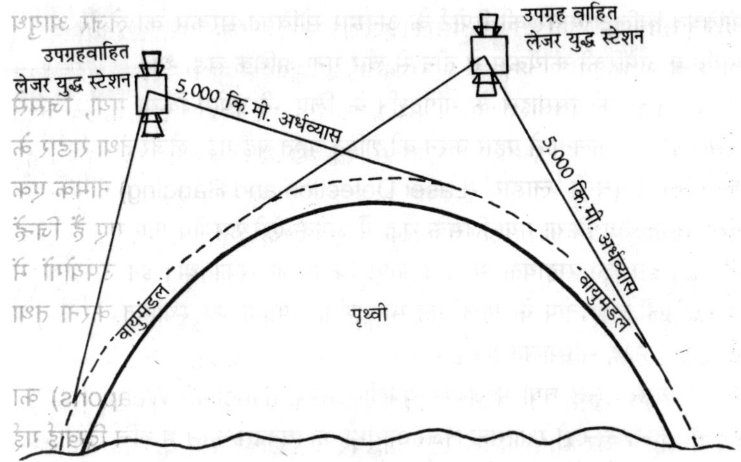

चित्र 7.8 : उपग्रह–आधारित लेजर प्रक्षेपास्त्र संकल्पना

में लेजर जनित्र (Laser Generator) के विनिर्माण ने मृत्यु किरण की चर्चा को पुन: जीवित कर दिया। पिछले पैंतीस वर्षों में जब से लेजर की खोज हुई है, अनेकों ऐसे आयुधों का निर्माण किया गया है जो लेजर पर आधारित हैं। इनमें से प्रमुख आयुध निम्नलिखित हैं :

लेजर डेजिग्नेटर राडार

लेजर राडार की कार्य प्रणाली भी माइक्रोवेव राडार की भाँति ही होती है। संसक्त लेजर-पुंज की आवृत्ति किसी एक्स बैंड माइक्रोवेव पुंज की आवृत्ति से लगभग चार गुनी होने के कारण इनकी चौड़ाई बहुत कम (केवल कुछ माइक्रोरेडियन) होती है। इसका लाभ यह होता है कि धीमी गति से चलनेवाले वाहनों से प्रतिबिंबित लेजर किरणों की आवृत्तियों में भी डॉपलर शिफ्ट की मात्रा इतनी अधिक होती है कि उन वाहनों को भी लेजर राडार के परदे पर देखा जा सकता है। क्रूज मिसाइलों में भी लेजर राडार का उपयोग भू-स्थित बाधाओं (Terrain obstacles) से मिसाइलों को बचाने के लिए किया जाता है। भविष्य में अंतरिक्ष से लड़े जानेवाले युद्धों में लेजर राडार की अत्यंत सक्रिय भूमिका तथा महत्त्वपूर्ण योगदान होने की संभावनाएँ आँकी जा रही हैं।

लेजर डेजिग्नेटर का कार्य युद्ध में शत्रु लक्ष्यों पर बम अथवा रॉकेट द्वारा आक्रमण करते समय अचूक निशाना लगाने के लिए लेजर की सहायता से उनको ठीक से पहचान कराने का होता है। इसका एक उदाहरण चित्र 7.7 (क) में दिखाया गया है। इस तकनीक में सामान्यत: दो विमानों का प्रयोग किया जाता है। एक

विमान बमवर्षक होता है तथा दूसरा लेजर डेजिग्नेटर। लेजर डेजिग्नेटर विमान शत्रु लक्ष्य के आस-पास उड़ता हुआ उसको लेजर संप्रेषक द्वारा संप्रेषित संहिताबद्ध (coded) लेजर-पुंज द्वारा आलोकित करता है। यह विमान एक पायलटरहित विमान हो सकता है जिसमें एक लेजर संप्रेषक को अवस्थित किया जाता है। भू-स्थित केंद्र से कमांड देकर इस संप्रेषक को सक्रिय बनाया जाता है। लेजर डेजिग्नेटर द्वारा संप्रेषित लेजर-पुंज लक्ष्य से टकराकर वायुमंडल में छितरा (scatter) जाती है। किंतु इस क्रिया में वह लेजर-पुंज शत्रु लक्ष्य को आलोकित करती रहती है। छितराई हुई लेजर-पुंज बमवर्षक विमान तक भी पहुँचती है। इस विमान द्वारा छोड़े गए बमों अथवा रॉकेटों के अग्रभाग में एक लेजर संग्राहक लगा होता है चित्र 7.7 (ख), जो इन छितराई हुई लेजर-पुंजों को पहचानकर उन्हें संगृहीत कर लेता है। बम में लगे लेजर संग्राहक की विशेषता यह है कि वह बम के केंद्र को सदैव लेजर-पुंज के अक्ष (axis) पर ही अवस्थित रखता है। यदि बम का केंद्र अक्ष से तनिक भी विचलित होता है तो एक सर्वो-सिस्टम की सहायता से इस दोष का तुरंत निवारण कर दिया जाता है तथा बम का केंद्र पुनः लेजर-पुंज के अक्ष पर ले आया जाता है। इस प्रकार से यह लेजर मार्गदर्शित बम लेजर-पुंज के अक्ष के सहारे शत्रु लक्ष्य पर अचूक निशाना साधकर केवल उसी लक्ष्य का संहार करने में सफल हो जाता है जिसके लिए उसका उपयोग किया गया है। सन् 1991 में लेजर डेजिग्नेटर की सहायता से इराकी लक्ष्यों पर अचूक निशाना साधा गया तथा अनावश्यक नरसंहार से बचा गया। भविष्य के युद्धों में निश्चय ही इसका अधिकाधिक उपयोग किया जाएगा।

लेजर आधारित संचार व्यवस्था

कम दूरी के दो निश्चित स्थानों तथा अधिक दूरी जैसे, अंतरिक्ष से पृथ्वी तक के बीच, दोनों के लिए लेजर आधारित संचार व्यवस्था उपयोगी पाई गई है। माइक्रोवेव संचार की तुलना में लेजर संचार में चैनलों की कहीं अधिक संख्या पाई गई है। अंतरिक्ष संचार व्यवस्था में लेजर की संसक्तता के कारण संप्रेषक को बहुत कम विद्युत्-शक्ति की आवश्यकता होती है। लेजर संप्रेषकों का आकार तुलना में छोटा होता है तथा लेजर संचार को संकुलित करना भी अत्यंत कठिन होता है। लेजर संप्रेषकों की मुख्य समस्या रही है इनका सीमित समय के लिए उपयोग। किंतु अब डायोड पंपिंग नामक विशेष संक्रिया से इस समस्या का हल खोज लिया गया है।

अब अंतरिक्ष से केवल विमान, पृथ्वी तथा जलपोत तक ही नहीं, अपितु

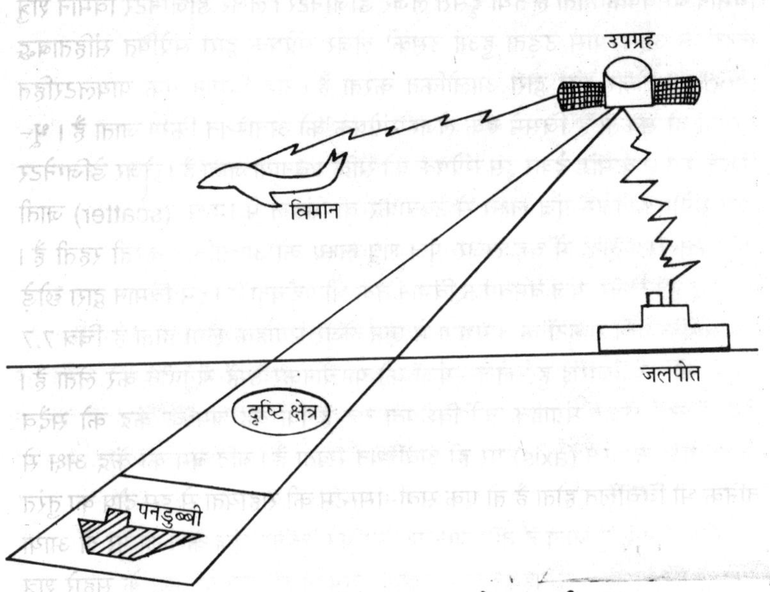

चित्र 7.9 : लेजर संचार : उपग्रह से पनडुब्बी तक

पनडुब्बी के मध्य भी लेजर संचार के प्रयोग सफलतापूर्वक किए जा रहे हैं (चित्र 7.9)। इस कार्य के लिए विशेष प्रकार के नीले-हरे रंग के लेजर का उपयोग लाभदायक पाया गया है, क्योंकि इन रंगों के लेजर की तीव्रता पर जल का कोई विशेष हानिकारक प्रभाव नहीं पाया गया है। भविष्य के युद्धों में निश्चय ही लेजर संचार व्यवस्था एक विशेष भूमिका निभाएगी।

लेजर रेंज फाइंडर

किसी लेजर रेंज फाइंडर की भूमिका तथा उसकी कार्यप्रणाली एक माइक्रोवेव रेंज फाइंडर की भाँति ही होती है। किंतु संसक्त होने के कारण लेजर-पुंज निदेशात्मकता की (directivity) अधिक उत्तम होती है। इस कारण लेजर रेंज फाइंडर द्वारा नीची उड़ान भरते हुए विमानों अथवा समूह के आसपास उड़ते हुए लक्ष्यों का विभेदन (resolution) संभव होता है। अब लेजर दूरबीन तथा लेजर बायनाकुलर्स भी बनाए जाने लगे हैं जिनसे लक्ष्यों का रेंज पता करने का कार्य अधिक सरल हो गया है। लेजर फाइंडर्स की सहायता से सामान्यत: दो सौ मीटर से दस किलोमीटर तक के लक्ष्यों को देख पाना अधिक संभव हो गया है। ऐसा अनुमान है कि दस किलोमीटर दूर के लक्ष्यों के रेंज में स्थित लक्ष्यों के विषय जानने में केवल पाँच

मीटर की गलती होने की संभावना पाई गई है, जो नगण्य मानी जाएगी।

लेजर निर्देशित प्रक्षेप्रास्त्र

लेजर तकनालॉजी की सहायता से प्रक्षेपास्त्रों को मार्गदर्शित कर निर्धारित लक्ष्य तक पहुँचाने के दो सुविधाजनक तरीकों का सफलतापूर्वक प्रयोग किया जा चुका है। ये तरीके हैं, अर्धसक्रिय मार्गदर्शन (semi-active guidance) तथा पुंज आरोहित मार्गदर्शन (beam rider guidance)।

अर्धसक्रिय मार्गदर्शन (चित्र 7.10) में एक लेजर-पुंज द्वारा लक्ष्य को आलोकित किया जाता है। शेष सक्रियाएँ लगभग वैसी ही होती हैं जैसी लेजर डेजिग्नेटर के विषय में वर्णित की जा चुकी हैं। अर्धसक्रिय मार्गदर्शन विधि का लाभ यह है कि यदि लक्ष्य के निकट अपने अथवा मित्र सेना के विमान हों तब भी प्रक्षेपास्त्र अपने निर्धारित लक्ष्य को ही नष्ट करेगा, क्योंकि लेजर डेजिग्नेटर के साथ संलग्न अनुसरण राडार (tracking radar) निरंतर लक्ष्य का अनुसरण कर लेजर डेजिग्नेटर की लेजर-पुंज को लक्ष्य पर फोकस करने में सहायता करता है। लेजर

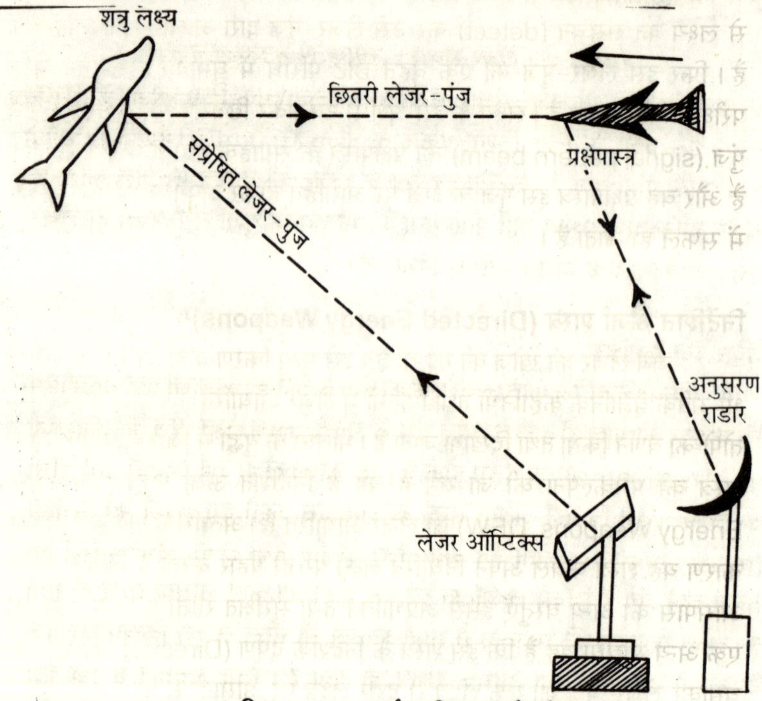

चित्र 7.10 : अर्ध-सक्रिय मार्गदर्शन

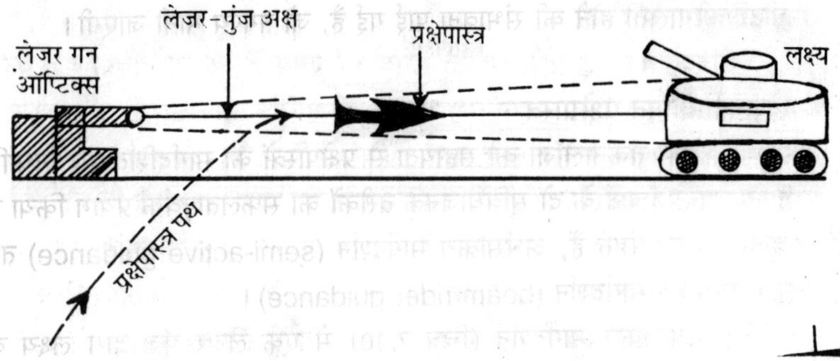

चित्र 7.11 : लेजर-पुंज आधारित मार्गदर्शन

डेजिग्नेटर द्वारा संप्रेषित लेजर-पुंज तथा लक्ष्य द्वारा छितराई गई लेजर-किरणें, दोनों ही बहुत संकीर्ण होती हैं; इसलिए उनको संकुलित (jam) करना भी अत्यंत दुरूह कार्य है।

पुंज आरोहित मार्गदर्शन (चित्र 7.11) में प्रकाशिकी (optics) की सहायता से लक्ष्य का संसूचन (detect) कर उसे लेजर-पुंज द्वारा आलोकित किया जाता है। फिर इस लेजर-पुंज को एक बहुत छोटे परिधि में घुमाकर लक्ष्य का सूक्ष्म परीक्षण किया जाता है। लक्ष्य के इस अंश से टकराकर छितराए गए संकेत प्रतिरूप पुंज (signal pattern beam) को प्रक्षेपास्त्र के संग्राहक द्वारा ग्रहण किया जाता है और वह प्रक्षेपास्त्र इस पुंज के अक्ष पर आरोहित होकर अपने लक्ष्य तक पहुँचने में सफल हो जाता है।

निर्देशित ऊर्जा शस्त्र (Directed Energy Weapons)

जब लेजर की खोज की गई थी तब इसे मृत्यु किरण कहा जा रहा था। अभी भी अनेक वैज्ञानिक कहानियों तथा फिल्मों में लेजर आधारित तलवारों, बंदूकों तथा तोपों का वर्णन किया तथा दिखाया जाता है। भविष्य के युद्धों में जिस महाशक्तिशाली शस्त्र की परिकल्पना की जा रही है वह है निर्देशित ऊर्जा शस्त्र (Directed Energy Weapons, DEW) जो लेजर आधारित है। अत्यधिक निर्देशित होने के कारण यह शस्त्र केवल अपने निर्धारित लक्ष्य पर ही प्रहार करता है जबकि उसके आसपास की अन्य वस्तुएँ इससे अप्रभावित तथा सुरक्षित रहती हैं। इस शस्त्र की एक अन्य सुविधा यह है कि इस शस्त्र के निर्देशक दर्पण (Directed Mirror) को घुमाकर लेजर-पुंज को एक लक्ष्य से दूसरे लक्ष्य पर आसानी से फोकस किया जा सकता है।

युद्ध प्रशिक्षण में लेजर

सैनिकों को युद्ध प्रशिक्षण देते समय आवश्यक है कि वास्तविक युद्ध का आभास तो हो किंतु प्राण अथवा युद्ध सामग्री की हानि न हो। कंप्यूटर तथा लेजर तकनालॉजी की खोज ने ऐसा संभव करने का प्रयास किया है। रक्षा वैज्ञानिकों ने अब ऐसी लेजरयुक्त रायफलें तथा बंदूकें बनाने में सफलता प्राप्त कर ली है जिनके घोड़े पर हलका दवाब पड़ते ही उसमें लगा लेजर उपकरण सक्रिय हो उठता है और यदि निशाना सही होता है तो लेजर प्रकाश की एक लाल बिंदी से लक्ष्य आलोकित हो उठता है। इसकी सहायता से रात व दिन, दोनों समय ही सैनिक अभ्यास किया जा सकता है जिसमें सैनिक बिना किसी भय के युद्ध प्रशिक्षण ले सकते हैं तथा गोली-बारूद तथा अन्य युद्ध सामग्रियों के व्यय से भी बचा जा सकता है।

अब लेजर गोलियाँ भी बनाई जाने लगी हैं। जब युद्ध अभ्यास के समय लेजर गोलियाँ शत्रु सैनिक के शरीर से टकराती हैं तब एक अलार्म बज उठता है जो यह इंगित करता है कि निशाना सही स्थान पर लगा है और वह सैनिक हताहत हो गया है। सैनिक के बैटल ड्रेस में एक प्रकाशिक संसूचक लगा होता है जो इस लेजर गोली की ऊर्जा का संसूचन कर लेता है और अलार्म के परिपथ को क्रियान्वित कर देता है। इससे अलार्म बज उठता है।

लेजर तकनालॉजी के युद्ध में किए गए उपयोगों से अचूक निशाना लगा पाने की दिशा में अनन्य सफलता प्राप्त हुई है। इस अभ्यास से युद्ध के समय शत्रु देश में भी केवल पूर्व-निर्धारित लक्ष्यों को नष्ट किया जा सका है तथा नागरिकों की व्यर्थ हत्या से बचा जा सका है। सन् 1991 के खाड़ी युद्ध में इस तकनालॉजी का व्यापक प्रयोग किया गया है; और भविष्य के युद्धों में निश्चय ही इसका और अधिक उपयोग किया जाएगा।

लेजर तकनालॉजी और भारतीय प्रयास

भारतीय रक्षा अनुसंधान तथा विकास संगठन की दिल्ली स्थित प्रयोगशाला डिफेंस साइंस सेंटर में भारतीय सेना में लेज़र तकनालॉजी के उपयोग के लिए व्यापक कार्य किए जा रहे हैं। इन कार्यों में लेजर स्रोतों, लेजर सामग्रियों, लेजर संघटकों, लेजर निकायों तथा लेजर उपनिकायों के विकास के लिए अनेक कार्यक्रम बनाए गए हैं। भारत में विकसित एवं निर्मित प्रक्षेपास्त्रों के एकीकृत मार्गदर्शित प्रक्षेपास्त्र विकास कार्यक्रम में लेजर के विभिन्न उपयोगों की संभावनाओं पर भी कार्य किया जा रहा है। निश्चय ही भविष्य की भारतीय सेनाओं में लेजर तकनालॉजी एक महत्त्वपूर्ण भूमिका निभाएगी।

हलका लड़ाकू विमान

रक्षा अनुसंधान एवं विकास संगठन की एक अन्य प्रतिष्ठित उपलब्धि है हलका लड़ाकू विमान, एल सी ए (Light Combat Aircraft, LCA)। विकास के अंतिम चरणों में परीक्षण के विभिन्न चरणों से गुजरता हुआ यह युक्तिक (tactical) विमान भारतीय वायुसेना में सन् 2002 से 2020 की कालावधि में उपयोग में लाया जाएगा। इस प्रकार यह लड़ाकू विमान (चित्र 7.12) भारत के भविष्य के उन्नत लड़ाकू विमानों की शृंखला का पहला विमान होगा।

ऐसा माना जा रहा है कि भारतीय वैमानिकी विकास अभिकरण (Aeronautical Development Agency) द्वारा आधुनिक अभिकल्पनाओं तथा स्टेट ऑफ द आर्ट तकनालॉजियों की सहायता से विकसित यह विमान विश्व का सबसे छोटा बहुविध (multirole) लड़ाकू विमान होगा। इस विमान को विकसित करने में इस अभिकरण के मुख्य भागीदार हैं, हिंदुस्तान एरोनॉटिक्स लिमिटेड (HAL), एरोनॉटिकल डेवलपमेंट इस्टैब्लिशमेंट (ADE), गैस टर्बाइन रिसर्च इस्टैब्लिशमेंट (GTRE), सेंट्रल व्हाइकल रिसर्च एंड डेवलपमेंट इस्टैब्लिशमेंट (CVRDE), नेशनल एरोनॉटिकल लैबौरैट्री (NAL) एवं भारतीय वायुसेना (IAF)।

एलसीए की प्रमुख उन्नत तकनालॉजियाँ

इस विमान का आदि प्रारूप (prototype) विकसित किया जा चुका है। इसमें जो उन्नत तकनालॉजियाँ प्रयोग की गई हैं उनमें से प्रमुख निम्नलिखित हैं :

- फ्लाई बाई वायर तकनालॉजी
- उन्नत डिजिटल कॉकपिट
- उड़ान नियंत्रण तंत्र
- बहुविधा (multimode) राडार
- उन्नत समिष्ट सामग्री (Advanced Composite Material)
- एकीकृत वैमानिक इलेक्ट्रॉनिकी तंत्र (Integrated Avionic System)
- फ्लैट रेटेड इंजिन
- शिथिल पदार्थ स्थिरतायुक्त पूँछरहित मिश्रित डेल्टा प्लानफार्म (Tailless compounded delta planform with released station stability)।

भारतीय वायुसेना को काफी समय से एक ऐसे हलके लड़ाकू विमान की आवश्यकता प्रतीत हो रही थी जो इक्कीसवीं शताब्दी के उन्नत तकनालॉजी के

युद्धों के वातावरण में सुचारु रूप से कार्य कर सके। थलसेना के लिए अर्जुन नाम के मुख्य युद्धक टैंक तथा नौसेना के लिए पनडुब्बी तथा फ्रिगेट युद्धपोत के विनिर्माण का कार्य भारत के रक्षा अनुसंधान संगठन तथा भारतीय सार्वजनिक क्षेत्र के रक्षा उपक्रमों द्वारा किया जा रहा है। इसलिए भविष्य में आत्मनिर्भरता के लिए आवश्यक था कि भारतीय वायुसेना के पास भी स्वदेश निर्मित विमान हों। इसलिए सन् 1980 में एक हलके लड़ाकू विमान को स्वदेश में ही बनाने की संकल्पना की गई। इस योजना को भारत सरकार की स्वीकृति सन् 1983 में मिल गई। इसके आदि प्रारूप का विकास सन् 1991 में शुरू किया गया। ऐसा विश्वास किया जा सकता है कि इस हलके लड़ाकू विमान की प्रारंभिक सेवाएँ भारतीय वायुसेना को सन् 2002 में मिलने लगेंगी तथा मार्च 2005 तक यह पूर्ण रूप से भारतीय वायुसेना में कार्य में लाया जाने लगेगा।

इस विमान की बाह्य ज्यामिति तथा इसकी डिजाइन के लक्षण (features) परिशिष्ट 7.1 में दिए गए हैं। इस विमान के ढाँचे में विशेष रूप से निर्मित कार्बन समिष्ट धातुओं (carbon composite metals) के प्रयोग के कारण विमान का भार कम भी रहेगा तथा तीन हजार घंटों की निरंतर उड़ान के बाद इसका ढाँचा बिना किसी रख-रखाव (maintenance) के सुदृढ़ बने रह सकने की क्षमता रखेगा।

इस विमान का स्वदेश निर्मित एरोइंजिन, 'कावेरी', पूर्णत: इलेक्ट्रॉनिकी नियंत्रण में कार्य करेगा। इस विमान की उड़ान 'फ्लाई बाई वायर' की श्रेष्ठतम तकनालॉजी पर आधारित है। उड़ान की सुरक्षा को बढ़ाने के लिए इस विमान में अतिरिक्तता (redundancy) का प्रावधान है। इसकी सुरक्षा में और अधिक वृद्धि करने के लिए मुख्य सॉफ्टवेयर के साथ एक पूर्त्तिकार (back-up) सॉफ्टवेयर भी लगाया गया है। इस विमान में लगे हुए विभिन्न शस्त्रास्त्रों, जैसे मिसाइल, रॉकेट, बंदूक, बम आदि के प्रचालन के लिए एक बहुविधा (multimode) राडार को मुख्य संवेदित्र (sensor) की तरह प्रयोग किया गया है। यह राडार, उड़ान के समय विमान के ऊपर उठने (look up) तथा गोता लगाने (nose down), दोनों ही स्थितियों में उपयोगी है। एक विशेष सॉफ्टवेंयर द्वारा नियंत्रित यह राडार हवा से पृथ्वी पर प्रहार करने के लिए उपरिलिखित अस्त्रों में से उपयुक्त अस्त्र अथवा अस्त्रों को चुन सकता है। उदाहरणार्थ, हवा से हवा में प्रहार करने के लिए यह उपयुक्त मिसाइल को चुन सकता है। इसके अतिरिक्त बहुलक्ष्यों (multitargets) को एक ही समय में ढूँढ़ने, ढूँढ़कर उन्हें अभिबंधित करने (lock) तथा भूमि का मानचित्र बनाने (mapping) का कार्य भी एक साथ ही कर सकता है। इस विमान में अत्याधुनिक इलेक्ट्रॉनिकी अवरोध अवरोधन उपाय (ECCM) तकनीक तथा

आवृत्ति संदक्षता (frequency agility) का भी प्रावधान है जिनके कारण इस महत्त्वपूर्ण संवेदित्र को श्रेष्ठता प्राप्त होती है।

यह विमान प्रत्येक ऊँचाई पर सुपरसॉनिक गति से उड़ने की क्षमता रखता है। मुख्य संवेदित्र राडार के अतिरिक्त कुछ अन्य सहायक संवेदित्र इस विमान की क्षमता में और अधिक वृद्धि करते हैं।

इस विमान में कॉकपिट का चंदवा (canopy) बुलबुले शीशे (bubble glass) का बना होने के कारण पायलट अपने ऊपर तथा अपने चारों ओर का दृश्य बहुत सुगमतापूर्वक देख सकता है। अपने सामने लगे हेड अप डिस्प्ले (HUD) तथा लिक्विड क्रिस्टल डिस्प्ले (LCD) पर वह एक बहुकार्य कुंजी पटल (multifunctional keyboard) की सहायता से अपने कार्य सरलता से एवं सुचारु रूप से कर सकता है।

इस विमान की समस्त वैमानिक इलेक्ट्रॉनिकी (avionics) तथा शस्त्रास्त्रों का विन्यास सैन्य मानक (MIL-STD) 1553 बी अंकीय आँकड़ा बस (digital data bus) पर आधारित है। इन सभी निकायों का स्वपरीक्षण उड़ान के समय भी किया जा सकता है। मिशन के कंप्यूटर सॉफ्टवेयर के लिए सैन्य मानक 1521 तथा 2167 ए के अनुरूप आडा (Ada) कंप्यूटर भाषा का उपयोग किया गया है। विभिन्न संचार व्यवस्थाओं, जैसे वायु से वायु, वायु से पृथ्वी, पृथ्वी से वायु, अति उच्च तथा परोच्च (V/UHF) आवृत्तियों के संचार तथा मित्र-शत्रु पहचान (IFF) राडार के लिए सुरक्षित तथा संकुलन-अवरोधी संचार व्यवस्था का प्रावधान इस विमान में किया गया है। उड़ान के समय आँकड़ा प्रतिनयन उपकरणों (data retrieval instruments) में उत्पन्न दोषों को खोजकर उनका स्वत: निवारण करने का प्रावधान है। समस्त वायुवाहित (airborne) सॉफ्टवेयरों के गुणता नियंत्रण के लिए एक स्वतंत्र सॉफ्टवेयर का भी प्रावधान है।

विमान में प्रारंभ से ही उच्च कोटि की विश्वसनीयता (high degree of reliability), कम प्रचालनी लागत (low operation cost), कम अनुरक्षण लागत (low maintenance cost) तथा कम ईंधन खपत की अभिकल्पना के कारण ऐसा अनुमान है कि इस विमान को बीस से भी अधिक वर्षों तक भारतीय वायुसेना में उपयोग में लाया ज़ा सकेगा।

19 मई, 1996 के 'एशियन एज' में प्रकाशित एक लेख के अनुसार इस विमान के लिए विकसित 'कंट्रोल लॉ' नामक सॉफ्टवेयर, जिसे इस विमान का मस्तिष्क कहा जा सकता है, आजकल अमेरिका के एफ-16 युद्धक विमान पर एक कठिन परीक्षण के दौर से गुजर रहा है।

भारतीय वायुसेना ने ऐसे दो सौ बीस हलके लड़ाकू विमानों की आवश्यकता बताई है। विश्वास किया जाता है कि भारत में विकसित यह हलका लड़ाकू विमान अमेरिकी एफ-16 तथा चीनी एफ सी-1 युद्धक विमानों की टक्कर का होगा। निश्चय ही यह विमान भारतीय वायुसेना को शक्तिशाली बनाएगा। इस विमान का निर्यात किया जाना भी संभव हो सकेगा जिससे भारत की अर्थव्यवस्था को भी अधिक सुदृढ़ बनाया जा सकेगा।

भारत का मुख्य युद्धक टैंक 'अर्जुन'

रक्षा के क्षेत्र में आत्मनिर्भरता की दिशा में भारत के मुख्य युद्धक टैंक (Main Battle Tank, MBT) 'अर्जुन' का विकास एक महत्त्वपूर्ण मील का पत्थर है। नवीनतम तकनालॉजियों से सुसज्जित अर्जुन निश्चय ही विश्व के महानतम टैंकों में से एक माना जाएगा। परिशिष्ट 7.3 में अर्जुन तथा विश्व के अन्य उत्तम टैंकों की एक तुलनात्मक तालिका दी गई है।

अर्जुन (चित्र 7.13) की अभिकल्पना में जिन तीन महत्त्वपूर्ण क्षमताओं का विशेष ध्यान रखा गया है, वे हैं : आग उगलने की शक्ति (fire power), रक्षा कवच (protection) एवं चलायमानता (mobility)। अर्जुन में इन तीनों का एक विलक्षण संयोजन किया गया है।

शत्रुओं के टैंकों को अधिकतम दूरी से न्यूनतम समय में नष्ट करने की अद्भुत क्षमता अर्जुन में होगी। इसके आयुधों में एक सौ बीस मिलीमीटर की तोप प्रमुख है जिसके गोले एक विशेष तकनीक (Fin Stabilised Armour Piercing Discarding Sabot) के कारण बहुत तीव्र गति से शत्रु टैंक में लगे कवच में घुसने की क्षमता रखते हैं। ऐसा विश्वास किया जाता है कि अर्जुन के गोले व तोप का यह समायोजन आज तक बने सर्वोत्तम कवच में धँसने की क्षमता रखता है। तोप की नली पर लगी एक विशेष ताप जैकेट मौसम के कारण उत्पन्न किसी प्रकार के तापीय अनियमितता का प्रभाव नली पर नहीं पड़ने देती है। इस कारण नली के फटने का कोई खतरा नहीं रह जाता है, और इससे निकले हुए तेज गोले बहुत तेज गति से स्थिर अथवा चलित लक्ष्यों पर अचूक एवं घातक प्रहार करते हैं।

अर्जुन का तोप इलेक्ट्रोहाइड्रॉलिक विधि से इलेक्ट्रॉनिकी नियंत्रण में चलाया जाता है। इसलिए यह शत्रु लक्ष्यों को शीघ्र ही पकड़ सकने में समर्थ है। इसके उपयोग किए गए परिपथ (circuit) एकरूपक (modular) हैं। इस कारण इसका अनुरक्षण (maintenance) तथा दोषनिवारण (fault repair) भी सरलतापूर्वक

किया जा सकता है।

अर्जुन के तोपची को अपने लक्ष्य को प्रत्येक स्थिति में देख पाने के लिए तीन सुविधाएँ प्रदान की गई हैं : दिवस दृष्टि (day sight) द्वारा दिन की रोशनी में देखने की सुविधा, तापीय दृष्टि (thermal sight) द्वारा अंधकार, आँधी, धूल, कोहरे आदि में देखने की सुविधा तथा लेजर प्राप्तक (laser finder) द्वारा लक्ष्यों के परास (range) को सही-सही नापने की सुविधा। इन सभी सुविधाओं की सहायता से आँकड़ों को एक बैलिस्टिक कंप्यूटर की सहायता से स्वतः ही संसाधन कर फायर नियंत्रण के लिए प्रयोग में लाया जाता है।

अर्जुन के कमांडर के लिए युद्ध क्षेत्र में चारों दिशाओं में सर्वेक्षण के लिए एक पूर्ण रूप से स्थिर विहंगम दृश्य (stable panoramic sight) द्वारा बिना थके देख पाने की उत्तम व्यवस्था है। इस दृश्य में दृश्यावली को कई गुना प्रवर्धन (magnification) करके देखने की व्यवस्था है।

अर्जुन का हलका किंतु सुदृढ़ सुरक्षा कवच विशेष धातुओं के सम्मिश्रण से बनाया गया है। इसका डिजाइन इस प्रकार का बनाया गया है कि भविष्य में आवश्यकतानुसार इसके कवच का विस्तार, ढाँचे में किसी प्रकार परिवर्तन किए बगैर ही, बढ़ाया जा सकता है। इसके अतिरिक्त अर्जुन में अनेक ऐसी नलियाँ लगी हैं जिनसे निकला हुआ धुआँ आवश्यकता पड़ने पर टैंक को शत्रु की निगाहों से पूरी तरह छिपा सकने में समर्थ है। इस टैंक में एक ऐसा लेजर सिस्टम भी लगा है जो टैंक पर शत्रु टैंकों द्वारा आए खतरे की सूचना आवाज (audio) तथा दृश्य (visual) द्वारा देता है। इसमें लगे आग बुझाने के उन्नत तकनालॉजी का उपकरण एक सेकंड के पाँचवें भाग में ही टैंक में लगी आग को बुझाने की क्षमता रखते हैं। यह टैंक न्यूक्लीय, जैविक तथा रासायनिक युद्धों के समय भी पूरी क्षमता से कार्य कर सकता है।

टैंक बहुत तेज गति से चल सकता है और चलते समय बिना किसी परेशानी के दिशा बदलने में भी सक्षम है। तेज गति से चलते समय यह शत्रु लक्ष्य पर फायर कर सकने में भी समर्थ है।

रक्षा अनुसंधान एवं विकास संगठन द्वारा सन् 1993 से 1995 की अवधि में परीक्षण हेतु बारह प्रारूप (prototype) टैंक दिए गए हैं जिनपर विभिन्न परीक्षण कर उनमें अनुशोधन किए गए हैं।

विश्वास किया जाता है कि नवीनतम तकनालॉजियों से सुसज्जित भारत का मुख्य युद्धक टैंक अर्जुन निश्चय ही विश्व का महानतम टैंक होगा तथा अगले बीस वर्षों तक कार्यरत रहेगा।

परिशिष्ट 7.2 तथा 7.3 में विश्व के प्रमुख नवीनतम टैंकों का तुलनात्मक अध्ययन किया गया है।

कंप्यूटर वारगेमिंग

देश के लिए अपने प्राणों तक को हथेली पर रखकर लड़नेवाले सैनिकों को अत्यंत विषम परिस्थितियों में प्रशिक्षित किया जाता है ताकि कठिन परिस्थितियों में भी वे पूरे मनोबल के साथ डटकर मुकाबला कर सकें। इसीलिए प्रत्येक सैनिक के जीवन में प्रशिक्षण का बहुत महत्त्व है। उसकी सदैव यह अभिलाषा रहती है कि उसे समर भूमि जैसी परिस्थितियों में प्रशिक्षण प्राप्त हो सके। यद्यपि पेपर वारगेम्स या रेत के मॉडलों से समर भूमि का-सा माहौल बनाने की चेष्टा की जाती रही है, पर वास्तव में इनसे उचित माहौल नहीं बन पाता है। किंतु कंप्यूटर के विकास ने इसे भी संभव कर दिया है। अब युद्ध की विभिन्न संभावनाओं को कंप्यूटर प्रक्रिया सामग्रियों (computer software) द्वारा मॉनीटर के परदे पर चित्रित किया जा सकता है और समस्त संभावनाओं एवं स्थितियों के अनुसार प्रशिक्षण दिया जा सकता है।

माइक्रोप्रोसेसर के विकास ने सन् 1977 में वैयक्तिक कंप्यूटर (Personal Computer, PC) को जन्म दिया। यद्यपि प्रारंभिक वर्षों में पी सी में केवल एक कुंजी पटल (keyboard), एक मॉनीटर परदा (screen) तथा सॉफ्टवेयर को लोड करने के लिए एक टेपरिकॉर्डर ही संलग्न होते थे और उनकी स्मृति (memory) केवल सोलह किलोबाइट से चौंसठ किलोबाइट तक ही होती थी तथापि पी सी ने कंप्यूटर वारगेम्स के क्षेत्र में एक नया आयाम ही जोड़ दिया।

सन् 1981 में आई बी एम (इंटरनेशनल बिजनेस मशीन) द्वारा निर्मित कंप्यूटरों के उपलब्ध होने से वारगेम्स के कंप्यूटरीकरण में एक क्रांति आ गई। इन कंप्यूटरों में दो सौ छप्पन किलोबाइट तक की स्मृति तथा अतिरिक्त क्षमता के फ्लॉपी डिस्क ड्राइव (FDD) उपलब्ध थे। किंतु अभी भी वारगेम्स के प्रशिक्षार्थी को यह सुविधा प्राप्त नहीं हो पा रही थी कि वह युद्ध की स्थितियों (war situations) को अपनी इच्छा या आवश्यकतानुसार बदल सके। इस समस्या का निदान सन् 1990 में हो पाया।

कंप्यूटर वारगेम्स का डिजाइन 'तकनालॉजी प्रेरित' (technology driven) होता है। वास्तव में कंप्यूटर वारगेम्स का सॉफ्टवेयर कंप्यूटर मशीन के हार्डवेयर का अनुसरण करता है। अर्थात्, कंप्यूटर मशीन ही यह निर्णय लेती है कि उसपर किस प्रकार के वारगेम्स खेले जा सकते हैं। कंप्यूटर वारगेम्स की जटिलता भी मशीन की

क्षमता के अनुरूप ही होगी।

कंप्यूटर वारगेम्स की अभिकल्पना

कंप्यूटर वारगेम एक विशिष्ट कंप्यूटर सॉफ्टवेयर है जिसमें प्रोग्रामिंग के साथ-साथ अभिकल्पना करना भी आवश्यक है। इसलिए एक अच्छा कंप्यूटर वारगेम बनाने के लिए एक ऐसी टीम होनी चाहिए जिसमें कुछ अच्छे प्रोग्रामरों के साथ कम-से-कम एक अच्छा डिजाइनर भी हो, जो इस वारगेम के लेखाचित्रों (graphics), अंतरापृष्ठ (interface), ध्वनि (speech) तथा प्रलेख (documentation) की प्रोग्रामिंग तथा अभिकल्पना अत्यंत कुशल ढंग से कर सके।

किसी कंप्यूटर वारगेम की अभिकल्पना करने के लिए आवश्यक है कि उसके विनिर्देशों (specifications) की समुचित ढंग से व्याख्या की जाए। ये विनिर्देश हैं निवेश/निर्गम (Input/Output, I/O), आँकड़ा आधार (database) तथा उपयोक्ता प्रलेख (user's document)। निवेश/निर्गम को किसी प्रोग्राम का 'लुक एंड फील' भी कहते हैं। अर्थात्, उपयोक्ता जो कुछ मॉनीटर के परदे पर देखता है उसे निर्गम कहते हैं। और, अपने इच्छित परिणाम प्राप्त करने के लिए उपयोक्ता जो कमांड प्रोग्राम को देता है उसे निवेश कहते हैं।

कंप्यूटर वारगेम में आँकड़ा आधार (database) का वही महत्त्व है जो हस्तचलित (manual) वारगेम में सूचना स्रोत (Information Source) का होता है। कुछ महत्त्वपूर्ण आँकड़ा आधारों की सूची नीचे दी गई है :

क. घिसावट तालिका (attrition table) जिनसे यह ज्ञात होता है कि उपयोग में लाने के पश्चात् आयुधों के घिसावट की क्या स्थिति होती है।

ख. समाघात प्रक्रियाएँ (combat activities) जो किसी युद्ध अभ्यास के समय अथवा उसके पश्चात् के आकलन तथा विश्लेषण में सहायता करती हैं। उदाहरणार्थ,

1. शत्रु सेना का संसूचन (detection)।
2. युद्ध स्थिति के अनुसार सेना की आगे बढ़ने अथवा पीछे हटने की प्रक्रियाएँ।
3. युद्ध डायरी में प्रत्येक दिवस की कार्यवाहियों का ब्यौरा ताकि डायरी पर आधारित रिपोर्ट बनाई जा सके।
4. सिद्धांत तालिका (doctrine table) जो किसी सैनिक यूनिट के लिए कृत्रिम बुद्धि क्षमता संबंधी नियम बतलाती है।

5. युद्धादेश (order of battle, orbat) जो कंप्यूटर प्रतिरूप (computer model) बनाने में सैनिक इकाइयों की सूची तथा उनकी क्षमताओं का वर्णन करते हैं।
6. दृश्यावली उत्पादन (scenario generation) तथा उनकी तैनाती आदि बतानेवाला आँकड़ा आधार, जो वारगेम्स के उपयोक्ताओं को सरलतापूर्वक एवं यथार्थतापूर्वक वारगेम खेलने के विषय में सहायता करते हैं।
7. किसी भूमिप्रदेश (terrain) के अनुसार सेनाओं को सुव्यवस्थित करना। इसके लिए तीन-चार निर्देशांकों (co-ordinates) की सहायता ली जाती है।
8. आपूर्ति तालिका (supply tables), जो सैनिक इकाइयों में आयुधों, उपकरणों एवं सामग्री की खपत एवं उपलब्धता का ब्योरा बताते हैं।
9. भूमिप्रदेश के विषय में (जैसे, समतल, पहाड़ी, रेतीला, दलदल, ऊबड़-खाबड़ आदि) सूचना देनेवाले आँकड़ा आधार।
10. भूमिप्रदेश की प्रभाव तालिका (terrain effect table) जो सैनिकों एवं उसकी वस्तु-सूची (inventory) पर उस भूमिप्रदेश के स्वभाव द्वारा उत्पन्न प्रभाव के विषय में सूचित करते हैं।
11. उपभोक्ता रिपोर्ट, जैसे युद्धादेश अवस्थिति (orbat status), भूमि-प्रदेश दृश्य (terrain view), विजय अवस्थिति (victory status), निवेश/निर्गम नेमकाएँ (I/O routines), कूच, झड़पें आसूचनाएँ आदि।
12. युद्ध में शत्रु द्वारा पहुँचाई गई क्षति का आकलन।
13. विजय स्थिति (victory condition) तालिका जो किसी एक सैनिक यूनिट अथवा अनेकों यूनिटों के लक्ष्य एवं ध्येय के विषय में सूचित करते हैं।
14. विजय परिकलन (victory calculations) जिन्हें वारगेम खेलते समय उपयोक्ता अथवा अंपायर द्वारा किसी भी समय देखा जा सकता है।
15. वारगेम की समाप्ति तक अथवा निर्णय हो जाने की स्थिति में ऊपर दी गई प्रक्रियाओं को दोहराना।

ग. उपयोक्ता प्रलेख (users' document) वे प्रलेख हैं जो वारगेम खेलते समय, उसके खेलने के पहले तथा उसके पश्चात् उपयोक्ताओं की सहायता करते हैं। उदाहरणार्थ, 'द प्लेयर्स मैनुअल वारगेम' के उपयोक्ताओं को

खेल/अभ्यास के नियम आदि से अवगत कराता है तथा वारगेम खेलते समय आवश्यकतानुसार उसकी सहायता करता है। हाइपरटेक्स्ट हिस्टॉरिकल सिस्टम वारगेम खेलने से पहले, खेलते समय तथा खेलने के पश्चात् वारगेम्स के उपयोक्ताओं एवं अंपायर को हर प्रकार के आवश्यक सुसंगत ऐतिहासिक आँकड़ों से अवगत कराता रहता है।

कंप्यूटर वारगेम्स का वर्गीकरण

कंप्यूटर वारगेम्स के प्राय: दो वर्ग होते हैं : प्रशिक्षण वर्ग तथा परियोजना वर्ग। प्रशिक्षण मुख्यत: कमांडरों एवं अधिकारियों को दिया जाता है। इस प्रशिक्षण में दो टीमें बनाई जाती हैं। ये टीमें कंप्यूटरीकृत स्थितियों में आवश्यकतानुसार परिवर्तन कर सकती हैं। एक अंपायर की भी नियुक्ति की जाती है जिसे यह अधिकार होता है कि वह इन टीमों द्वारा चुनी गई युद्ध स्थितियों को या तो वैसे ही रहने दे या उनमें आवश्यकतानुसार परिवर्तन कर दे। यह परिवर्तन अंपायर वारगेम प्रारंभ होने के पहले भी कर सकता है अथवा अभ्यास के समय, अर्थात् कभी भी कर सकता है। टीमों को अंपायर द्वारा दिए गए युद्ध स्थितियों के अनुसार ही वारगेम खेलने होते हैं।

कंप्यूटर वारगेम के लिए बनाई गई परियोजनाओं का मूल्यांकन एवं उसका विधिमान्यकरण (judgement) भी कंप्यूटर की सहायता से ही किया जाता है।

कंप्यूटर वारगेम के घटक

कंप्यूटर वारगेम के सामान्यत: चार घटक हैं :

- कंप्यूटरीकरण।
- गणित के अनुसार प्रतिरूप बनाना (mathematical modelling)।
- आँकड़ा आधार (database)।
- गणित की सहायता से चित्रांकन (graphics)।

इन चारों घटकों का कंप्यूटर वारगेम में बराबर महत्त्व है।

कंप्यूटर वारगेम के लाभ

- बिना वास्तविक युद्ध लड़े ही शत्रु द्वारा प्रयोग किए गए जटिल-से-जटिल पैतरों का अपरोधन कर बिना किसीके हताहत हुए ही प्रशिक्षण प्राप्त होता है। इस प्रकार का अभ्यास वास्तविक युद्ध के समय निश्चय ही बहुत लाभदायक होता है।

- कंप्यूटर वारगेम्स का परिणाम निकालते समय मित्र एवं शत्रु सेनाओं द्वारा प्रस्तुत सभी प्राचलों (parameters) पर विचार किया जाता है।
- शत्रु एवं मित्र सेनाओं द्वारा लड़े गए कंप्यूटर वारगेम्स का परिणाम पक्षपातरहित होता है।

कुछ प्रमुख कंप्यूटर वारगेम्स

- स्पेस वार (space war) नामक प्रथम कंप्यूटर वारगेम का विकास सन् 1961 में अमेरिका के मैसाच्युसेट्स इंस्टीट्यूट ऑफ टेक्नालॉजी (MIT) के कुछ विद्यार्थियों द्वारा अनौपचारिक रूप से किया था।
- सन् 1961 में ही अमेरिकी सेना द्वारा एटलस (Atlas) नामक वारगेम का विकास किया गया। इस वारगेम में नाटो (NATO) तथा वारसॉ संधि (Warsaw Pact) के देशों के बीच संभावित युद्ध के पैतरों का व्यापक प्रशिक्षण नाटो देश के सैनिकों को दिया गया था।
- अमेरिकी सेना द्वारा विकसित वारगेम प्लैटो (Plato) की सहायता से अमेरिकी सैनिकों को टैंकों के युद्ध का व्यापक प्रशिक्षण दिया गया। इस वारगेम के लिए 'टैक्टिक्स' (Tactics) एवं पैंजर प्लैटो (Panzer Plato) जैसे विशेष सॉफ्टवेयर विकसित किए गए।
- सन् 1988 में भारतीय रक्षा अनुसंधान एवं विकास संगठन (DRDO) ने भारतीय नौसेना के लिए मिनिएचर टैक्टिकल गेम्स (Miniature Tactical Games) का विकास किया।
- सन् 1990 में भारतीय थलसेना के लिए इसी संगठन ने मेकेनाइज्ड वारगेम्स (Mechanised War Games) के सॉफ्टवेयर बनाए।
- सन् 1991 में भारतीय वायुसेना के लिए इस संगठन ने कोवासाक (Kowasak) सॉफ्टवेयर का विकास किया।
- रक्षा अनुसंधान एवं विकास संगठन अब मरुथल एवं अर्धमरुथल में युद्धरत सेनाओं के लिए शतरंज नामक वारगेम का विकास कर रहा है।

भारतीय प्रयास

भारतीय रक्षा अनुसंधान एवं विकास संगठन की दो प्रयोगशालाएँ भारतीय सेनाओं के लिए वारगेम्स बनाने की दिशा में विशेष कार्य कर रही हैं। ये हैं दिल्ली स्थित इंस्टीट्यूट ऑफ सिस्टम स्टडीज एंड ,एनालिसिस (ISSA) तथा बंगलूर स्थित सेंटर फॉर एरोनॉटिकल सिस्टम स्टडीज एंड एनालिसिस (CASSA)।

वास्तव में भारतीय सेनाओं के लिए कंप्यूटर वारगेम्स के अनुप्रयोग का प्रस्ताव प्रथम बार सन् 1980 में भारतीय थलसेना के तत्कालीन सेनाध्यक्ष जनरल सुंदरजी ने रखा था। इस कार्यक्रम के विकास के लिए उपरोक्त दोनों प्रयोगशालाओं की नींव रखी गई और सन् 1988 में मिनिएचर टैक्टिकल गेम, सन् 1990 में मेकेनाइज्ड वारगेम तथा सन् 1991 में कोवासाक वारगेम का विकास किया गया। सन् 1990 में रक्षा अनुसंधान तथा विकास संगठन ने एक वारगेम अभिकल्पना केंद्र (Wargame Design Centre) की स्थापना की जो सेना के तीनों अंगों की तकनीकी एवं सक्रियात्मक वारगेमिंग की आवश्यकताओं के अनुसार उनके प्रशिक्षण एवं युद्ध अभ्यास हेतु वारगेम्स की अभिकल्पना कर उन्हें विकसित करने में योगदान करता है।

रक्षा अनुसंधान एवं विकास संगठन के तत्त्वावधान में शतरंज नामक सॉफ्टवेयर पैकेज का आरूप (version) 1.1 थलसेना में परीक्षण के दौर से गुजर रहा है। इसकी सहायता से मरुथल एवं अर्धमरुथल (arid and semi-arid) क्षेत्रों में कार्यरत सेनाओं के लिए विशिष्ट स्थितियों एवं परिस्थितियों के अनुसार अभ्यास कराया जा सकता है। इस पैकेज की सहायता से दोनों टीमों की सेनाओं को कूच करने, आक्रमण करने, युद्ध में भिड़ जाने, हताहत एवं घायल सैनिकों एवं युद्ध अभ्यास में बेकार किए जानेवाले आयुधों की गणना करने, तोपों को आवश्यकतानुसार विभिन्न युद्ध क्षेत्रों में भेजने, युद्ध परिणामों का विश्लेषण करने तथा अनेकों अन्य प्रक्रियाओं की अनुकारिता (simulation) करने का कार्य किया जा सकता है।

युद्ध में कृत्रिम बुद्धि का उपयोग

अमेरिकी सेना के जनरल वेस्टमोरलैंड के अनुसार, 'भविष्य के युद्धों में विरोधी सेनाओं को शारीरिक क्षति पहुँचाने का अधिक महत्त्व नहीं रहेगा। भविष्य के युद्ध क्षेत्र स्वचालित होंगे।'

यद्यपि मानव जीवन के शताब्दियों के इतिहास में कंप्यूटर का अस्तित्व पिछले मात्र पचास वर्षों में ही आया है, किंतु उसकी तकनालॉजी का विकास अत्यधिक त्वरित गति से हुआ है। यह विकास कंप्यूटर की यंत्रसामग्री (hardware) तथा प्रक्रियासामग्री (software) दोनों ही क्षेत्रों में समान रूप से हुआ है। कृत्रिम बुद्धि उन्नत कंप्यूटिंग क्षेत्र के विकास में एक ऐसी कड़ी है जिसमें सभी की रुचि तेजी से जागी है। इस कृत्रिम बुद्धि के उपयोग से मशीनों को स्वचालित बनाने में सहायता मिली है तथा यंत्रमानवों (robots) का विकास हुआ है।

सन् 1980 में जबसे कृत्रिम बुद्धि की क्षमता में वृद्धि हुई है, रक्षाविदों का

ध्यान इसकी ओर आकर्षित हुआ है। ऐसा माना जाने लगा है कि कृत्रिम बुद्धि के प्रयोग द्वारा युद्ध क्षेत्र को स्वचालित बनाए जाने का अत्यधिक विभव (potential) है, जिससे भविष्य के युद्धों में कमांडरों को निर्णय लेने में बहुत सहायता प्राप्त हो सकती है। परंपरागत युद्ध क्षेत्रों में कंप्यूटर स्वयं कोई निर्णय नहीं लेते हैं, वे केवल निर्णय लेने में सहायता प्रदान करते हैं। किंतु कृत्रिम बुद्धियुक्त आयुध बुद्धिमानी से शस्त्र स्वचालन का निर्णय ले सकते हैं जिसकी भविष्य के युद्धों में बहुत आवश्यकता होगी। किंतु यह भी सत्य है कि इस दिशा में अत्यंत सावधानीपूर्वक कार्य करना होगा क्योंकि अनेकों सामाजिक क्षेत्रों में, और विशेषकर अंतरराष्ट्रीय सुरक्षा के क्षेत्र में, कृत्रिम बुद्धि के प्रयोग अभी विशेष परिपक्व नहीं हुए हैं, तथा इसके परिणामों एवं प्रयासों का पूर्ण विश्लेषण नहीं किया गया है।

कृत्रिम बुद्धि का विकास तथा इतिहास

द्वितीय विश्व युद्ध में जर्मन मशीन, एनिग्मा की सहायता से बनाए गए कूटों (codes) को डिकोड (decode) करने के लिए ब्रिटिश इंटेलिजेंस द्वारा विकसित प्रथम 'बुद्धिमान कंप्यूटर' को हम इस दिशा में उठाया गया प्रथम सफल प्रयास मान सकते हैं। इसके पश्चात् थर्मोन्यूक्लियर बमों के विनिर्माण के समय न्यूक्लीय आवेशों (nuclear charges) एवं प्रतिबिंबकारी (reflective) सामग्री के परीक्षण तथा उनके उचित आकारों के विषय में निर्णय लेने के लिए सन् 1950 में कृत्रिम बुद्धि का उपयोग किया गया। फिर जब हजारों न्यूक्लियर वारहेड तथा प्रक्षेपास्त्र आदि पर अनेक राष्ट्रों ने, विशेषकर दोनों महाशक्तियों ने, परीक्षण शुरू किए तब उनकी स्थितियों का अनुसरण (tracking) करने में एक सौ दस जटिल (complex) संक्रियाओं (operations) को तथा उसमें प्रयुक्त विशाल आँकड़ा आधार (database) को कृत्रिम बुद्धि की सहायता से अत्यंत कुशलतापूर्वक सँभाला गया। इसी प्रकार मनुष्य के कार्य करने की गति की तुलना में कंप्यूटर की त्वरित गति ने सन् '60 तथा '70 के दशकों में न्यूक्लीय आयुधों के विकास के लिए कार्य कर रहे वैज्ञानिकों को शीघ्र निर्णय लेने में बहुत सहायता की। सन् '80 के दशक से सेना संबंधी अनेकों युक्तिक (tactical) एवं रणनीतिक (strategic) महत्त्व के कार्यों पर निर्णय लेने के लिए मनुष्य के स्थान पर कृत्रिम बुद्धियुक्त कंप्यूटरों का प्रयोग अनेकों विकसित तथा विकासशील देशों में किया जाने लगा है। अमेरिका में सन् 1983 में Defence Advanced Research Project Agency (DARPA) ने Strategic Computing Imitation (SCI) परियोजना के अंतर्गत अत्यंत जटिल युद्ध वातावरण में, जिनमें मनुष्य के प्राण गँवाने की आशंका है, कृत्रिम बुद्धि

संचालित आयुधों तथा शस्त्रों के प्रयोग में काफी सफलता प्राप्त की। वियतनाम युद्ध के समय प्रथम बार चौकसी (surveillance) के लिए लंबी परास की संवेदित्र तकनालॉजी (Long Range Sensor Technology), दूरस्थ नियंत्रित यान (remotely piloted vehicles) तथा टी.वी. एवं लेजर मार्गदर्शित स्मार्ट बमों (TV & laser guided smart bombs) का प्रयोग किया गया। डिक्सन ने अपनी पुस्तक 'The Electronic Battle Field' में इनमें प्रयुक्त कृत्रिम बुद्धि का विशद् विवरण किया है।

सैनिक विचारधारा एवं तकनालॉजी में पारस्परिक संबंध

किसी सैनिक विचारधारा को बनाने में जिन अनेक गुणकों का समावेश होता है उनमें नए खतरों का विश्लेषण, बदलते हुए आर्थिक एवं राजनीतिक परिदृश्य एवं सेना के विभिन्न अंगों के पारस्परिक संबंध आदि गुणक प्रमुख हैं। किसी स्वचालित युद्ध में सैनिक विचारधारा का प्रतिपादन तकनालॉजी-प्रेरित होता है। पिछले पचास वर्षों में तकनालॉजी में तेजी से हुए परिवर्तनों के कारण नए-नए आयुधों का विकास हुआ है। इससे थल, वायु तथा समुद्र में युद्ध करने की नवीन नीतियाँ विकसित हुई हैं। उन्नत संवेदित्रों, शस्त्रास्त्रों, गोला-बारूद तथा उनके निष्पादन के तरीकों को एक जटिल सी 3 आई (कंट्रोल, कमांड, कम्युनिकेशन तथा इंटेलिजेंस) व्यवस्था द्वारा एकीकृत किया गया है। युद्ध क्षेत्र प्रबंधन को प्रभावशाली बनाने के लिए इस जटिल एकीकृत व्यवस्था का कंप्यूटरीकरण करना तथा उन्हें स्वचालित करना आवश्यक है।

रक्षाविदों के अनुसार भविष्य के युद्ध अत्यंत तेज गति से लड़े जाएँगे तथा उनकी कालावधि कम होगी। इन युद्धों में उन्नत संवेदित्रों की सहायता से आँकड़ों के रूप में अत्यधिक आसूचनाएँ एकत्रित की जा सकेंगी। इसके अतिरिक्त नए युक्तिक शस्त्रास्त्रों, तथा अत्यंत गतिशील युद्ध क्षेत्र होने के कारण कमांडरों पर शीघ्रातिशीघ्र निर्णय लेकर उन्हें कार्यान्वित करने का दबाव बढ़ेगा; और इसी दबाव में निर्णय लेने के कारण गलत निर्णय लेने की संभावनाएँ बढ़ जाएँगी। क्योंकि मनुष्य की प्रतिक्रिया इस तीव्रगति से सही निर्णय लेने में इतनी सक्षम नहीं होती है, इसलिए ऐसी स्थिति में युद्ध की नवीन विचारधारा को सफल बनाने के लिए कंप्यूटरों का स्वचालन आवश्यक प्रतीत होने लगा है ताकि युद्धजनित आसूचनाओं तथा सूचनाओं को शीघ्रातिशीघ्र एकत्र कर उनका वर्गीकरण तथा विश्लेषण किया जा सके और आवश्यकतानुसार निर्णय लिया जा सके।

आधुनिक कंप्यूटर तकनालॉजी, डाटा प्रोसेसिंग, हार्डवेयर तथा सॉफ्टवेयर

पर निर्भर है। इसलिए इसकी सहायता से उन्नत तथा जटिल युद्ध क्षेत्रों को स्वचालित बनाया जा सकता है। अमेरिका तथा अनेक विकसित यूरोपीय देशों ने इस दिशा में कार्य शुरू भी कर दिया है।

आज कृत्रिम बुद्धि कंप्यूटर विज्ञान का एक उभरता हुआ औजार है। भविष्य में यह युद्ध क्षेत्र का उच्च तकनालॉजी का नया आयुध होगा।

युद्ध क्षेत्र में आँकड़ा प्रबंधन

पिछले दस-पंद्रह वर्षों में कंप्यूटर तकनालॉजी के क्षेत्र में हुई प्रोन्नति को देखते हुए रक्षा सेनाओं ने भी कमान कंट्रोल, कम्युनिकेश, कंप्यूटर तथा आसूचना (Command, Control, Communication, Computers & Intelligence) सी 4 आई की संकल्पना को अंतिम रूप देकर कार्यान्वित करना प्रारंभ कर दिया है। इस तंत्र की मूलभूत धारणा युद्ध क्षेत्र की सूचनाओं का दक्षतापूर्ण प्रबंधन करना है जिससे कमांडरों एवं अन्य कर्मचारी वर्गों को इन सूचनाओं के आधार पर सामयिक तथा तात्कालिक निर्णय लेने एवं शस्त्रों तथा इलेक्ट्रॉनिकी युद्धकौशल के स्वचल प्रारूप के प्रयोगों को करने में सहायता एवं सुविधा प्राप्त हो सके।

यह तो सर्वविदित एवं सर्वमान्य है कि वाणिज्यिक तकनालॉजी (commercially available technology) को, जो अब काफी परिपक्व हो चुकी है, सैनिक उपयोग में लाए जानेवाले उपस्करों में प्रयोग करने से पहले उनमें कुछ परिशोधन की आवश्यकता पड़ेगी, क्योंकि युद्ध क्षेत्र में मुख्य समस्या इनको संजालक्रमित (networking) करने की है।

प्रचालनात्मक परिदृश्य (Operational Scenarios)

भविष्य के युद्धों के प्रचालनात्मक परिदृश्य के अनुसार ही यह निर्णय लिया जा सकेगा कि किस प्रकार के सी 4 आई तंत्रों का उस विशिष्ट युद्ध क्षेत्र में प्रयोग किया जाना अधिक उपयुक्त होगा। इस प्रचालनात्मक परिदृश्य (operational scenario) को दो सुस्पष्ट समपारों (levels) में आँका जा सकता है। ये समपार हैं—रणनीतिक समपार (strategic levels) तथा युक्तिक समपार (tactical level)। रणनीति संबंधी समपार पर जिन गुणकों का प्रभाव पड़ता है, वे हैं :

क. चेतावनी की कम अवधि (short warning period),

ख. विस्तृत युद्ध क्षेत्र मंडल (enlarged combat zone),

ग. उच्च तकनालॉजी के घातक अस्त्र-शस्त्र (Hi-tech lethal weapons), तथा

घ. न्यूक्लीय युद्ध की पृष्ठभूमि (backdrop of nuclear war),

युक्तिक समपार (tactical level) पर प्रभावोत्पादक गुणक हैं :

क. अतिचालित संक्रियाएँ (highly mobile operations),

ख. विमान एवं हेलीकॉप्टर समर्थित मिशनोन्मुख समूहों का नियोजन (airborne vehicle supported mission oriented groups),

ग. दूर तक घुसकरं वार (deep penetration strike) करनेवाले मशीनी थल एवं वायुचलित सेनाओं पर विशेष ध्यान,

घ. इलेक्ट्रॉनिकी युद्ध का थल, जल, वायु एवं अंतरिक्ष से व्यापक प्रयोग, तथा

ङ. सी 4 आई (C^4I), इलेक्ट्रॉनिकी भ्रमजाल (deception) आदि का व्यापक प्रयोग।

किसी युद्ध क्षेत्र में सी 4 आई तंत्रों के लिए किस प्रकार के आँकड़ा संचार (data communication) की आवश्यकता है यह युद्ध क्षेत्र की निम्नलिखित विशिष्टताओं पर निर्भर करेगा :

क. चलायमानता (Mobility) : युद्ध में भाग लेनेवाले सैनिक किसी स्थान पर कुछ घंटों से कुछ दिनों तक रुकने के पश्चात् किसी दूसरे स्थान पर चले जा सकते हैं जो केवल कुछ किलोमीटर से लेकर चालीस-पचास किलोमीटर दूर भी हो सकता है। इसलिए संचार की व्यवस्था इन स्थानों के अतिरिक्त उनके आवागमन के रास्तों में भी होती है।

ख. मजबूती (Robustness) : सैनिक संचार उपस्करों में विभिन्न स्थानों के भिन्न-भिन्न तापक्रम, आर्द्रता, इत्यादि तथा स्थान परिवर्तन के समय धूल-धक्कड़, कंपन एवं झटकों को सहने की क्षमता होनी चाहिए।

ग. अतिरिक्तता (Redundancy) : युद्ध क्षेत्र में शत्रु के आक्रमण में संचार उपस्कर नष्ट हो सकते हैं। इसी प्रकार स्थान परिवर्तन के समय उनमें खराबी आ सकती है। इसलिए इन उपस्करों में प्रत्येक स्थिति के लिए अतिरिक्तता आवश्यक है ताकि संचार व्यवस्था में बाधा न आ सके।

घ. इलेक्ट्रॉनिकी अवरोध अवरोधन लक्षण (ECCM features) : आँकड़ा संचार व्यवस्था को प्रत्येक अवस्था में शत्रु के इलेक्ट्रॉनिकी अवरोधन का भय रहता है इसलिए आवश्यक है कि इस संचार व्यवस्था को इलेक्ट्रॉनिकी अवरोध अवरोधन उपायों से सुसज्जित कर दिया जाए

ताकि यह व्यवस्था प्रत्येक अवस्था में निरापद रूप से कार्य करती रहे।

संजाल के प्ररूप (types of networks)

युद्ध क्षेत्र में आँकड़ा ग्राहकों (data subscribers) के उपयोग के लिए संजाल के दो प्ररूप मिलते हैं—युक्तिक (tactical) तथा रणनीतिक (strategic) संजाल। युक्तिक संजाल चलित (mobile) सेवाओं के लिए अभिकल्पित क्षेत्र-ग्रिड तंत्र पर आधारित होते हैं, जबकि रणनीतिक संजालों का आधार क्रियात्मक रुचिवाले क्षेत्रों के क्षेत्रगुल्म (field nodes) होते हैं। युक्तिक एवं रणनीतिक संजाल आपस में पूर्णरूप से एकीकृत होते हैं।

युक्तिक संजाल (चित्र 7.14) क्षेत्र-ग्रिड तंत्र की मूलभूत संकल्पना में स्विचन गुल्मों (switching modes) को रेडियो रिले, उपग्रह, फाइबर ऑप्टिक अथवा किसी अन्य संचार कड़ी द्वारा परस्पर संबंधित कर उनका एक ग्रिड बनाने की समयोजना है। उपभोक्ता समूह, जिन्हें सत्व (entities) भी कहा जाता है, प्रायः मुख्यालयों पर अवस्थित होते हैं। प्रत्येक सत्व की अपनी एक अलग संचार-कड़ी होती है जिन्हें सरलतापूर्वक निकटतम गुल्म से जोड़ा जा सकता है। जब किसी सत्व को अपना स्थानांतरण करना होता है तो वह इस गुल्म से संबंध तोड़कर अपने नए स्थान के निकटतम गुल्म के साथ संबंध जोड़ लेता है। इस प्रकार से बार-बार चलित होनेवाले ग्राहकों की संचार व्यवस्था पूर्णतः लचीली रहती है। जिन उपभोक्ताओं को चलित दशा में भी संचार व्यवस्था की आवश्यकता होती है उन्हें सेल्यूलर

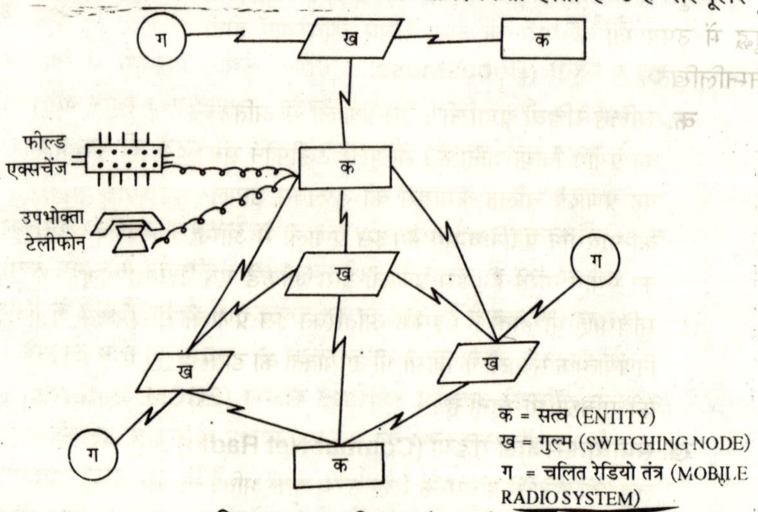

चित्र 7.14 : युक्तिक संचार संजाल

टेलीफोनयुक्त एक चलित रेडियो प्रणाली से सुसज्जित किया जा सकता है। स्विचों के स्वयं भी चलित होने के कारण ग्रिड के कार्यक्षेत्र को बड़ा अथवा छोटा किया जा सकता है। इसके अतिरिक्त उपयोक्ता के फॉर्मेशन की तैनाती के अनुसार संपूर्ण ग्रिड को नियंत्रित ढंग से स्थानांतरित भी किया जा सकता है।

युक्तिक ग्रिड की तकनीकी विशिष्टताएँ

1. प्रावधित सेवाएँ : ध्वनि, टेलेक्स, आँकड़े तथा फैक्स।

2. स्विचन प्ररूप : परिपथ स्विचित चैनेल (circuit switched channel)।

3. प्रयुक्त तकनालॉजी : डिजिटल।

4. अतिरिक्तता : प्रत्येक गुल्म पर संसाधकों के एक-एक प्रतिरूप भी रखे जाते हैं ताकि एक संसाधक के खराब होने अथवा शत्रु द्वारा संकुलित/नष्ट किए जाने पर दूसरा संसाधक स्वचालित हो जाए। प्रत्येक सत्व में एक या अधिक गुल्म से संबंध जोड़ने की सुविधा होती है, जिनमें से एक समय पर एक कड़ी ही ऑपरेशनल रहती है। उसके खराब होने अथवा शत्रु द्वारा संकुलित/नष्ट किए जाने की अवस्था में शीघ्र ही दूसरी कड़ी को ऑपरेशनल बनाया जा सकता है।

अन्य संचार माध्यम

मूल संजाल वास्तु विज्ञान (Basic Network Architecture) के अतिरिक्त युद्ध में उपयोक्ता के पास जो अन्य संचार व्यवस्थाएँ होती हैं उनमें से कुछ निम्नलिखित हैं :

क. चलित रेडियो प्रणाली : इस प्रणाली में अतिउच्च आवृत्ति (VHF) का प्रयोग किया जाता है। सेल्यूलर टेलीफोन संकल्पना पर आधारित यह प्रणाली चलित कमांडरों को डुप्लेक्स डायल-अप स्पीच सर्किट का प्रावधान प्रदान करती है। इस प्रणाली में ओम्नीडायरेक्शन एंटिना का प्रयोग करते हैं। इस प्रणाली द्वारा आँकड़े एवं टेलेक्स भेजने की सुविधाएँ भी होती हैं। इसके अतिरिक्त इस प्रणाली में युक्तिक तथा निर्णयात्मक संजालों के किसी भी उपयोक्ता को डायल-अप कनेक्टिविटी की सुविधा भी रहती है।

ख. समाघात संजाल रेडियो (Combat Net Radio) : अग्रिम क्षेत्र में लड़ रही सेना से संचार के लिए उच्च तथा अतिउच्च आवृत्तियों (HF & VHF) के रेडियो सेट का प्रयोग किया जाता है जिनपर एकसंकेतक

एवं द्वैत-वाक् (simplex & duplex speech) की सुविधा के साथ-साथ एक रेडियो मॉडेम के प्रयोग से आँकड़ों के प्रेषण की व्यवस्था भी होती है।

ग. **फील्ड केबल्स :** इनके द्वारा सत्व से आठ किलोमीटर तक के क्षेत्र में उपस्थित उपयोक्ताओं के साथ संचार संपर्क सुविधापूर्वक किया जा सकता है। अब स्थानीय क्षेत्र संजाल (Local Area Network, LAN) तथा गुल्मों के मध्य परस्पर संबंध स्थापित करने के लिए प्रकाशिक फाइबर का प्रयोग किया जाने लगा है जिससे संचार व्यवस्था अधिक दक्ष हो गई है।

रणनीतिक संजाल

स्थिर एवं चलित सेनाओं के मध्य तथा दूर-दूर स्थित युक्तिक ग्रिडों के मध्य संचार संबंध स्थापित करने का कार्य रणनीतिक संजालों की सहायता से किया जाता है (चित्र 7.15) इन संजालों के गुल्म प्राय: स्थिर होते हैं। ये संजाल टेलीफोन, फैक्स, टेलेक्स तथा डाटा संचार के उपयोक्ता प्राय: वे सी 4 आई निकाय होते हैं जो आयुध नियंत्रण तथा निर्णय लेने का कार्य करते हैं। इनमें से मुख्य निकाय हैं :

- फील्ड आर्टीलरी सिस्टम,
- एयर डिफेंस सिस्टम,
- ग्राउंड सर्वेलेंस सिस्टम,
- इलेक्ट्रॉनिक वायरफेयर सिस्टम।

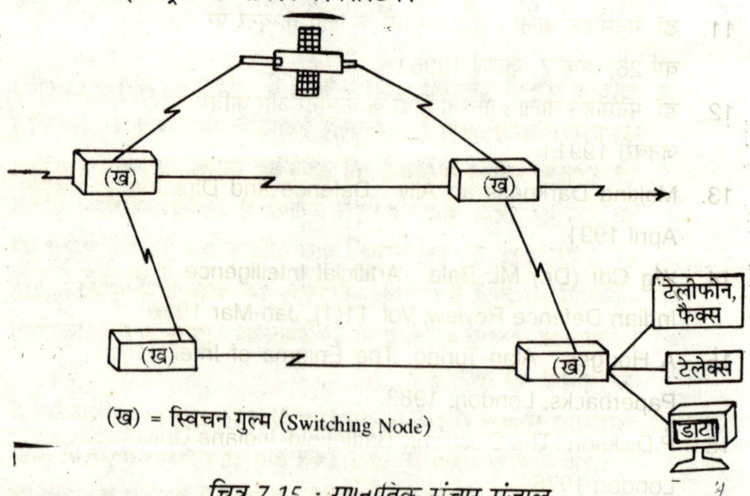

चित्र 7.15 : रणनीतिक संचार संजाल

संदर्भ (References)

1. James Blisch : Armageddon.
2. SIPRI; The Arms Race and Arms Control, Cambridge, Maschusettes, 1982.
3. Don Dug Dak : Unmanned Vehicles, Defence Electronics Vol. 21, No. 11, Nov 1989.
4. Jeff Hecht : Turning Fiction into Fact; Beam Weapons.
5. Charls H. Townes : The Early Days of Laser Research; Laser Focus, 14 (8), 52-58, Aug 78.
6. Jeff Hecht & Dick Teresi : Lasers-Supertools of the 1980s; Testimony before Congress, Page 103.
7. Deptt. of Defence Fact Sheet : DOD High Energy Laser programme, Feb 1982, Page 3.
8. Philip S. Class : Laser destroys Missile at Test; Avitation Week & Space Technology, Aug 7, 1978, Page 14-16.
9. Malcom Wallop : Opportunities of Ballistic Missile Defence; Strategic Review, 1979, Page 13-21.
10. Maj. Gen. S.K. Vij; Data Management in Battle Areas; Telematics India; Feb 1992.
11. डॉ. मनमोहन बाला : युद्ध अभ्यास के लिए कंप्यूटर पर युद्ध खेल; आविष्कार वर्ष 26, अंक 7, जुलाई 1996।
12. डॉ. मनमोहन बाला : पाँचवीं पीढ़ी के कंप्यूटर और कृत्रिम बुद्धिमत्ता; कादंबिनी, जनवरी 1991।
13. Making Darkness an Ally : Defence and Diplomacy; March-April 1991.
14. Wg Cdr (Dr.) ML Bala : Artificial Intelligence in Battle Field, Indian Defence Review, Vol. 11(1), Jan-Mar 1996.
15. A Hodges : Alan Turing, The Enigma of Intelligence, Unwin Paperbacks, London, 1983.
16. P. Dickson : The Electronic Battlefield, Indiana University Press; London 1976.

17. Gerenoser and Smetek : Artificial Intelligence in Battlefield, Military Technology Vol. 8.
18. Dr. ML Bala : Computer Wargaming–a war without a battlefield; Invention & Intelligence; Oct. 96.
19. विंग कमांडर डॉ. मनमोहन बाला : उच्च तकनालॉजी का एक अचूक अस्त्र—लेजर नियंत्रित बम; इलेक्ट्रॉनिकी भारती, अक्तूबर-दिसंबर 1994।
20. Wg Cdr (Dr.) ML Bala : Avionics—the fast changing scenario; Invention & Intelligence, Jul 95.

□

परिशिष्ट

परिशिष्ट 2.1

भारतीय रक्षा अनुसंधान एवं विकास प्रयोगशालाएँ तथा उनके नियत कार्य

सं.	प्रयोगशाला	नियत कार्य
आगरा		
1.	एरियल डेलिवरी रिसर्च एंड डेवलपमेंट इस्टैब्लिशमेंट (ADRDE)	सामग्री के हवाई प्रतिपादन हेतु तंत्रों की अभिकल्पना एवं विकास, चालकरहित विमान की पुनर्प्राप्ति के लिए पैराशूट का विकास।
अहमदनगर		
2.	व्हाइकल रिसर्च एंड डेवलपमेंट इस्टैब्लिशमेंट (VRDE)	टैंक, ट्रेलर आदि का विकास; युद्ध सामग्री तथा विशेष प्रकार के वाहनों की अभिकल्पना एवं विकास।
आवडी (चेन्नई)		
3.	कम्बैट व्हाइकल रिसर्च एंड डेवलपमेंट इस्टैब्लिशमेंट (CVRDE)	'अर्जुन' मुख्य युद्धक टैंक (MBT) का विकास; युद्धक वाहनों की अभिकल्पना तथा विकास।
बालासोर		
4.	अंतरिम टेस्ट रेंज (ITR)	बैलिस्टिक प्रक्षेपास्त्रों का परीक्षण; युद्ध सामग्री (armaments) में विकासरत संगठनों को बैलिस्टिक आँकड़ों तथा प्रयोग की रिपोर्ट देना।

सं.	प्रयोगशाला	नियत कार्य
5.	प्रूफ एंड एक्सपेरिमेंटल इस्टैब्लिशमेंट (PEE)	180 मि. मी. फील्डगन का विस्तृत तकनीकी विश्लेषण तथा अनुशोधन; युद्ध सामग्री में विकासरत संगठनों को आँकड़ों तथा प्रयोग की रिपोर्ट देना।
	बंगलौर	
6.	एडवान्स्ड सिस्टम इंटिग्रेशन एंड इवैल्युएशन ऑर्गेनाइजेशन (ASIEO)	आयुधों के विभिन्न घटकों का समाकलन; उड़ान परीक्षण तथा मूल्यांकन।
7.	एरोनॉटिकल डेवलपमेंट इस्टैब्लिशमेंट (ADE)	हलके युद्धक विमान (LCA) का विकास, पायलटरहित लक्ष्य विमान (PTA) 'लक्ष्य' का विकास, सेना के लिए विभिन्न प्रकार के निकायों की अभिकल्पना एवं निकास।
8.	सेंटर फॉर एरोनॉटिकल सिस्टम स्टडीज एंड एनालिसिस (CASSA)	विभिन्न वैमानिक परियोजनाओं एवं कार्यक्रमों की प्रणालियों का विश्लेषण।
9.	सेंटर फॉर एयरबोर्न सिस्टम्स (CABS)	अस्वाक (Aswac) विमान का विकास; वायुआश्रित (airborne) निकायों की अभिकल्पना तथा विकास।
10.	सेंटर फॉर आर्टिफिशियल इंटेलिजेंस एंड रोबोटिक्स (CAIR)	कृत्रिम बुद्धि तंत्रों की अभिकल्पना तथा विकास।
11.	डिफेंस बायोइंजीनियरिंग एंड इलेक्ट्रोमेडिकल लैबोरेट्रीज (DEBEL)	बायोमेडिकल इंजीनियरिंग पर कार्य।
12.	इलेक्ट्रॉनिक्स एंड राडार डेवलपमेंट इस्टैब्लिशमेंट (LRDE)	राडार, इलेक्ट्रॉनिकी एवं संचार उपकरणों का विकास, 'राजेंद्र' फेज्ड ऐरे राडार का विकास।

13. गैस टर्बाइन रिसर्च इस्टैब्लिशमेंट (GTRE)	'कावेरी' इंजिन तथा इसके डिजिटल नियंत्रण निकाय का विकास; एरोइंजिन एवं सेना में उपयोगी टर्बाइन की अभिकल्पना एवं विकास।
14. माइक्रोवेव ट्यूब रिसर्च एंड डेवलपमेंट सेंटर (MTRDC)	कंप्यूटरीकृत उन्नत माइक्रोवेव ट्यूबों की अभिकल्पना एवं विकास; विभिन्न प्रकार के उन्नत ट्रैवलिंग वेव ट्यूब (TWT) की अभिकल्पना एवं विकास।
मुंबई	
15. नेवल केमिकल एंड मेटालर्जिकल लैबोरेट्रीज (NCML)	रासायनिक एवं धातु संबंधी नौसेनिक तकनालॉजी की अभिकल्पना एवं विकास।
कलकत्ता	
16. डिफेंस रिसर्च एंड डेवलपमेंट यूनिट (DRDU)	स्विचिंग उपकरण की अभिकल्पना तथा विकास।
चंडीगढ़	
17. टर्मिनल बैलिस्टिक रिसर्च	विशेष शस्त्रों तथा प्रक्षेपास्त्रों की बैलिस्टिक पर अनुसंधान।
कोचीन	
18. नेवल फिजिकल एंड ओशनोग्राफिकल लैबोरेट्री (NPOL)	सोनार उपकरण; नौसेनिक तकनालॉजी, विशेषत: नेटवर्क एवं फिल्टर्स पर अनुसंधान एवं विकास।
देहरादून	
19. डिफेंस इलेक्ट्रॉनिक्स एप्लीकेशन लैबोरेट्री (DEAL)	उपग्रह संचार; उपमिलीमीटर तरंग (300–3000 GH5);

सं.	प्रयोगशाला	नियत कार्य
		प्रतिबिंब संसाधन (image processing); डिजिटल वी एल एफ तकनीक, सैनिक संचार।
20.	इंस्ट्रुमेंट रिसर्च डेवलपमेंट इस्टैब्लिशमेंट (IRDE)	'नाग' प्रक्षेपास्त्र की थर्मल साइटिंग; शस्त्रों के लिए इंस्ट्रुमेंटेशन की अभिकल्पना तथा विकास।
दिल्ली		
21.	सेंटर फॉर एनवायरमेंट एंड एक्स्प्लोसिव सेफ्टी (CEES)	संकटमय सामग्री के भंडारण तथा ढुलाई में आकस्मिक आग लगने से बचाव उपाय का विकास।
22.	डिफेंस इंस्टीट्यूट ऑफ फायर रिसर्च (DIFR)	अग्नि संसूचन (detection) तथा रुकावट के उपायों की अभिकल्पना एवं विकास।
23.	डिफेंस इंस्टीट्यूट ऑफ फिजियोलॉजी एंड एलाइड साइंसेज (DIPAS)	अनुप्रायोगिक शरीर संबंधी (applied physiology) विशेषत: पर्यावरण तथा मस्तिष्क संबंधी अनुसंधान।
24.	डिफेंस इंस्टीट्यूट ऑफ साइकोलॉजीकल रिसर्च (DIPR)	मानसिक परीक्षणों की अभिकल्पना एवं विकास।
25.	डिफेंस साइंस सेंटर (DSC)	लेजर संबंधी अनुसंधान एवं विकास।
26.	डिफेंस साइंटिफिक इंफॉर्मेशन एंड डॉक्युमेंटेशन सेंटर (DESIDOC)	वैज्ञानिक आँकड़ों तथा सूचनाओं का समानुकरण एवं प्रलेखन (collation & documentation), डिफेंस पत्रिकाओं का प्रकाशन।
27.	डिफेंस टेरेन रिसर्च लैबोरेट्री (DTRL)	विभिन्न भूमि प्रदेशों की युद्ध उपयोगिता पर अनुसंधान।

28. इंस्टीट्यूट ऑफ न्यूक्लीयर मेडीसिन एंड एलाइड साइंसेज (INMAS)	उन्नत न्यूक्लीय ओषधि संबंधी अनुसंधान एवं विकास कार्य।
29. इंस्टीट्यूट ऑफ सिस्टम स्टडीज एंड एनालिसिस (ISSA)	कंप्यूटर वारगेम्स का विकास; ऑपरेशन रिसर्च (OR) तकनीकों का रक्षा में अनुप्रयोग।
30. साइंटिफिक एनालिसिस ग्रुप (SAG)	रक्षा संबंधी वैज्ञानिक एवं तकनीकी समस्याओं का सैद्धांतिक विश्लेषण।
31. सॉलिड स्टेट फिजिक्स लैबोरेट्री (SSPL)	ठोस अवस्था सामग्री, घटकों एवं युक्तियों की अभिकल्पना एवं गढ़ाई; गन-डायोड की अभिकल्पना एवं गढ़ाई (fabrication)।
ग्वालियर	
32. डिफेंस रिसर्च एंड डेवलपमेंट इस्टैब्लिशमेंट (DRDE)	रासायनिक, जैविक तथा विष संबंधी विषयों पर शोध एवं विकास।
हलद्वानी	
33. डिफेंस एग्रीकल्चरल रिसर्च एंड डेवलपमेंट लैबोरेट्री (DARDL)	पर्वतों तथा ऊँचे स्थानों पर कृषि संबंधी अनुसंधान एवं विकास।
हैदराबाद	
34. एडवांस्ड न्यूमेरिकल रिसर्च एंड एनालिसिस ग्रुप (ANURAG)	कंप्यूटर हार्डवेयर तथा सॉफ्टवेयर की अभिकल्पना एवं विकास।
35. डिफेंस इलेक्ट्रॉनिक रिसर्च लैबोरेट्री (DLRL)	विशेष इलेक्ट्रॉनिकी युद्ध संबंधी उपकरणों की विकास अभिकल्पना एवं विकास।
36. डिफेंस रिसर्च एंड डेवलपमेंट लैबोरेट्री (DMRL)	'कंचन' कवच का विकास, उन्नत धातु संबंधी विकास।

सं.	प्रयोगशाला	नियत कार्य
37.	डिफेंस रिसर्च एंड डेवलपमेंट लैबोरेट्री (DRDL)	एकीकृत मिसाइल विकास कार्यक्रम (DLRL)।
38.	रिसर्च सेंटर इमारत (RCI)	मिसाइल तकनालॉजी में शोध एवं प्रशिक्षण।
	जोधपुर	
39.	डिफेंस लैबोरेट्री (DL)	मरुथल संबंधी अनुसंधान तथा विकास।
	कानपुर	
40.	डिफेंस मैटीरियल एंड स्टोर्स रिसर्च एंड डेवलपमेंट इस्टैब्लिशमेंट (DMSRDE)	विविध रक्षा संबंधी कार्य; अतिशीत वस्त्र; पनडुब्बी की हाइड्रॉलिक फ्लूड आदि।
	लेह	
41.	फील्ड रिसर्च लैबोरेट्री (FRL)	आलू तथा अन्य खाद्य वस्तुओं को विकास।
	मनाली	
42.	स्नो एंड अवेलांचे इस्टैब्लिशमेंट (SASE)	हिम एवं हिम-स्खलन संबंधी कार्य।
	मसूरी	
43.	डिफेंस इंस्टीट्यूट ऑफ वर्क स्टडीज (DIWS)	कार्य करने की तकनीकों का अध्ययन; प्रभावशाली कार्य एवं समय प्रबंधन।
	मैसूर	
44.	डिफेंस फूड रिसर्च लैबोरेट्री (DFRL)	तुरंत खाने योग्य पौष्टिक खाद्य सामग्री का विकास।

पुणे	
45. आर्मामेंट रिसर्च एंड डेवलपमेंट इस्टैब्लिशमेंट (ARDE)	'पिनाका' रॉकेट प्रक्षेपक; उच्च वोल्टेज पावर सप्लाई; विद्युत्-चुंबकीय तथा तरल प्रोपल्शन सिस्टम का विकास।
46. एक्स्प्लोसिव रिसर्च एंड डेवलपमेंट इस्टैब्लिशमेंट (ERDL)	विस्फोटक पदार्थों की अभिकल्पना एवं विकास; ठोस-रॉकेट प्रेरक इंजिनों का विकास।
47. इंस्टीट्यूट ऑफ आर्मामेंट टेक्नॉलॉजी (IAT)	आर्मामेंट तकनालॉजी का प्रमुख प्रशिक्षण केंद्र, युद्ध में धुएँ की उपयोगिता का विकास।
48. रिसर्च एंड डेवलपमेंट इस्टैब्लिशमेंट (इंजीनियर्स) (R & D [E])	सेना के इंजीनियरों के सहयोग से पुल, ट्रैकवे आदि उपकरणों पर विकास कार्य।
तेजपुर	
49. डिफेंस रिसर्च लैबोरेट्री (DRL)	मशरूम तथा अन्य खाद्य सामग्री पर विकास कार्य।
विशाखापत्तनम	
50. नेवल साइंस एंड टैकनॉलॉजिकल लैबोरेट्री (NSTL)	सोनार तथा अन्य नौसैनिक तकनालॉजियों पर विकास कार्य।

स्रोत : रक्षा अनुसंधान एवं विकास संगठन

परिशिष्ट 2.2

भारतीय रक्षा अनुसंधान एवं विकास की प्रमुख उपलब्धियों की सूची

संख्या	क्षेत्र	प्रमुख उत्पाद	उत्पादन किए जा रहे प्रमुख वर्तमान कार्य	प्रमुख वर्तमान कार्यक्रम	टिप्पणी
1.	वैमानिकी	एच.टी.-2 प्रशिक्षक एच.जे.टी.-16, एम.आर.-1 तथा 2 प्रशिक्षक एच.एफ.-24 मारुत उन्नत जेट युद्धक एच.पी.टी.-32 प्रशिक्षक		हलका युद्धक विमान (LCA) एयरबोर्न सर्वेलेंस, वार्निंग एंड कंट्रोल **'अस्वाक'** (ASWAC) दूरस्थ नियंत्रित विमान (RPV) **'निशांत'** चालकरहित टार्गेट विमान (PTA) **'लक्ष्य'**, **'कावेरी'** विमान इंजिन	LCA की प्रथम उड़ान-1996 कावेरी इंजिन की LCA में स्थापना-2002 भारतीय वायुसेना में LCA का पूर्ण समर्पण तथा उपयोग-2006
2.	प्रक्षेपास्त्र		छोटे परास की बैलिस्टिक मिसाइल **'पृथ्वी'**	मध्यम परास की बैलिस्टिक मिसाइल **'अग्नि'** छोटे परास की सैम **'त्रिशूल'** अधिक परास की सैम **'आकाश'**	**अग्नि** मिसाइल का एक तकनालॉजी प्रदर्शक : परीक्षण जारी
3.	युद्धक वाहन	कवचित ऐंबुलैंस	कैरियर कमांड-पोस्ट	**'अर्जुन'**, मुख्य युद्धक टैंक (MBT)	उत्पादन से पूर्व 'परीक्षण शृंखला' के लिए 42 अर्जुन टैंकों का निर्माण
4.	नौसैनिक तंत्र	खुखरी जलपोतों को पनडुब्बी से रक्षा करानेवाला पोत कॉर्वेट (Corvette)	डिस्ट्रायर-**'देहली'** फ्रिगेट-**'ब्रह्मपुत्र'** आधुनिक उन्नत सोनार	उन्नत तकनालॉजी पोत (ए.टी.वी.) उन्नत सोनार **पंचेंद्रिय** टैक्टिकल शस्त्रों युक्त कंट्रोल सिस्टम	ए.टी.वी. में न्यूक्लीय इंजिन
5.	गोली-बारूद	106 मि. मी. RCL बंदूक 7.62 मि. मी. रायफल	5.56 मि. मी. आक्रमण रायफल 10.5 मि. मी. हलकी फील्ड गन	5.56 मि. मी. की एल.एम.जी. 5.56 मि. मी. की कार्बाइन	

		हलकी मशीनगन (LMG) 7.62 मि. मी. कार्बाइन 40 मि. मी. विमान भेदी तोप प्रति टैंक ग्रिनेड मोर्टार (81 मि. मी., 120 मि. मी.) 75 मि. मी. पैकेज, हॉविट्जर्स		**'पिनाका'** रॉकेट सिस्टम	पिनाका की परास : 40 कि. मी.
6.	इलेक्ट्रॉनिकी तथा इंस्ट्रुमेशन	इंद्रा-I तथा II राडार संचार उपस्कर	वी.एल.एफ. रिसीवर	**'राजेंद्र'** कला सरणी (phased array) राडार थलसेना के लिए एकीकृत इलेक्ट्रॉनिकी युद्ध तंत्र (Integrated EW Systems)	राजेंद्र राडार तथा आकाश मिसाइल का संयुक्त उपयोग
7.	सामग्री	हलके अलॉय उच्च ताप की सामग्री उच्च शक्ति (high strength) की सामग्री	पृथ्वी मिसाइल के इंटरनल टर्बाइन रोटर तथा सेरामिक स्पेसर्स अलुमीनियम अलॉय (RDE-40)	**'कंचन'** कवच मेटालिक, नॉन मेटालिक तथा कंपोजिट्स	कंचन कवच का अर्जुन टैंक में उपयोग
8.	इंजीनियरिंग	पुल ट्रैकवेज	मैनुअली लॉन्चड़ असॉल्ट ब्रिज	ब्रिज लेअर टैंक	ब्रिज लेअर का टी-72 चैसिस के साथ उपयोग
9.	कंप्यूटर तथा सिस्टम अध्ययन	पेस-प्लस, पेस-128, पेस-स्पार्क-II-4, **अनामिका**	-	उन्नत कंप्यूटर, हार्डवेयर सॉफ्टवेयर	सैनिक तथा नागरिक उपयोग के लिए उन्नत कंप्यूटर
10.	जीव विज्ञान	विभिन्न न्यूक्लीय चिकित्सा प्रणाली, बायो मेडीकल रिसर्च	-	उन्नत न्यूक्लीय चिकित्सा पद्धति	देश में न्यूक्लीय चिकित्सा-पद्धति के प्रवर्तक

स्रोत : रक्षा अनुसंधान एवं विकास संगठन

परिशिष्ट 4.1

इलेक्ट्रॉनिकी युद्ध का वर्गीकरण

इलेक्ट्रॉनिकी युद्ध	**इलेक्ट्रॉनिकी**	**इलेक्ट्रॉनिकी**			**इलेक्ट्रॉनिकी अवरोध**
आसूचना	**सूचना संग्रह उपाय (ESM)**	**अवरोधन उपाय (ECM)**			**अवरोधन उपाय**
(Intelligence)	राडार चेतावनी संग्राहक	(अनुकार)			**(ECCM)**
इलेक्ट्रॉनिकी आसूचना	(Radar Warning	(Simulation)	स्व-सुरक्षा	समर्थन	संकुलन-रोधी
(Elint)	Receiver)	प्रशिक्षक	(Self Protection)	(Support)	(Anti Jamming)
संचार आसूचना	अवरक्त/प्रकाशित/	(Trainers)	सूक्ष्म तरंग	सूक्ष्म तरंग	विकिरण रोधी
(Comint)	पराबैंगनी	उत्सर्जन	(Microwave)	(Microwave)	(Radiation
संकेत आसूचना	चेतावनी (IR/OPT/	(Emitters)	रणनीतिक	युक्तिक समर्थन	Suppression)
(Sigint)	UV Warning	यंत्रानुकरणकारी	(Strategic)	(Tactical Escort)	न्यूनतम समय
राडार आसूचना	लक्ष्य-स्थिति अभिज्ञान	(Emulator)	युक्तिक	संचार समर्थन	(Minimum Time)
(Rad Int.)	Target Location		(Tactical)	(Communication	संकीर्ण दिशा
प्रकाशिक आसूचना	Identification		नौसैनिक	Support)	Narrow Direction
(Optint)	मिसाइल चेतावनी		(Naval)	व्यय योग्य	कूट लेखन
संकेत सुरक्षा	Missile Warning		अवरक्त संकुलक	(Expandables)	(Coding)
(Sigsec)			(IR Jammers)	भूसा	आवृत्ति परिवर्तन
इलेक्ट्रॉनिकी सुरक्षा			संचार	(Chaff)	(Frequency

(Elsec)
संचार सुरक्षा
(Comsec)

(Communications)
मित्र-शत्रु पहचान
(IFF)
संलयन
(Fuse)
दिक्-चालन सहायता
(Navaids)
अनुच्च प्रेक्षणयोग्य
(Low Observables)
प्रकाशिक
(Optical)

सक्रिय संकुलन
(Active Jammer)
ज्वाला
(Flares)
भ्रम
(Decoy)
अवरक्त/प्रकाशिक
(IR/Optical)
रेडियो आवृत्ति सक्रिय/
निष्क्रिय
(RF Active/
Passive)
मंदगति लक्ष्य विमान
(Drone Plane)

Change)
तरंग विस्तार निरोध
(Wavelength
Suppression)

परिशिष्ट 6.1

भारत के न्यूक्लीय पावर स्टेशन

स्टेशन का नाम	स्थान	प्रति रिएक्टर इकाई (मेगावाट इलेक्ट्रिक) (M We)	प्रचालन तिथि (मास/वर्ष) क्रांतिक	प्रचालन तिथि (मास/वर्ष) व्यावसायिक	टिप्पणी
तारापुर-1	तारापुर, महाराष्ट्र	160	2/1969	10/1969	उबले पानी का रिएक्टर
तारापुर-2	तारापुर, महाराष्ट्र	160	2/1969	10/1969	उबले पानी का रिएक्टर
तारापुर-3	तारापुर, महाराष्ट्र	470	2/2000	8/2000	दबावयुक्त भारी पानी का रिएक्टर
तारापुर-4	तारापुर, महाराष्ट्र	470	11/2000	5/2001	दबावयुक्त भारी पानी का रिएक्टर
राजस्थान-1	कोटा, राजस्थान	207	8/1972	12/1973	दबावयुक्त भारी पानी का रिएक्टर
राजस्थान-2	कोटा, राजस्थान	207	10/1980	4/1981	दबावयुक्त भारी पानी का रिएक्टर
राजस्थान-3	कोटा, राजस्थान	220	11/1996	5/1997	दबावयुक्त भारी पानी का रिएक्टर
राजस्थान-4	कोटा, राजस्थान	220	5/1997	11/1997	दबावयुक्त भारी पानी का रिएक्टर
मद्रास-1	कलापक्कम, तमिलनाडु	220	7/1983	1/1984	दबावयुक्त भारी पानी का रिएक्टर
मद्रास-2	कलापक्कम, तमिलनाडु	220	8/1985	3/1986	दबावयुक्त भारी पानी का रिएक्टर
नरोरा-1	नरोरा, उत्तर प्रदेश	220	3/1989	1/1991	दबावयुक्त भारी पानी का रिएक्टर
नरोरा-2	नरोरा, उत्तर प्रदेश	220	10/1991	4/1992	दबावयुक्त भारी पानी का रिएक्टर

काकरापार–1	काकरापार, गुजरात	220	1/1992	5/1993	दबावयुक्त भारी पानी का रिएक्टर
काकरापार–2	काकरापार, गुजरात	220	4/1993	10/1993	दबावयुक्त भारी पानी का रिएक्टर
कैगा–1	कैगा, कर्नाटक	220	6/1996	12/1996	दबावयुक्त भारी पानी का रिएक्टर
कैगा–2	कैगा, कर्नाटक	220	12/1996	6/1997	दबावयुक्त भारी पानी का रिएक्टर

परिशिष्ट 7.1
हलके लड़ाकू विमान की बाह्य ज्यामिति

लंबाई	13.2 मीटर
पंखों का फैलाव	8.2 मीटर
ऊँचाई	4.4 मीटर
खाली विमान का भार	5550 किलोग्राम
उड़ान भरते विमान का भार	
—बिना युद्ध सामग्री के	8550 किलोग्राम
—युद्ध सामग्री के साथ	12550 किलोग्राम
❑ अधिकतम गति	1.6 मैक (1 मैक = ध्वनि की गति)
❑ मुड़ने की दर	17° प्रति सेकंड
❑ चक्कर खाने की दर	300° प्रति सेकंड

डिजाइन लक्षण (Design Characterstics)

- ❑ बद्ध नियंत्रक (fixed controls)
- ❑ पंखों (wings), सुफनों (fins) तथा पतवार (rudder) के लिए अलुमिनियम लिथियम अलॉय तथा कार्बन रेशों द्वारा सुदृढ़ की गई प्लास्टिक।

- नियंत्रण, ब्रेक तथा लैंडिंग गियर के लिए जलभार निकाय (hydraulic system)।
- वी.एच.एफ. तथा एच.एफ. संचार तथा डाटा लिंक
- इनर्शियल नैविगेशन सिस्टम
- आठ लक्ष्यों का एक साथ अनुसरण करनेवाला बहुविध राडार
- मित्र-शत्रु पहचान राडार
- फॉर्वर्ड लुकिंग अवरक्त निकाय (FLIR)
- इलेक्ट्रॉनिकी अवरोधन उपाय (ECM)
- होलोग्राफिक कंबाइनयुक्त हेडअप डिसले (HUD)
- रात्रि दृश्य चश्मे
- लेजर डेजिग्नेटर पॉड
- 220 राउंड चलानेवाली 23 मि. मी. की दुनाली बंदूक
- साठ किलोमीटर तक वार करनेवाले रॉकेटों के सात स्टेशन

स्रोत : रक्षा अनुसंधान एवं विकास संगठन

परिशिष्ट 7.2

विश्व के प्रमुख नवीनतम टैंकों का तुलनात्मक अध्ययन

	Arjun	M1A2 Abrams	Leopard-2	Leclerc	Challenger-2	Merkava-3	Combat Improved Ajeya	T-72M1
Engine Type इंजिन की विशेषता	Diesel 10 Cyl turbocharged टर्बोचार्जित डीजल 10 सिलंडर	Lycoming AGT 1500 gas turbine गैस टर्बाइन	Diesel 12 Cyl turbocharged टर्बोचार्जित डीजल	Diesel 8 Cyl hyperbar हाइपरबार डीजल	Perkins Condor V-12 कन्डोर वी–12	Telydyne AVDS V-12 turbocharged टर्बोचार्जित	Diesel 12 Cyl Centrifugal super charger	Diesel 12 Cyl Centrifugal super charger
Engine HP इंजन एच पी	1400	1500	1500	1500	1200	1200	840	780
Suspension निलंबन	Hydrogas	Torsion Bar	Torsion Bar	Hydrogas	Hydrogas	Independent Helical Spring & Volute Bumper Spring	Torsion Bar	Torsion Bar
Armament main मुख्य आयुध	120 mm Rifled	120 mm Smooth-bore	120 mm Smooth-bore	120 mm Smooth-bore	120 mm Rifled	120 mm Smooth-bore	125 mm Smooth-bore	125 mm Smooth-bore
Ammunition type आयुध वर्ग	FSAPDS, HESH	FSAPDS, Multi-purpose	FSAPDS, Heat-MP	FSAPDS, Heat	FSAPDS, HESH	FSAPDS-T, Heat	FSAPDS, Heat-HE	FSAPDS, Heat-HE

No. of Rounds राउंड की संख्या	42	55	42	40	50	50	44	44
Smoke Grenades धूम्र ग्रिनेड	2 x 6	2 x 6	2 x 8	2 x 9	2 x 5	NK	8	12 (5, 7)
Gun Elevation/ Depression (Degrees) गन इलेवेशन/डिप्रेशन (डिग्री)	+20/-9	+20/-10	+20/-9	+15/-8	+20/-10	+20/-8	+16/-6	+16/-6
FCS Type	Integrated stabilised sight	Integrated stabilised sight	Integrated stabilised sight	Integrated stabilised sight	Integrated stabilised sight	Integrated stabilised sight	Full Solution fire control system	Simplified FCS
Night Vision रात्रि दृश्य	TI	TI	TI	TI	TI	TI	TI	Active IR
Ballistic Computer बैलिस्टिक कंप्यूटर	Digital	Digital	Digital	Digital	Digital	Digital	Digital	No Computer
Gun Control Equipment गन नियंत्रण उपस्कर	Electro-hydraulic	Electro-hydraulic	Electro-hydraulic	All electric	All electric	All electric	Electro-hydraulic	Electro-hydraulic
Protection	High immunity Applique Kanchan	Composite	Composite	Composite	Composite	Modular special Type	Composite with ERA	Composite

(Source : DRDO)

परिशिष्ट 7.3

विश्व के प्रमुख युद्धक टैंकों का तुलनात्मक अध्ययन

	अर्जुन	*अब्राम्स*	*लियोपार्ड-2*	*लेकलेर्क*	*चैलेंजर-2*	*मेर्कावा-3*
निर्माता देश	भारत	अमेरिका	जर्मनी	फ्रांस	इंग्लैंड	इजराइल
कर्मीदल (crew)	4	4	4	3	4	4
समाघात भार टन (combat weight)	58.5	60	55.15	54.5	62.5	61
शक्ति/भार अनुपात	24	27	27	27.5	19.2	19.67
भूमि पर दबाव (कि.ग्रा. प्रति से.मी.2)	0.84	0.96	0.83	0.9	0.9	0.96
लंबाई (मीटर) अगली गन सहित	10.194	9.766	9.668	9.82	11.55	8.78
हल (hull)	8.085	7.918	7.722	6.88	8.327	7.6
ऊँचाई (टरेट छत तक)	2.32	2.375	2.48	2.53	2.49	2.64
अधिकतम गति (कि. मी./घंटा)						
मार्ग पर (on road)	70.75	72	72	71	56	55
मार्गेतर (cross-country)	40	48.3	–	50	40	–
कुल ईंधन (लीटर)	1610	1907	1200	1300	1592	900
गहराई पार करने की क्षमता (मीटर)	1.4	1.219	1.00	1.00	1.07	1.36

स्रोत : रक्षा अनुसंधान एवं विकास संगठन

□□□